出版社向读者强力推荐：
中国第一部有着独特交易思想的书

假如你一辈子只能读一本书，那么本书是你的首选，因为它一本能顶一万本。

蛙式交易

肖兆权◎著

——两年七倍的超级密码

广东省出版集团
广东经济出版社
·广州·

图书在版编目（CIP）数据

蛙式交易：两年七倍的超级密码 / 肖兆权著. —广州：广东经济出版社，2013.8
ISBN 978－7－5454－2545－1

Ⅰ. ①蛙… Ⅱ. ①肖… Ⅲ. ①股票交易—基本知识 Ⅳ. ①F830.91

中国版本图书馆 CIP 数据核字（2013）第 189598 号

出版发行	广东经济出版社（广州市环市东路水荫路 11 号 11～12 楼）
经销	全国新华书店
印刷	广州市岭美彩印有限公司 （广州市荔湾区芳村花地大道南，海南工商贸易区 A 幢）
开本	787 毫米×1092 毫米 1/16
印张	14 2 插页
字数	170 000 字
版次	2013 年 8 月第 1 版
印次	2013 年 8 月第 1 次
印数	1～3 000 册
书号	ISBN 978－7－5454－2545－1
定价	100.00 元

如发现印装质量问题，影响阅读，请与承印厂联系调换。
发行部地址：广州市环市东路水荫路 11 号 11 楼
电话：（020） 38306055 38306107 邮政编码：510075
邮购地址：广州市环市东路水荫路 11 号 11 楼
电话：（020） 37601950 营销网址：**http：//www.gebook.com**
广东经济出版社新浪官方微博：**http：//e.weibo.com/gebook**
广东经济出版社常年法律顾问：何剑桥律师

序

自1609年荷兰人在阿姆斯特丹建立了最早的现代意义上的证券交易所以来，交易（主要指标准化合约）就成了人们津津乐道的话题。人们双手颤抖地捂着钱袋，心惊肉跳地杀进杀出，然而，在享受交易快感的同时，风险却成了人们心头永远的痛。群死群伤事故接二连三地发生，远一点的有17世纪30年代的郁金香事件、1711－1720年的南海泡沫事件、1929－1931年的华尔街大崩盘；近一点的有20世纪90年代日本股市暴跌、1997年泰铢暴跌引起的亚洲金融危机；再近一点的有以雷曼兄弟破产和贝尔斯登垮台为标志的全球金融危机。

能不能找到既安全又有效的交易手段呢？人们痛并思考着。经过几百年的长途跋涉，一些好的交易方式逐步脱颖而出，如价值派（以巴菲特、奥尼尔为代表）、趋势派（以索罗斯、巴索为代表）、周期派（以艾略特、江恩、黄金分割、费式神奇数字为代表）。

在学习西方的过程中，中国也诞生了一批“民间艺人”。然而，橘生淮南则为橘，生于淮北则为枳。由制度差异和后发直追的浮躁心态导致的大面积水土不服层出不穷，个案亏损更是不胜枚举。就像堂吉诃德的长枪一样，一碰到现实的风车，立刻就碎了。那么，究竟能不能找到一副适合中国人体质的中西结合的好药呢?

肖兆权同志以独特的研究视角，用独到的研究方式，做了非常有益的探索。尤其是用实证分析的方式演绎了如青蛙猎杀昆虫般的交易过程，解析了其简洁有效的交易模式，具有非常现实的指导意义。

“如无必要，勿增解析；如无必要，勿增时间；如无必要，勿增空间”。这把蛙式剃刀剃光了千百年来人们关于交易方式的繁茂芜杂的争论和节外生枝的创新，显得那么地寒光闪闪和咄咄逼人。全书的写作也摈弃了八股文式的死搬教条，根除了或空洞无物或曲高和寡的顽疾。真正做到了深入浅出，雅俗共赏，靠船下篙。

就交易的实现手段而言，程序化交易是新的时尚。程序化交易最早产生于20世纪70年代的美国，到目前为止已经很成熟。据NYSE交易所最新统计，市场上近三成的交易都是程序化交易。欧洲EUREX交易所最新报告显示，程序化交易近年来的成交量呈显著增长态势。CME集团2010年发布的报告表明股指期货有高达48%的交易属于程序化交易，外汇期货的这一比例更是达到了63%。

中国的程序化交易刚刚起步，目前还只停留在术的阶段，还没有上升到道的层次。目前的交易软件只是表象地克服了人性的一些弱点，比如贪婪与恐惧、侥幸与不舍，对交易本身的复杂性、多变性和难以捉摸性显得估计不足、办法不多，要么挂一漏万，要么刻舟求剑，就像波斯猫一样，哗众取宠者多，擒住老鼠者少。据《期货日报》统计，2012年全国程序化期货交易的盈利面还不到10%。

怎样才能让程序化交易更实用呢？

蛙式交易在从感性交易向理性交易转变方面提出了自己大胆独到的见解。其对风险与收益的理解、均线的理解、盘口的理解、交易正负极的理解、可能性与可行性的理解、交易的时间与空间的理解，明显具有开创意义。其独特的交易思想和交易策略，为有志于进行程序化交易研究的同行和投资者提供了良好的思路。

黄耀华　教授

前言

一本泄露天机的超级密码。

蛙，既无非洲狮的凶悍，又无扬子鳄的残暴，为什么却能够在这个世界上存活千万年？蛙，既无苍蝇的矫健，又无蜜蜂的勤劳，为什么却能生生不息繁衍万代？因为它已经养成了自己的生存哲学和繁衍机理，即审时度势，量力而行，在机会来临时一触即发，稳准狠、短平快。

宋词有云，“稻花香里说丰年，听取蛙声一片”。稻田里有了蛙声，就预示着农民将会丰收，交易领域有了蛙声，则意味着金黄色的硕果累累的秋天。

青蛙既是观察家，又是行动家；既是运动健将，同时还是思想高手。不急不躁，不贪不惧，速战速决，斩钉截铁。从仿生学的角度讲，青蛙为我们的交易人在险恶的金融竞争环境中生存提供了很好的启发，可以说青蛙就是我们天然的导师，是我们格斗的教练，它就是生物界的索罗斯。

假如你一辈子只能读一本书，那么本书是你的首选，因为它一本能顶一万本。

莫言的《蛙》为中国带来了第一个诺贝尔文学奖，但愿本书的“蛙”也能帮助中国人获得第一个诺贝尔经济学奖。改变中国人命运的交易方式，随着天空的一声惊雷，一道耀眼的闪电，轰然问世。

蛙式交易的特点——短平快、稳准狠。

蛙式交易可以帮助中国人脱贫致富，奔向小康，拯救依然迷茫的中国股民，将他们扳向可多可空双向交易和T+0交易的岔道。中国的交易者从此站起来了，命运从此掌握在自己手里。

运用蛙式交易，我们指导的账户从100万元膨胀到700万元只花了两年左右的时间。在这两年里，平均每个月的净利润率都达到了10%左右，真正达到了“风险可控、收益平稳、可以复制、实践检验”这四大成功交易的标准。本书将按时间顺序逐月逐笔为您破解蛙式交易的关键细节和盈利模式，破解人类历史上最难破解的发财密码。

本书图解所用数据全部来自于真实的实盘交易，决无人为更改。

蛙式交易来源于本人多年前的试错性研究《七分之一操作系统》之压缩系统，为了方便大家深入研究，特将有关交易记录、《七分之一操作系统》和笔者2009年在财经927电台的讲课内容附录于后。

目录

第二章　答程序化交易爱好者问

第三章　蛙式交易实盘解析

附录一：交易记录

附录二：七分之一操作系统

附录三：电台行情分析

第一章

总论

第一节　蛙式交易的哲学依据

一、赫拉克利特思想

两千多年前，古希腊哲学家赫拉克利特（Heraclitus，约公元前530年——公元前470年）教导他的学生说，人不能两次踏进同一条河流（No man ever steps in the same river twice）。他的这一万物皆流的朴素的辩证法思想两千年来一直为人们所津津乐道。即使在信息爆炸的今天，这句话听起来仍然是那么的意味深长和不可复制。

一切都在流动，一切都在变化（见图1），人不能两次踏进同一条河流，投资者不能两次遭遇同一种行情，青蛙也不能两次捕杀同一只昆虫。这种近乎上帝式的提示，让我们对很多投资问题恍然大悟，茅塞顿开，也使得蛙式交易有了坚若磐石的哲学基础。

既然我们不能多次踏进同一条河流，那么我们不妨沿着相反的方向建立我们的交易思维，即如果我们在长线交易上会面临各种风云变幻的危机和瞬息万变的信息冲击，我们何不把交易的周期缩短，把交易的空间压缩，在一个时点上完成惊人一跳。既然青蛙不能在多种时空捕杀同一只昆虫，那么就毕其功于一跃，在某一特定时点实行精确打击；既然交易的风险跟时间成正比，时间一长，变化的因素就增多，那么我们为什么不把交易的周期从几个月缩减为几分钟，甚至于几十秒？既然交易的变数与空间成正比，那么我们

图1

何不将交易的空间从几百点、几千点压缩为几个点乃至于一两个点？这就是蛙式交易最核心的哲学逻辑和表现手法。它将像一盏明灯照耀我们黑暗已久的交易历程，照亮我们的交易之路，贯穿我们的风雨人生。当然，另外一种极端的观点也是错误的，就是认为人甚至连一次也不能踏进同一条河流。这就完全否认了相对静止，完全不承认世界的可知性和可捉摸性，就像说青蛙甚至连一次捕虫的可能性都没有，我们连完成一次蛙式交易的可能性都没有一样，都是完全错误的。

二、奥康剃刀定律

与赫拉克利特思想一脉相承的是奥康剃刀定律。“如无必要，勿增实体”，该理论是由14世纪逻辑学家英国奥康的威廉提出的，也就是“简单有效原理”。他在《箴言书注》2卷15题说“切勿浪费较多东西去做用较少的东西同样可以做好的事情。”这一理论应用到蛙式交易当中实际上就是，“如无必要，勿增解析；如无必要，勿增时间；如无必要，勿增空间。”也就是说，影响我们决策的因素有很多，有基本面、有技术面、有消息面，有长线指标、有短线指标、还有超短的盘口信息，但是我们更倾向于最直观有效的盘口因素，如无必要，勿增解析。就像青蛙捕虫一样，如果在捕虫前的一刹那还要研究一下虫的基本面，研读一下《昆虫学》，那虫子早跑了（见图2）。就交易时间而言，有长线交易有短线交易，而蛙式交易则更倾向于瞬间交易，如无必要，勿增时间。就利润空间而言，有中期目标有短期目标，但蛙式交易更注重力所能及的瞬间点位，如无必要，勿增空间。

三、一蹲二跳三落地

当然，蛙式交易真正的思想鼻祖非“蛙先生”本人莫属。千百万年来，蛙身体力行地诠释着一蹲二跳三落地的运动模式（见图3），用它的唇枪舌剑荡平所有关于捕杀方式的争论，堪称蛙式交易理论的先驱。每当夏夜，你

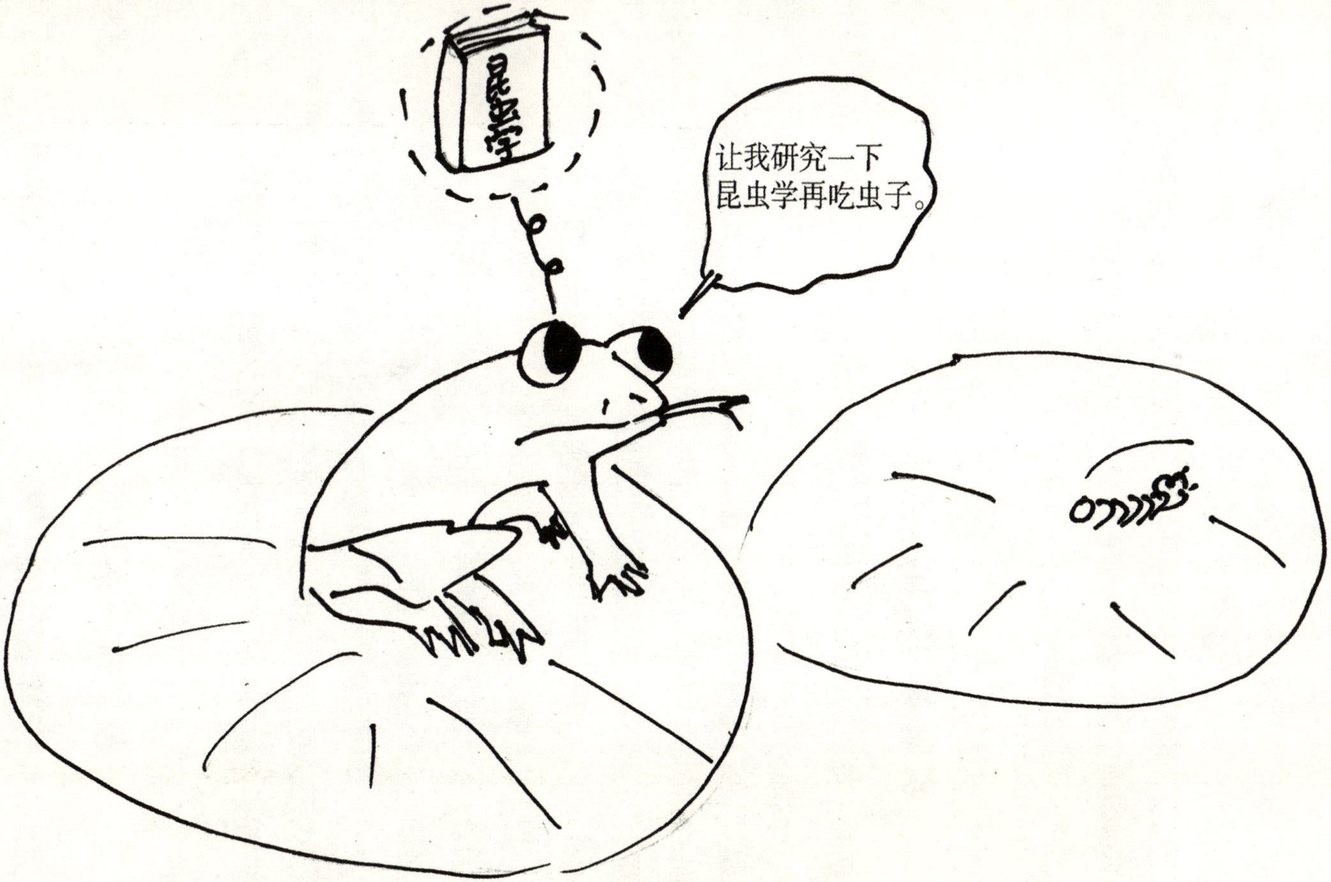

图2

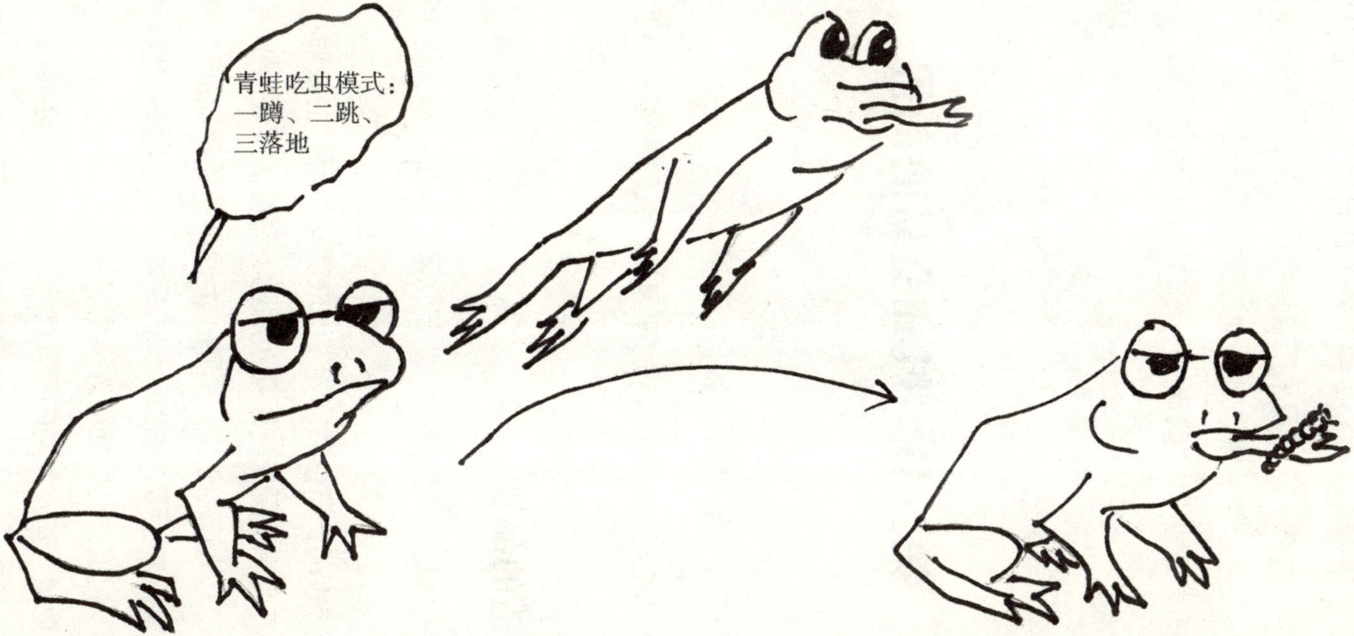

图3

可曾听见稻田里那呱呱的叫声，那是“蛙先生”声情并茂的演奏，那是最美妙的自然之音。谁要是能听懂这天籁之音，他就能悟出蛙式交易的真谛，简明、简洁、自然、高效。正如老子在《道德经》里总结的那样，道生一，一生二，二生三，三生万物；人法地，地法天，天法道，道法自然。蛙式交易才是自然法则的灵活应用，“蛙先生”才是真正的自然大师和生存大师。

第二节　蛙式交易的前提

蛙式交易成功的三个前提：合适的品种，合适的时机，合适的资金。

一、合适的品种

蛙式交易的成功必须要选择一些波动率比较小，也就是BETA值比较小的品种。

长期的实践表明，符合盘口要求的最优交易品种主要有：郑州商品交易所的强麦、大连商品交易所的聚氯乙烯和上海期货交易所的铝。其次还有郑州的白糖、棉花；大连的玉米、豆粕；上海的锌和螺纹钢等。由于农产品上有国家价格政策压制，下有国家收购价保护，价格区间比较稳定，交易状态比较和缓，所以是蛙式交易的首选类型（见图4）。

主要的交易禁区有：上海的铜、黄金、白银、天然橡胶；中金所的股指期货。因为上述品种合约价值较高，波动较大，风险较高，难以控制，故应在策略上对其加以主动回避（见图5）。

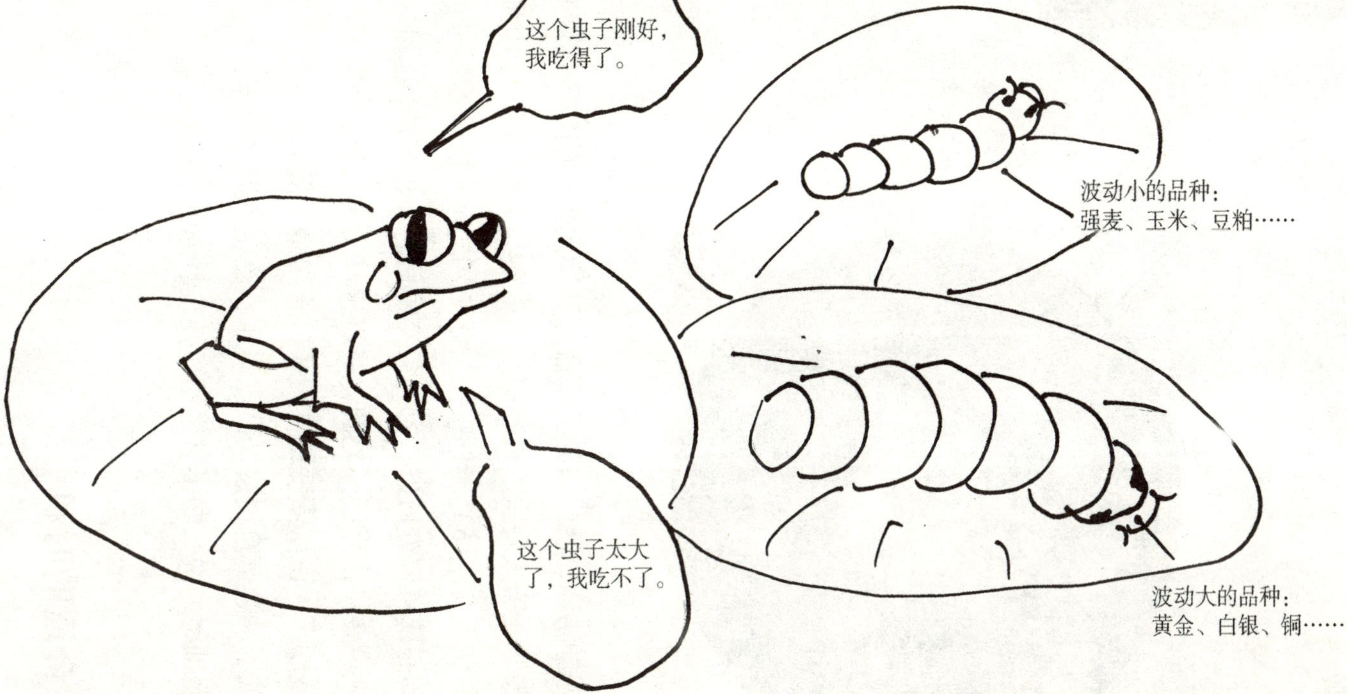

图4

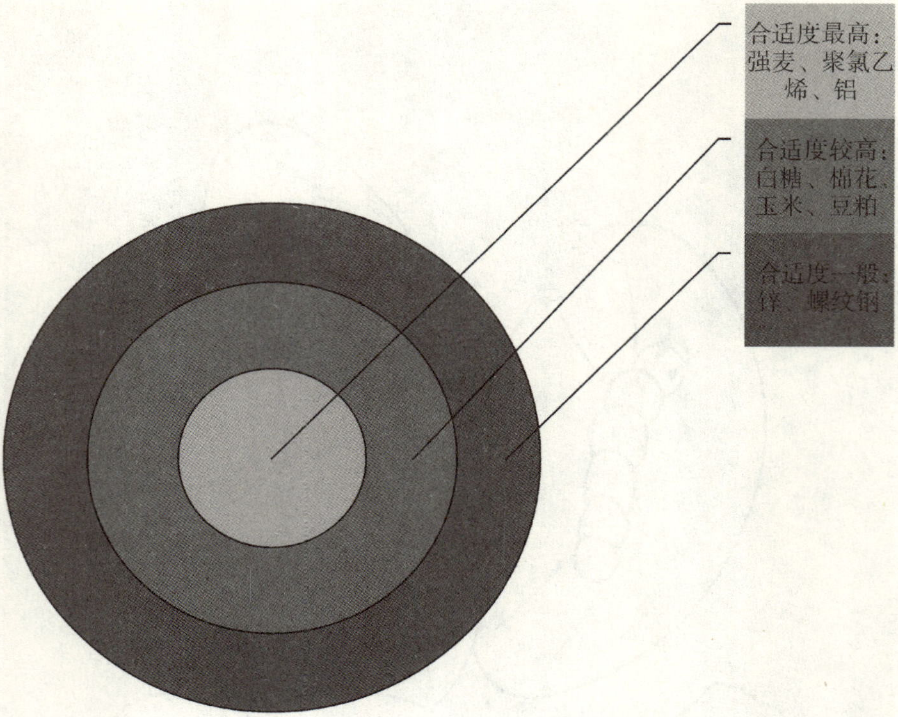

图 5

这就好像游泳，我们首先应该选择波浪比较小的池塘或河道，而不能直接扑到波涛汹涌的大海里。大海看起来很刺激，很诱惑，但也很容易让我们遭受灭顶之灾（见图6）。我有一个朋友，以前一直是做股票的，忽然说要做期货，本来这种转变挺好，多一条交易思路，也许能挽回很多损失。我跟他说，你一定要从农产品开始做，最好是从小麦开始，他满口答应，但做了几天就不耐烦了，说小麦变动太慢了，不过瘾，随而转去做了橡胶，天天杀进杀出，动不动还满仓过夜。做了半年，资金不见了一半。现在再跟他谈品种，他捶胸顿足地说，悔不该当初，要是听你的话就好了。

二、合适的时机

蛙式交易的每次跳跃，都是在符合本身的决策依据的前提下，在恰当的时机给予临门一脚，决不拍脑袋下随手单。

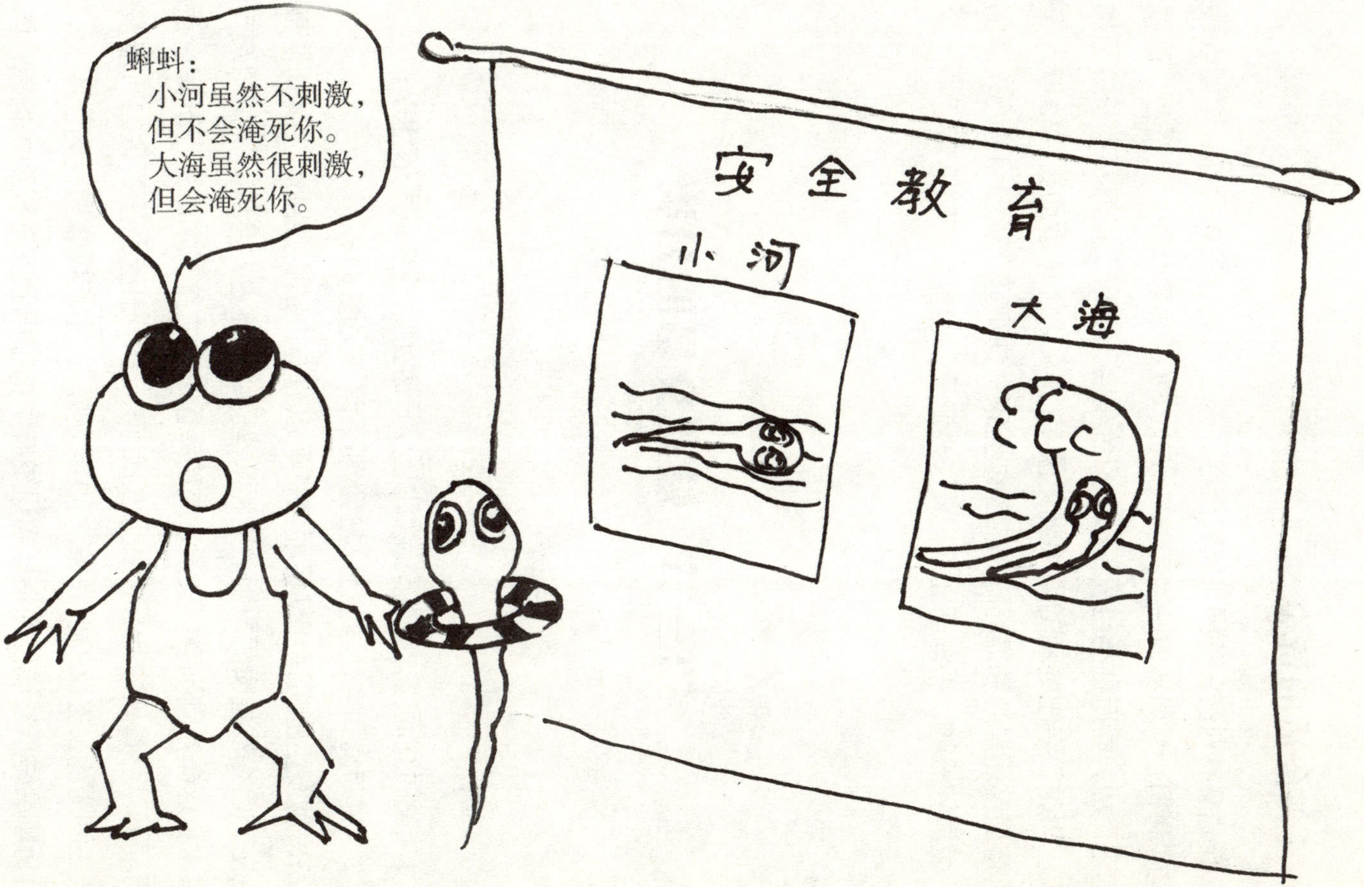

图6

三、合适的资金

蛙式交易对资金的要求比较严格，为了把盘口的可行性、可能性转化为现实的利润，平稳实现一蹲二跳三落地，就必须要有强大的资金。这就像电源的正负极，可行性相当于正极，资金相当于负极，只有两者发生碰撞，才能擦出火花，结出胜利的硕果（见图7）。又如足球运动员盘带过人左躲右闪，但最终还是必须靠临门一脚的劲射来一锤定音，或圆月弯刀，或倒挂金钩，或狰狞怒射，否则前面的花架子再漂亮，也都会前功尽弃。

第三节　蛙式交易的分类

1．就时间而言，蛙式交易可以分为开盘跳、盘中跳和收盘跳；

2．就方向而言，可以分为上跳和下跳（见图8）；

3．就发生的机理和动因而言，可以分为主跳和跟跳。跟跳就是某一品种的主力合约发生瞬间急剧上扬和下挫时，在此主力合约上采取同方向的跟踪战术，这样方向不容易失误，成功率极高。主跳战术就是在选定合适品种的情况下，沿着技术指标所提示的方向，主动出击，在资金力所能及的时间，主动蹲跳。主跳的机会多，应用范围广，主动权掌握在自己手上。主跳的分析顺序是从长线技术指标到短线技术指标再到超短线技术指标，再到最后临门一脚的盘口状况。比如均线系统平行无交叉向上排列，在此期间，多采用主动上跳战术，均线系统平行无交叉向下排列，在此期间，多采取主动

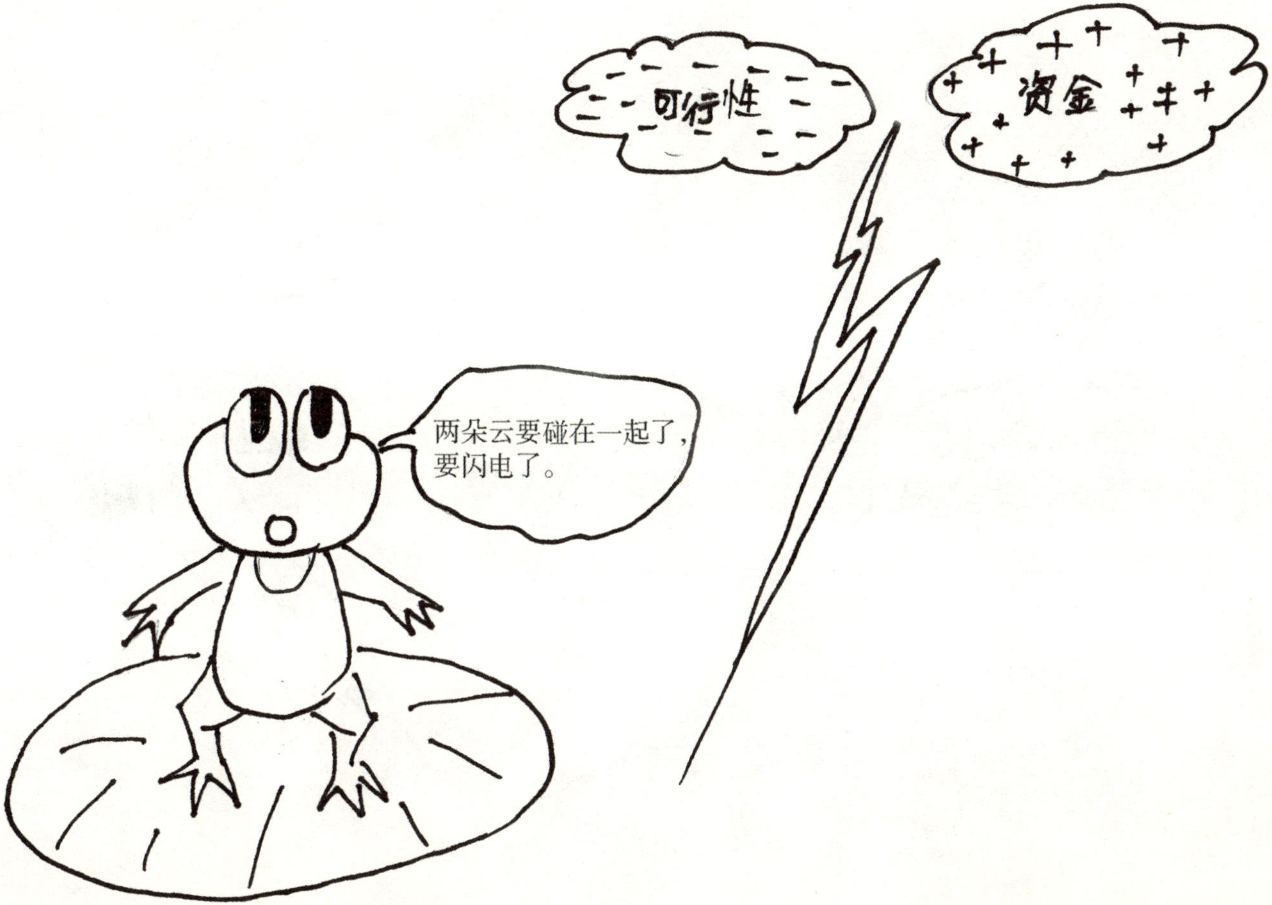

图7

图8

下跳战术。不管是上跳还是下跳，盘口的单量要跟自己的资金量匹配，单量过小，蹲的意义不大，吸不到足够的筹码，单量过大又跳不动。盘口的密度太大，跳着费劲，密度太小，落地平仓时又出不了货，难以在瞬间全身而退。在技术指标处于盘整状态时，阶段性强势参考和使用上跳战术，阶段性弱势参考和使用下跳战术。

第四节　蛙式交易的决策依据

蛙式交易分析的决策依据主要分四大类。

第一类是 K 线系统，第二类是均线系统，第三类是指标系统，第四类是盘口系统。最理想的状态是四者提示的方向完全统一，如果不统一，那么决策的顺序应该是长线服从短线，短线服从盘口。

一、K 线系统

K 线系统主要是依据 K 线的形态来决定跳跃的方向，如上升通道、下降通道、圆顶、圆底、三重顶、三重底、头肩顶、头肩底、旗形等。K 线形态系统是技术分析的基础，也是决定跳跃方向的基本依据。

二、均线系统

均线系统主要是由价格的移动平均计算而来的，因此它能够更直观、更数据化地指示价格运行的方向。如均线系统无交叉平行向上或向下运行，就是强烈的上跳和下跳依据。均线系统和K线组合系统互相印证互相提醒就能进一步地确立和辩察跳跃的方向。如在上升的通道又遇上平行的上升均线支持，那么上跳就有了极好的技术依据。反之，如果K线在下降通道之中又遇到了无交叉的下行均线的支持，那么这就是极好的下跳依据。

决定长期趋势的主要均线是60日均线，决定短期走势的主要均线是5日均线，其他如30日、10日均线等可以作为判断长期趋势的辅助均线。60分钟线、30分钟线及5分钟线等可以作为判断短期走向的辅助均线。均线系统运行大致分三种状态：上升状态、下降状态、盘整状态。在牛熊市之间转换时，均线系统必须发生锐角形反转；如果是钝角形波动，那么只能说明是盘整，不构成反转行情。

三、指标系统

指标系统是由各种指标通过公式进行加减乘除运算得出的结果，它往往更具备震荡型的短线提示效果。在确立趋势的情况下，运用指标系统的高低能够更加准确地找到切入点和临门一脚的时机。如果在均线系统支持的上升通道过程中，指标系统又在低位发出金叉信号，那么就是一个非常好的上跳点；下跳情况以此类推。

四、盘口系统

盘口系统分析的要点是：盘口的数量，盘口的密度，盘口的变速，盘口的愈合力。

盘口的数量是指盘口买卖的手数，包括买1、买2、买3、买4、买5以及卖1、卖2、卖3、卖4、卖5，当然最重要的还是买1和卖1。如果买卖手数过大或过小，则不宜建仓亦不易出局。

盘口的密度是指买盘之间或卖盘之间的相隔距离。距离太大即盘口太松，建仓后不易出局；距离太小即盘口太紧，大单云集，则不宜跳跃。

盘口的变速是指买卖的数量在瞬间发生变化的速率。速率过快，买卖的数量难以计算，不宜介入；速率过慢，建仓后出局时无盘应接，同样应该回避。

长线轻于短线，短线轻于盘口。

盘口的愈合力是指盘口回复原状的能力。它分为正愈合力和背愈合力。正愈合力不能太强，如果太强，跳跃将难以推进和深化，也难以跳离成本区。背愈合力不能太弱，太弱的话落地平仓将难以实现，交易过程难以圆满结束，持仓也难以全身而退。

当然，分析盘口其实是离不开成交量和持仓量的。说到底，盘口是尚未实现的成交量和持仓量，而成交量和持仓量则是已经撞击并实现的盘口。

总的来说，进行决策分析的时候，要本着“如无必要，勿增解析”的原则，能用一个原因解释的，就不用两个原因，尽量简单有效。前阶段有个朋友跟我抱怨说，30 多元买的中石油，现在还剩下 8 元。我问他是怎么买的，凭什么买，他说我头一天晚上研究到夜里一两点钟，研究透了就买了。我说，你头一天晚上研究的中石油，第二天你买的已经不是你昨天研究的中石油了，它已经变了，变成了潲水油或者地沟油。因为你并不知道它当天夜里非洲的一个项目停产，美洲的一个合同违约。人不能两次踏进同一条河流，就像人不能两次买进同一只中石油股票一样。万物皆流，万物皆变，所以说一定要分析最当前的、最要紧的，否则你只能是“问君能有几多愁，恰似满仓中石油”了。

第五节　蛙式交易的时间与空间

一、时间

风险与时间成正比，“如无必要，勿增时间”，即单子在盘中停留的时间越长，风险就越大，停留的时间越短，风险越小。因此，蛙式交易几乎是秒杀交易，短则几秒，长也不过几分钟。上午的单决不拖到下午，下午的单决不留到第二天。蛙式交易尤其重视日内短线指标和盘口分析，其权重占到了90%，其他长线指标的比重只占到10%。

二、空间

风险与空间成正比。“如无必要，勿增空间”，由于蛙式交易追求的是短线效应，因此为了最大限度地回避风险，扩大收益，它的基本思想是积少成多、聚沙成塔、粒米成箩、滴水成河。每一笔交易所追求的利润点位非常克制，多则十几个点，少则一两个点（见图9）。

图9

第六节　蛙式交易的典型交易模式

蛙式交易的典型交易模式是：一蹲二跳三落地。

一蹲，即耐心吸货，时间大概是几十秒到几分钟，具体视盘口的数量、密度和变速而定。

二跳，即一旦吸货成功，则迅速顺势加码。

三落地，即在取得一定幅度的赢利后，哪怕是很小的赢利的情况下，立即平仓，决不拖延，然后转战其他品种，否则会有一条大蛇从后面游来把你吃掉，这就是螳螂捕蝉黄雀在后的道理。

蛙式交易模式的要点可概括为一个八字要诀：顺势、分步、信心、止损。顺势即顺势而为；分步即分三步走，一蹲二跳三落地；信心即对整个跳跃过程必须有绝对的信心和决断能力；止损即在判断失误和蹲跳受阻时果断平仓出局（见图10）。

图10

第七节　蛙式交易的风险与收益

一、时间越短，风险越小

风险与收益的均衡是一切交易方式的核心。

通常的理念是，低风险低收益，高风险高收益；而蛙式交易追求的是低风险高收益。那如何达到这一终极目标呢？就风险端而言，蛙式交易理论认为，风险与时间成正比，也就是说交易头寸在市场当中持有的时间越长，风险则越大；时间越短，风险则越小。因此，我们尽量将单子停留在市场当中的时间缩短到不能再短为止，即恰好能完成一次交易过程就可以了，不作无谓的停留。就收益端而言，我们将每个月、每一年的收益目标微分切割成无数个小块，每次交易虽然也许只有几个点或者百分之零点几的收益，但是通过这种方法来累加完成最终利益最大化的终极目标。

二、低风险高收益

也许有人会说，这不就是普通的风险与收益理念吗？的确，听起来好像是没有什么区别，但是里面却蕴藏着巨大的玄机。打个火中取栗的比喻也许大家就明白了。我们用一分钟时间从火中取出 60 个栗子，蛙式交易的思路是每秒钟取 1 个，一分钟取 60 个，取完之后风险几乎是零，因为手毫发未伤。但是，假如我们分 6 次，每次取 10 个栗子，看起来好像也能完成任务，但每次在火里停留 10 秒的时间，足以重伤双手，风险极大，而且实际上到了后面，你已经无法再取栗子了，也就是说你根本无法完成取 60 个栗子的任务。如果再贪一点，在火里面摸索一分钟，企图一次性取出 60 颗栗子，那么唯一的结果只能是手没了，而且连一个栗子都没取出来（见图 11）。现在大家可能明白了，一个是低风险高收益，一个是高风险低收益，甚至零收益。这就是蛙式交易对风险与收益的独特理解。正如青蛙捕食一样，每次捕一个虫子，多捕几次终归会吃饱，如果贪多求快，想一口吃成胖子，或总在一个地方守株待兔，那么最后不是被饿死，就是被蛇吃掉。

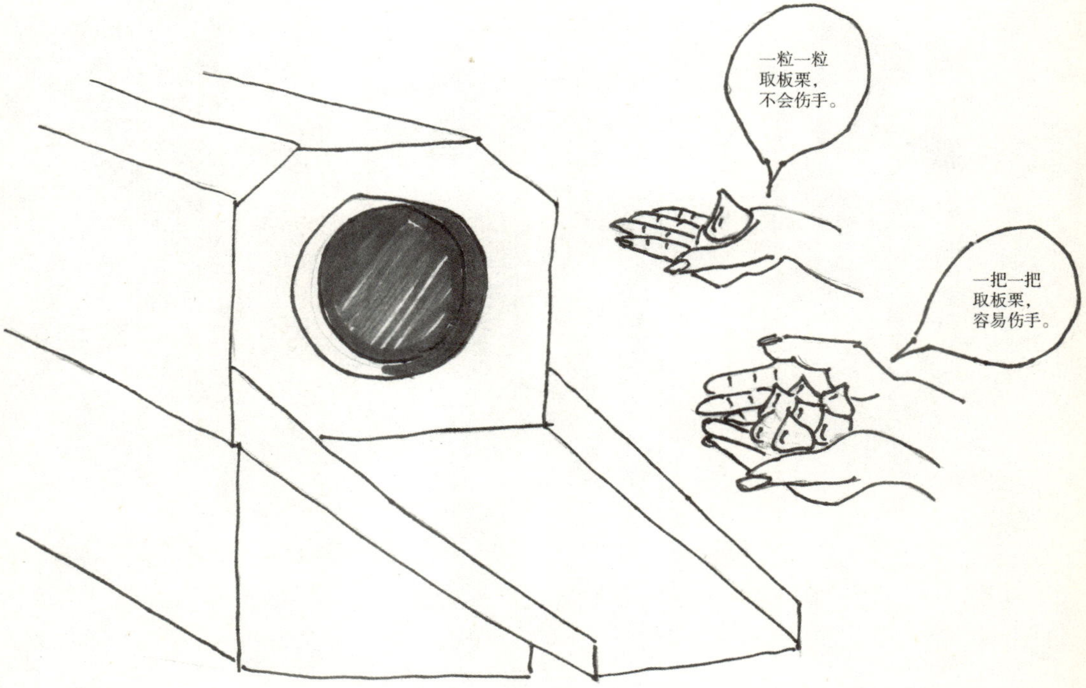

图11

第二章

答程序化交易爱好者问

第一节　关于蛙式交易

 曦曦 15：08：21

肖老师，什么是蛙式交易呢？

 北风 15：17：54

蛙式交易就是根据特有的决策依据和交易程序进行交易的方式。

 曦曦 15：18：23

您是怎么想起来要研究蛙式交易的？

 北风 15：28：33

早在2002年5月24日，我就曾在《交易快报》上发表过一篇论文“七分之一操作系统”。该系统包括预警系统、建仓系统、持仓系统、平仓系统、纠错系统、压缩系统。七分之一操作系统是一种分步建仓和分步平仓的系统，有单杠式和哑铃式，时间跨度往往比较长，空间跨度往往比较大，这就不可避免地带来了一些难以预料的风险，那怎么解决这个问题呢？怎么样才能发挥七分之一操作系统的优势，同时又能避免不必要的风险？这时我就想到了其中的压缩系统。实际上它就是蛙式交易的雏形，它讲的就是把建仓和平仓的时间和空间进行压缩，就像青蛙捕食一样：短平快、稳准狠。

第二节　蛙式交易的前提

一、品种

曦曦　15：33：04

是什么品种都可以做吗？

北风　15：33：34

要找波动很小的软品种。

曦曦　15：34：05

为什么呢？

北风　15：37：18

这个是由蛙式交易的特点所决定的。打个比方，青蛙在什么地方捕虫命中率较高呢？是在风平浪静的小河还是在波涛汹涌的大海？显然，小河里面由于外部条件相对静止，更有利于提高捕杀的命中率。因此，选择一些波动相对稳定的交易品种更利于进行蛙式交易。

曦曦　15：37：39

也就是 beta 小的品种。

北风 15：38：22

是的。最好是 Beta 值介于 0 ~0.5 之间的品种。

曦曦 15：39：39

我们可以对所有品种的 BETA 做一个排列。

北风 15：41：40

对。起码是计算一个相对于商品指数的单个商品 BETA 值，如果有条件可以分类计算，比如相对于农产品指数或商业品指数的 BETA 值。

曦曦 15：42：08

那实际上哪些商品比较适合用于蛙式交易？

北风 15：45：55

郑州商品交易所的强麦、大连商品交易所的聚氯乙烯和上海期货交易所的铝。其次还有郑州的白糖、棉花；大连的玉米、豆粕；上海的锌和螺纹钢等。这些商品的 BETA 值都比较小，同时行情也相对容易判断，盘口变速不大，临门一脚时的盘面状况相对稳定。

二、时机

曦曦 15：46：59

选好品种之后要选在什么时机下单呢？

北风 15：48：04

根据该品种的 K 线系统、均线系统、指标系统、盘口系统来决定最后的下单时机。其中盘口系统权重最大，盘口的数量、密度、变速直接决定了最后出击的时机。这个问题我们以后再详细聊。

三、资金

 曦曦 15：49：42

是不是多少资金都可以进行蛙式交易?

 北风 15：51：46

不是。由于蛙式交易需要分析与资金碰撞才能产生火花，没有一定的资金量，光有分析很可能是无果之花。

 曦曦 15：52：52

那一般要多少资金呢?

 北风 16：00：08

几年前，我们指导的实盘从 100 万元开始做，但现在很多都是大品种了，为了确保成功率，最好是 300 万元以上。这样才能保证最后的劲射命中率。如果资金很小，就只能做做跟跳。

第三节　蛙式交易的决策依据

曦曦 15：20：22

蛙式交易的决策依据主要有哪些？

北风 15：22：48

四个方面——K线系统、均线系统、指标系统、盘口系统。决策的顺序是长线服从短线，短线服从盘口。

曦曦 15：23：14

就是一般的技术分析吗？

北风 15：28：07

不是的。

一、K线系统

北风 15：28：09

我们在现有的技术分析的基础上加上了一些非常独到的见解。也就是说，现在通行的K线形态、均线系统和指标系统都可以为我所用，但不能简单照搬。应该是既吸收又提高，是扬弃。以图12为例：

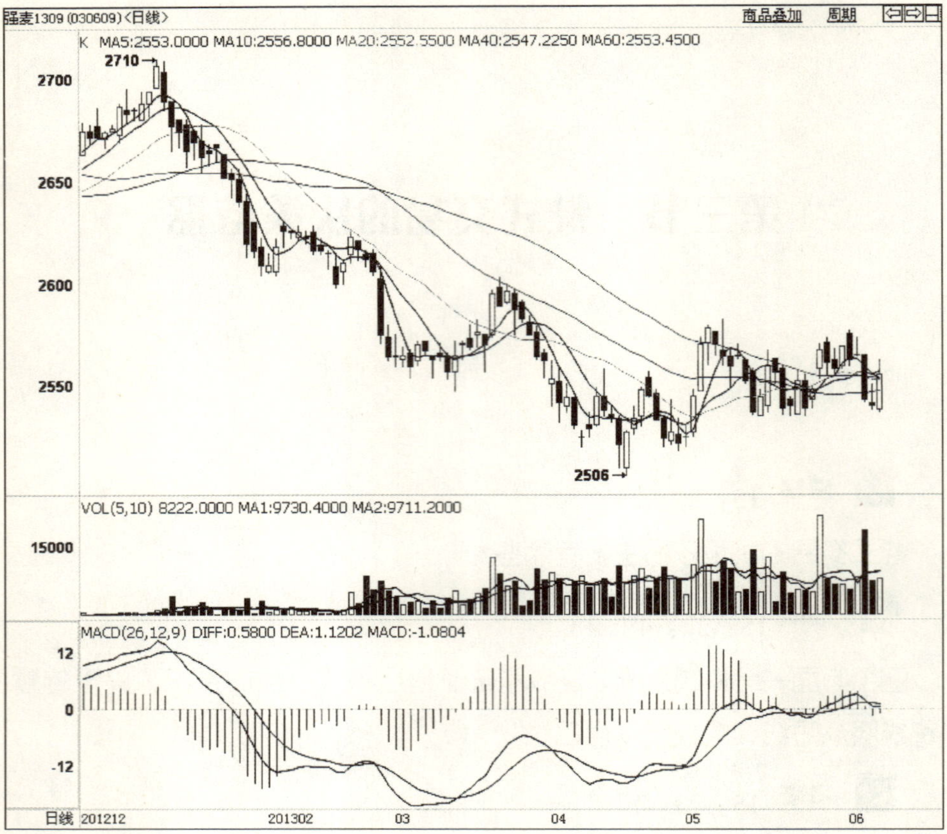

图 12

均线系统明显呈下压走势，而 K 线在均线系统的压制下成下降通道走势，在这个时期逢高做空将成为主基调，而具体的入市点位则重点参考 MACD、KDJ、RSI 等指标系统。最后临门一脚时再重点分析盘口系统。

曦曦 15：29：14

那 K 线系统有哪些要注意的要点？

北风 15：32：40

一些传统经典的 K 线形态都可以参考并借鉴，尤其值得重视的是上升通道和下降通道。因为在 K 线通道形成的情况下，蛙式交易的跳跃方向比较明确，跳跃环境比较稳定，因此成功率较高。

二、均线系统

北风 15：37：08

均线系统无交叉45°向上延伸，长短期均线呈平行有序排列，这是典型的牛市。相反，均线系统无交叉135°向下延伸，长短期均线系统呈平行有序排列，则是典型的熊市。如果出现均线的锐角形反转，则是明显的转势信号；而钝角形波动则是典型的盘整特征，是箱形震荡的表现。

曦曦 15：38：08

那均线的作用都是一样的吗？

北风 15：45：21

不是的。长期趋势主要是由60天均线决定，短期趋势主要看5天均线，而做日内的短线交易则主要侧重于5分钟均线和30分钟均线。60日均线的上行、下行、锐角形反转、钝角形反转是判断长期走势的重要依据。

曦曦 15：46：59

是否可以这样表述，如果最近十天的60天平均值每天都上涨，我们认为此线在上行。

北风 15：48：04

不准确。

曦曦 15：49：42

如图13呢？

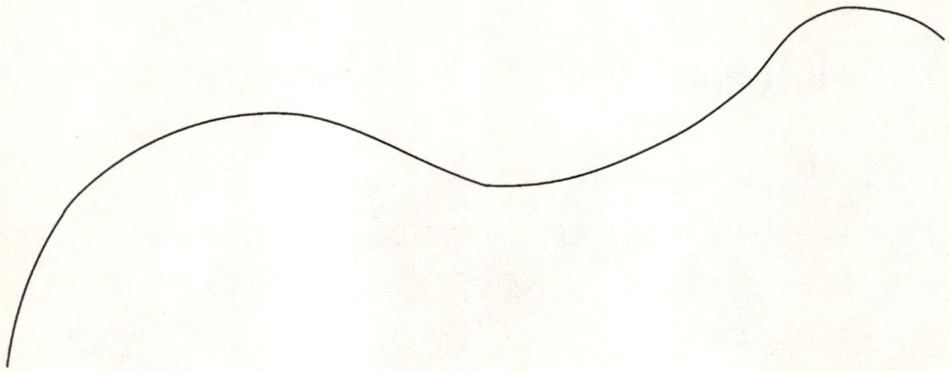

图 13

曦曦 15：49：56

这样的均线算上行吗？

北风 15：50：00

绝大部分的均线都是无效波动。

北风 15：50：35

上面这个就叫无效波动。

曦曦 15：50：51

哦！

北风 15：51：39

都以高抛低吸来处理单子。

曦曦 15：51：51

好的。

曦曦 15：52：35

如果 60 天均线呈现无效波动，就不做交易？

北风 15：52：58

都以高抛低吸来处理单子。

只有发生锐角性反转的均线才叫有效。

北风 15：54：07

才能引发单边行情。

曦曦 15：54：08

如图 14 呢？

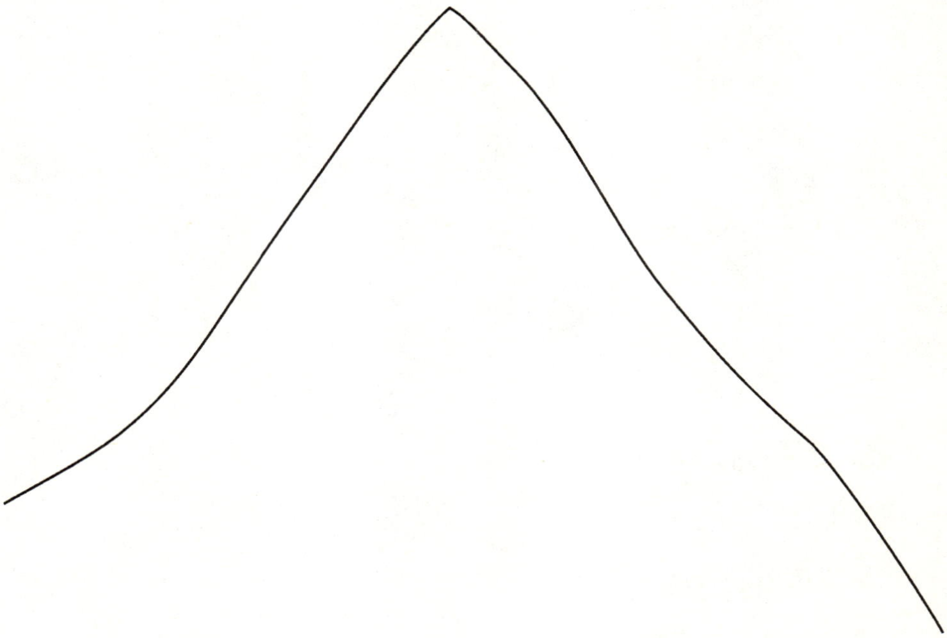

图 14

曦曦 15：54：13

这样？

北风 15：54：17

是的。

曦曦 15：55：00

如图 15 呢？

图 15

曦曦 15：55：06

这样的呢？

北风 15：55：32

要看前面是怎么来的。

曦曦 15：55：56

前面要看多少天以前的？

曦曦 15：56：06

无限吗？

北风 15：56：43

都要看，越远越好。

曦曦 15：56：52

好的。

北风 15：57：25

如果前面是暴跌，就最有效。

曦曦 15：57：35

哦，好的。

北风 15：58：44

图 16 就是一个很好的例子。

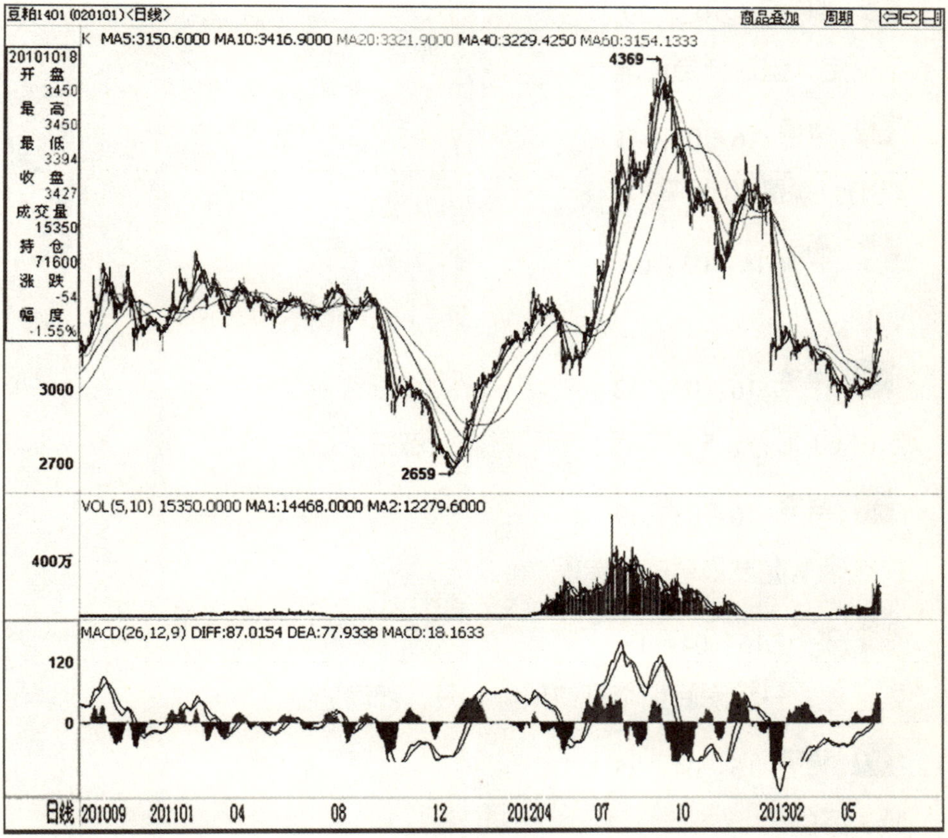

图 16

北风 15：59：01

大方向决定后，就看5日均线了。

曦曦 15：59：23

嗯，好的。

北风 16：01：44

如果在熊市，五日均线又下压，则看盘瞬间是做空良机。

曦曦 16：01：48

5日均线必须和60日同向？

北风 16：02：29

不一定，但这样更可靠。

曦曦 16：02：41

熊市？就是60天下行？

北风 16：03：08

对！

曦曦 16：03：42

所以60下行，5日下行，我们就准备做空。

曦曦 16：03：59

什么因素促发最后的下单呢？

北风 16：04：18

如上述，开盘瞬间如平开或稍微高开，即可沽空。

曦曦 16：04：25

哦，好的。

北风 16：04：33

但必须迅速撤离。

三、指标系统

北风 16：04：40

主要的经典指标系统仍然不失为很好的行情晴雨表，但我们要说的是最好将几种工具糅合在一起。比如说宝塔线和5日均线以及KDJ糅合在一起，短线价值就非常大。如图17。

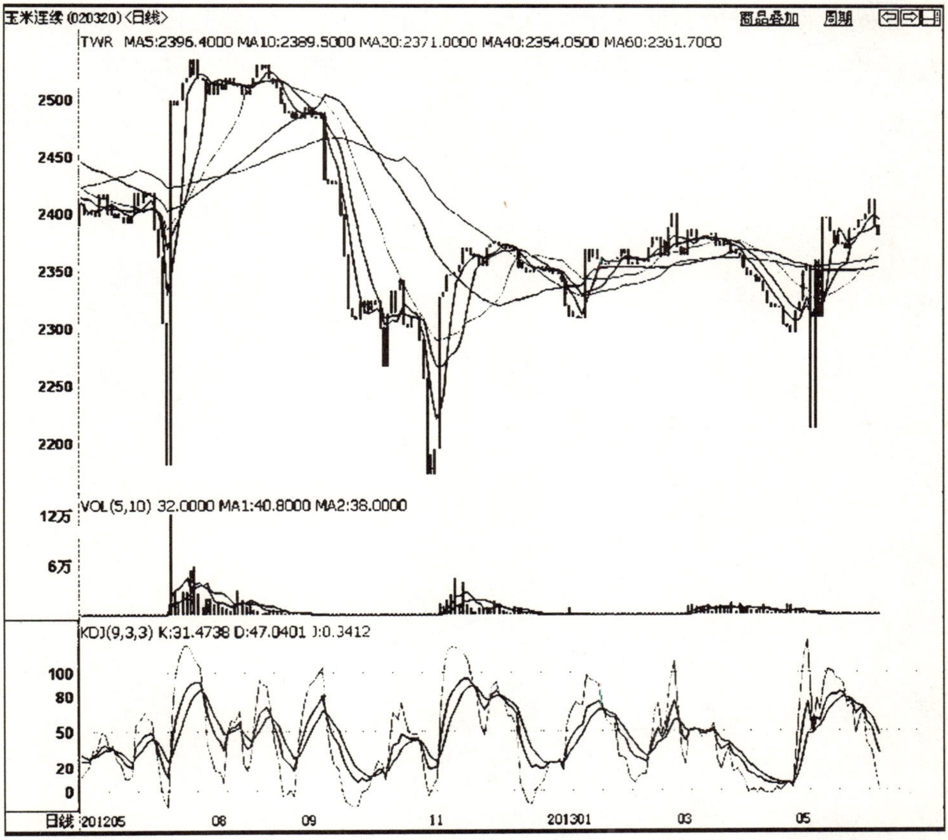

图 17

9月6日宝塔线红转绿，而且绿的部分远远长于红的部分，这表示后市极度看弱，而此时的KDJ出现高位死叉，5日均线下压，实现下跳战术极为可靠。事实证明该合约后来也的确连续暴跌两个月。

四、盘口系统

曦曦 16：04：55

盘口分析又是什么意思？

北风 16：06：01

主要是临门一脚时根据买卖双方的盘口数量、盘口密度和变速来分析最终跳跃的可行性。这个问题由于要结合操作过程具体分析才能说清楚，所以以后有机会再详谈。

北风 16：06：05

第四节　蛙式交易的分类

 曦曦 16：06：11

蛙式交易有哪几种呢？

 北风 16：09：01

就时间而言，蛙式交易可以分为开盘跳、盘中跳和收盘跳；就方向而言，可以分为上跳和下跳；就发生的机理和动因而言，可以分为主跳和跟跳。跟跳就是某一品种的主力合约发生瞬间急剧上扬和下挫时，在此主力合约上采取同方向的跟踪战术，这样方向不容易失误，成功率极高。主跳战术就是在选定合适品种的情况下，沿着技术指标所提示的方向，主动出击，在资金力所能及的时间，主动蹲跳。主跳的机会多，应用范围广，主动权掌握在自己手上。主跳的分析顺序是从长线技术指标到短线技术指标再到超短线技术指标，再到最后的盘口状况。不管是上跳还是下跳，盘口的单量要跟自己的资金量匹配，单量过小，蹲的意义不大，吸不到足够的筹码，单量过大又跳不动。盘口的密度太大，跳着费劲，密度太小，落地平仓时又出不了货，难以在瞬间全身而退。

 曦曦 16：09：22

那哪一种分类是更为本质和主要的呢？

北风 16：09：55

应该是跳跃的动因这一分类。现在我们就主跳和跟跳分开谈一谈。主跳的典型交易过程是一堵二追三平

一、主跳

曦曦 16：10：53

北风 16：12：10

先大单堵截，再依次顺势加码，然后最好能获利平仓。

曦曦 16：13：25

假如是开盘下跳，就先用大单卖空，再卖空一个较小一点的大单，然后马上平仓？

北风 16：13：49

差不多吧。

北风 16：15：08

追击的次数和单量视情况而定。

曦曦 16：15：13

大单卖空后，第二个单继续卖空是必然的？

北风 16：15：28

必然。

曦曦 16：15：45

哦，视情况而定？是什么情况？

北风 16：16：07

盘口的单量、密度等，而且正愈合力不可以太大。通俗地讲，也就是您面对的对手盘不可以太强大，否则您就砸不开跳不动。

曦曦 16：16：44

等于买一的手数？还是要大于？

北风 16：17：33

一般要大于。

曦曦 16：17：43

嗯！

曦曦 16：17：49

大于多少？

北风 16：18：18

稍大即可，不可太大。

曦曦 16：18：44

哦。

曦曦 16：19：44

第一次卖空的手数应该是多少？

曦曦 16：20：05

也是看买一的手数而定？

北风 16：21：11

根据自己的资金，还有日常的盘口数量定。买一买二买三都要看。

曦曦 16：22：25

我们可以假设资金是足够的情况下，日常盘口数量应该怎么确定？

北风 16：24：25

开盘以能瞬间成交的最大量堵截。

曦曦 16：30：13

如果我用程序，则一直检测成交每笔情况，所以开盘一瞬间，我以收到的第一笔成交手数，加上买一的手数，多加5手，卖空?

北风 16：33：10

情况是这样的，先统计一下最近五天的开盘情况，再根据成交量、持仓量和盘口的变化，做出灵活判断。

北风 16：33：36

开盘战术属于凶悍战术，如达不到短平快，稳准狠的资金量，则不可为也。

曦曦 16：33：45

嗯。

北风 16：34：27

因为一旦失败，瞬间损失重大。

曦曦 16：34：43

统计最近5天的开盘手数的平均值（加权平均值?）。

北风 16：35：03

可以参考。

曦曦 16：35：57

我们需要尽量准确写出公式，虽然这个以后可以变化。

曦曦 16：36：14

成交量和持仓量怎么用法?

北风 16：38：10

最好是双量无明显变化的时候，太大变化恐有变盘风险。

曦曦 16：38：30

哦，好的。

曦曦 16：38：38

五天的情况？

曦曦 16：38：53

前五天都没有大变化？

北风 16：39：04

可以的。

曦曦 16：39：29

好的，现在我们需要谈谈平仓的条件。

北风 16：40：31

最理想的平仓就是能看到承接盘。

曦曦 16：41：42

承接盘就是卖一了？

北风 16：43：09

是的，最好再加上卖二和卖三，也就是跟您打压方向一致的跟风盘，也就是盘口的背愈合力。

曦曦 16：44：17

检测到卖一，甚至卖二，卖三，如果挂盘手数大于或等于我们开仓手数，而且有利润，就全出。

北风 16：44：46

是的。

曦曦 16：45：01

如果这个情况没出现？

曦曦 16：45：12

怎么处理？

北风 16：46：20

如果前两步走了，第三步就是必然的。

曦曦 16：47：06

就是一定有承接盘？

北风 16：47：38

没有的话，也要出。

曦曦 16：47：52

多少时间？

曦曦 16：48：05

五分钟后？

北风 16：48：21

越快越好。

曦曦 16：48：37

2 分钟？

曦曦 16：49：11

还是前两笔卖空后，30 秒内就一定出？

北风 16：49：25

因为开盘变化非常迅猛，必须在打压之后随即平仓。

曦曦 16：49：34

哦，好的。

曦曦 16：50：22

所以其实也不要去检查有没有承接盘，卖空后马上就下单平仓？

北风 16：51：26

几乎是的。

曦曦 16：51：57

会不会有时太快了没有人承接？

曦曦 16：52：12

是否需要设定一个延迟时间？

北风 16：53：49

开盘一般成交量巨大，承接不是问题，关键是能不能打动价格向既定方向走。

曦曦 16：54：01

哦，好的。

曦曦 16：54：45

这就是您讲的开盘下跳吧？

北风 16：55：41

是的，关键就是要选力所能及的品种，目前先考虑小麦和铝，选合适的月份。

曦曦 16：56：44

好。我先消化一下，考虑如何用数字和公式表达，就开始编程。

北风 16：55：54

曦曦 16：57：28

由于这种方法无法用历史数据测试，我写后先让它监视实盘，模拟下单，您检验过了再做实盘。

曦曦 16：57：39

月份如何选择？

北风 16：58：23

如果资金不是非常大，就只能选比较清淡的月份。

曦曦 16：58：38

哦。

曦曦 16：59：07

从历史成交量去挑选清淡的月份？

北风 16：59：59

不能太清淡，否则出不来。

曦曦 17：00：11

嗯。

曦曦 17：01：00

第二活跃的月份？

北风 17：02：00

差不多，关键要匹配。

曦曦 17：02：16

跟资金量匹配？

北风 17：02：30

是的。

曦曦 17：02：36

好的。

曦曦 17：02：54

好的，那我们先这样，随时联系。

北风 17：03：12

曦曦 14：03：52

我昨晚分析了你的交易思想。

曦曦 14：04：18

同时尽量把你的思想量化起来。

北风 14：04：33

好！

曦曦 14：04：32

也在考虑软件的设计。

曦曦 14：04：54

您说的品种和月份，其实是同一回事吗？

北风 14：05：17

实际上就是找合适的品种。

曦曦 14：05：30

就是选择一个平稳的，交易量匹配的作为目标。

北风 14：05：43

是的。

曦曦 14：09：02

对于软件的编写，我的思路是这样的。

北风 14：09：48

请讲。

曦曦 14：09：58

首先下载数据，对所有品种的波动程度做一个计算，排序。

曦曦 14：10：56

然后就是对目前的交易月份的交易量和持仓量做一个分析，排序。

曦曦 14：11：20

根据我们将来设定的条件，挑出目标品种和月份。

北风 14：11：22

应该讲，主要是农产品。

曦曦 14：11：33

不适合其他的吗？

曦曦 14：12：11

是没做过还是试过不行？

北风 14：12：24

因为只有农产品，才会上有顶下有底，比如小麦、玉米、豆粕等。

北风 14：13：51

这就是中国特色，其他品种也有可以考虑的，比如说聚氯乙烯、螺纹钢、铝等。至于铜、黄金、白银、橡胶、股指等则尽量不要碰。

曦曦 14：13：58

哦，好的。

曦曦 14：14：06

然后就是到了60天均线。

北风 14：14：15

继续。

曦曦 14：14：57

这时需要您对目标品种和月份做一个手动的人工判断，是上行还是下行，或者平稳。

曦曦 14：15：26

程序将记录您的判断结果。

北风 14：15：55

好！

曦曦 14：16：11

第二天如果60天均线往您判断的方向同向移动，程序则认为方向不变。

曦曦 14：16：50

比如您判断小麦目前是上行，如果第二天的60天平均值高于前一天的60天平均值，程序则认为方向依然上行。

北风 14：17：05

60天线不会那么敏感，具体操作时10天、5天等均线系统都要看。

北风 14：17：18

走平的时候情况会非常复杂。

曦曦 14：18：05

嗯，所以每天程序会找出方向有可能改变的情况，让您做一个新的判断。

曦曦 14：18：19

接着就是5天均线。

北风 14：18：36

在一个大的箱形震荡区60日均线也会在箱形里面上下波动。

曦曦 14：19：28

如果前5个交易日的每天5天均线都在上涨，则认为5天和60天同向，否则，我们就排除这个品种的月份。

北风 14：20：03

是的，5日和60日同向的时候胜率最高。

曦曦 14：20：45

然后计算过去五天的成交量和持仓量，没有明显改变。

曦曦 14：21：13

我们将用统计学的 standard deviation 来表达。

曦曦 14：21：31

这样，目标就锁定了。

曦曦 14：22：15

哦，还差一点，我们最后需要根据我们资金量最后确定几个品种和月份。

曦曦 14：22：37

我的理解是一个品种有可能可以多个月份同时操作。

北风 14：23：08

这种可能性不大。

曦曦 14：23：23

哦，好的。

北风 14：23：39

因为蛙式交易需要大量的资金。

曦曦 14：24：11

您估计每天有几个机会？

北风 14：24：40

单个品种当天最多2～3次。

北风 14：24：52

而实际操作只能是1～2次。

北风 14：25：04

因为这还牵涉到一个隐蔽性的问题。

曦曦 14：25：09

嗯。

曦曦 14：26：21

当开盘时，如果锁定的目标开盘价和昨天收盘价持平，或者高于一点点，程序就出手下单。

北风 14：29：49

若均线系统压制，K线通道下行，则可以逢高沽空。若均线系统支撑，K线通道向上，则逢低吸纳。具体上跳和下跳的点位，则要参考指标系统，高抛低吸。当然这些都是可能性，最终的可行性还要取决于盘口。

曦曦 14：30：57

用什么量做第一手？五笔的总和？还是五笔的总和的1.5倍？

北风 14：34：54

不用，那太大了。

曦曦 14：35：38

第一笔加第二笔的 1.2 倍？

曦曦 14：36：18

我知道您平时是靠经验，不过我们需要把它量化

曦曦 14：36：50

电脑可以计算很准，但必须告诉它怎么计算

北风 14：37：26

还是太大，因为几乎没有现实的资金可以达到这样的要求。

曦曦 14：37：54

哦，那应该是多少？

北风 14：38：57

取一个五天首笔均量吧。

北风 14：39：30

关键是下面还要有资金追击。

曦曦 14：40：44

首笔的均量会不会太随机？

曦曦 14：41：05

因为首笔可以是一手，也可能是 100 手？

曦曦 14：41：48

这个手数应该大于第一笔吧？

曦曦 14：42：05

否则无法引起价格变化？

曦曦 14：42：30

如果卖空，应该大于买一，对吗？

北风 14：42：54

其实开盘战术并不是一个必然的行动。

北风 14：43：05

也就是说即使符合前面讲的条件。

北风 14：43：22

也不可以强行实施。

北风 14：43：30

如果开盘的时候单量过大的话。

北风 14：44：07

开盘战术的主要意义在于：当符合实施战术的条件时。

曦曦 14：44：08

OK，这样的话，我先取一次五笔，判断单量。

曦曦 14：44：38

如果单量过大，就放弃。

曦曦 14：44：41

不下单。

北风 14：44：47

单量又是资金完全能够承受的，并且要留有追击的单量。

北风 14：45：01

因为蛙式交易是一堵二追三平。

北风 14：45：09

对资金的需求非常大。

北风 14：45：22

是一种短平快、稳准狠的交易策略

曦曦 14：45：47

在什么情况下我们就放弃呢？

北风 14：46：10

单量已经超出资金的承受能力。

曦曦 14：46：59

也就是五笔总和的值超过我们的资金量就放弃？

北风 14：47：18

应该是这样。同时如果盘口正愈合力太强，也要放弃。

北风 14：48：59

其实开盘战术实施的风险较大，从实际操作来看，开盘战术不可能作为操作的重点。

曦曦 14：49：12

好的。

北风 14：53：11

盘中跳其实才是主跳的常态，因为盘中的时间更长，可以捕捉的机会更多，各种跳跃的环境也相对稳定，盘口状况相对清晰。它的原理跟开盘跳是大同小异的，首先是要选择合适的品种，其次是根据 K 线、均线和指标来确定跳跃方向，再根据盘口的情况捕捉最后时机。要注意的是，持仓时间不可太长，目标价差不可以太大，上午的单子不留到下午，下午的单子不留到第二天，甚至于盘中休息前的单子都不能留到盘中休息后。一般也就是一两分钟最多三五分钟就完成一次交易过程。

二、跟跳

北风 14：54：01

当一个最大主力的合约跟一个次主力合约走势出现明显差异的时候。

北风 14：54：21

可以利用主力合约提示的方向进行跟跳。

曦曦 14：54：27

如何判断？

北风 14：54：47

主要根据斜率和落差。如主力合约的分时图在某一个时点向上运行。

北风 14：55：04

而次主力合约未动甚至稍有向下。

北风 14：55：14

此时就可以用大单蹲守这个次主力合约。

北风 14：55：19

并迅速追击。

北风 14：55：28

使其跟随主力合约的方向。

曦曦 14：55：45

主力合约是指交易量最大的月份？

北风 14：55：59

是的，正常来说交易量跟持仓量同时都是最大的合约。

曦曦 14：56：14

这个应该适用于全部品种吧？

北风 14：56：36

就像前面讲过的，主要是合适度高的那些品种。

曦曦 14：56：41

哦。

北风 14：57：13

我们所有的战术都是建立在五大禁区（金、银、铜、胶以及股指）之外的。

曦曦 14：57：19

以每分钟均线判断来得及吗？

北风 14：57：38

主要是以分时图。

曦曦 14：57：49

分时图？是每笔吗？

北风 14：58：49

分时图是即时变化的

曦曦 14：59：48

因为电脑读到的是数据，不是图，我们可能还是要用均线代替。

曦曦 14：59：59

或者说 5 秒钟均线。

北风 15：00：35

但分时图是最清晰直观的。

曦曦 15：02：44

所以电脑如果发现主力合约过去 5 笔交易每笔向上，而次合约却是每笔向下，就出击？

北风 15：03：29

是的。

曦曦 15：03：52

以五笔交易来判断可以吗？还是三笔？

北风 15：04：10

五笔更好。

曦曦 15：04：13

好！

北风 15：04：23

但机会会稍微少一点。

曦曦 15：04：35

这个办法很好，这样资金就可以充分利用。

北风 15：04：45

没错。

曦曦 15：04：51

同一笔资金可以同时监控很多品种

北风 15：05：15

正是。

曦曦 15：05：17

不像开盘战术，因为同一时间，所以很受限制。

北风 15：05：34

第三章

蛙式交易实盘解析

2010年该账户刚开始交易时，主要是以燃料油为主，当时燃料油还是小合约，比较适合蛙式交易。但开始试着运用蛙式交易方法，所以还是有一些失误。两年后，到了2012年，失误率就已经非常低了，成功率大致能达到95%以上。印象当中，两年多有2000笔左右的交易，真正失误比较大的有两次，一次是燃料油，一次是玉米。但是由于坚决执行了蛙式交易的一蹲二跳三落地，及时蹲跳离场，断臂求生，故而并未酿成实质性的损失，一次也就亏个几千块钱。所以两年多下来，总资产就从100万元做到了700多万元，每个月基本上能保持10%左右的盈利率。下面的图表分析主要来自2012年5、6、7三个月份，因为再早之前的交易由于时间太久已经找不到对应的分时图，没法从短线和盘口加以分析，所以这部分抢救出来的图表更显得弥足珍贵，不可多得。还有，所有的交易都是在符合盘口要求的情况下进行的，但由于无法再现交易当时的盘口、数量、密度、变速和愈合力等状况，因此分析的时候不再赘述。

为了方便有兴趣的朋友进一步深入研究，我们把跟图表对应的几个月的交易记录附录于全书最后，以便大家比照研究。

交易统计表——日期：2010年5月						
客户号	手续费	总盈亏	净利润	手数	平今手数	成交额
XXX100026－小计	9，329. 16	36，810. 00	27，480. 84	7174	3587	316，195，470. 00
合计	9，329. 16	36，810. 00	27，480. 84	7174	3587	316，195，470. 00
交易统计表——日期：2010年6月						
客户号	手续费	总盈亏	净利润	手数	平今手数	成交额
XXX100026－小计	23，444. 16	82，170. 00	58，725. 84	15272	7616	675，793，190. 00
合计	23，444. 16	82，170. 00	58，725. 84	15272	7616	675，793，190. 00
交易统计表——日期：2010年7月						
客户号	手续费	总盈亏	净利润	手数	平今手数	成交额
XXX100026－小计	19，152. 35	1，250. 00	－17，902. 35	11858	5773	521，563，540. 00
合计	19，152. 35	1，250. 00	－17，902. 35	11858	5773	521，563，540. 00

交易统计表—— 日期：2010年8月						
客户号	手续费	总盈亏	净利润	手数	平今手数	成交额
XXX100026 - 小计	23，162. 32	146，800. 00	123，637. 68	17632	8735	779，853，440. 00
合计	23，162. 32	146，800. 00	123，637. 68	17632	8735	779，853，440. 00

交易统计表—— 日期：2010年9月						
客户号	手续费	总盈亏	净利润	手数	平今手数	成交额
XXX100026 - 小计	34，665. 80	257，500. 00	222，834. 20	26572	13241	1，173，650，100. 00
合计	34，665. 80	257，500. 00	222，834. 20	26572	13241	1，173，650，100. 00

交易统计表—— 日期：2010年10月						
客户号	手续费	总盈亏	净利润	手数	平今手数	成交额
XXX100026 - 小计	20，833. 80	227，720. 00	206，886. 20	15932	7921	746，293，520. 00
合计	20，833. 80	227，720. 00	206，886. 20	15932	7921	746，293，520. 00

交易统计表—— 日期：2010年11月						
客户号	手续费	总盈亏	净利润	手数	平今手数	成交额
XXX100026 - 小计	30，209. 40	333，830. 00	303，620. 60	20604	10244	997，745，770. 00
合计	30，209. 40	333，830. 00	303，620. 60	20604	10244	997，745，770. 00

交易统计表—— 日期：2010年12月						
客户号	手续费	总盈亏	净利润	手数	平今手数	成交额
XXX100026 - 小计	44，392. 40	254，870. 00	210，477. 60	17074	8510	841，180，310. 00
合计	44，392. 40	254，870. 00	210，477. 60	17074	8510	841，180，310. 00

交易统计表—— 日期：2011年1月						
客户号	手续费	总盈亏	净利润	手数	平今手数	成交额
XXX100026 - 小计	14，262. 26	34，650. 00	20，387. 74	3209	1562	206，264，610. 00
合计	14，262. 26	34，650. 00	20，387. 74	3209	1562	206，264，610. 00

交易统计表—— 日期：2011 年 2 月						
客户号	手续费	总盈亏	净利润	手数	平今手数	成交额
XXX100026－小计	26，302. 40	349，375. 00	170，572. 60	5413	2705	346，983，565. 00
合计	26，302. 40	349，375. 00	170，572. 60	5413	2705	346，983，565. 00

交易统计表—— 日期：2011 年 3 月						
客户号	手续费	总盈亏	净利润	手数	平今手数	成交额
XXX100026－小计	46，455. 20	349，375. 00	302，919. 80	7498	3749	628，487，525. 00
合计	46，455. 20	349，375. 00	302，919. 80	7498	3749	628，487，525. 00

交易统计表—— 日期：2011 年 4 月						
客户号	手续费	总盈亏	净利润	手数	平今手数	成交额
XXX100026－小计	35，492. 01	222，770. 00	187，277. 99	3342	1668	387，503，590. 00
合计	35，492. 01	222，770. 00	187，277. 99	3342	1668	387，503，590. 00

交易统计表—— 日期：2011 年 5 月						
客户号	手续费	总盈亏	净利润	手数	平今手数	成交额
XXX100026－小计	53，680. 93	424，150. 00	370，469. 07	4210	2105	504，028，900. 00
合计	53，680. 93	424，150. 00	370，469. 07	4210	2105	504，028，900. 00

交易统计表—— 日期：2011 年 6 月						
客户号	手续费	总盈亏	净利润	手数	平今手数	成交额
XXX100026－小计	63，709. 58	349，850. 00	286，140. 42	4826	2413	593，490，750. 00
合计	63，709. 58	349，850. 00	286，140. 42	4826	2413	593，490，750. 00

交易统计表—— 日期：2011 年 7 月						
客户号	手续费	总盈亏	净利润	手数	平今手数	成交额
XXX100026－小计	61，984. 58	319，155. 00	257，170. 42	7626	3753	579，008，475. 00
合计	61，984. 58	319，155. 00	257，170. 42	7626	3753	579，008，475. 00

交易统计表—— 日期：2011 年 8 月						
客户号	手续费	总盈亏	净利润	手数	平今手数	成交额
XXX100026－小计	42，876. 63	369，765. 00	326，888. 37	4048	2014	432，486，295. 00
合计	42，876. 63	369，765. 00	326，888. 37	4048	2014	432，486，295. 00

交易统计表—— 日期：2011 年 9 月						
客户号	手续费	总盈亏	净利润	手数	平今手数	成交额
XXX100026－小计	51，736. 05	335，120. 00	283，383. 95	8528	4262	589，688，010. 00
合计	51，736. 05	335，120. 00	283，383. 95	8528	4262	589，688，010. 00

交易统计表—— 日期：2011 年 10 月						
客户号	手续费	总盈亏	净利润	手数	平今手数	成交额
XXX100026－小计	16，356. 75	87，300. 00	70，943. 25	2066	1033	155，382，950. 00
合计	16，356. 75	87，300. 00	70，943. 25	2066	1033	155，382，950. 00

交易统计表—— 日期：2011 年 11 月						
客户号	手续费	总盈亏	净利润	手数	平今手数	成交额
XXX100026－小计	52，119. 86	362，570. 00	310，450. 14	9002	4501	634，133，380. 00
合计	52，119. 86	362，570. 00	310，450. 14	9002	4501	634，133，380. 00

交易统计表—— 日期：2011 年 12 月						
客户号	手续费	总盈亏	净利润	手数	平今手数	成交额
XXX100026－小计	52，487. 96	280，800. 00	228，312. 04	9169	4582	661，673，165. 00
合计	52，487. 96	280，800. 00	228，312. 04	9169	4582	661，673，165. 00

交易统计表—— 日期：2012 年 1 月						
客户号	手续费	总盈亏	净利润	手数	平今手数	成交额
XXX100026－小计	27，852. 00	225，200. 00	197，348. 00	4549	2273	366，245，345. 00
合计	27，852. 00	225，200. 00	197，348. 00	4549	2273	366，245，345. 00

交易统计表—— 日期：2012 年 2 月						
客户号	手续费	总盈亏	净利润	手数	平今手数	成交额
XXX100026－小计	33，808.80	291，700.00	257，891.20	5544	2768	470，280，200.00
合计	33，808.80	291，700.00	257，891.20	5544	2768	470，280，200.00
交易统计表—— 日期：2012 年 3 月						
客户号	手续费	总盈亏	净利润	手数	平今手数	成交额
XXX100026－小计	55，720.80	280，795.00	225，074.20	17038	8514	633，526，065.00
合计	55，720.80	280，795.00	225，074.20	17038	8514	633，526，065.00
交易统计表—— 日期：2012 年 4 月						
客户号	手续费	总盈亏	净利润	手数	平今手数	成交额
XXX100026－小计	52，459.20	206，575.00	154，115.80	14744	7368	588，712，525.00
合计	52，459.20	206，575.00	154，115.80	14744	7368	588，712，525.00
交易统计表—— 日期：2012 年 5 月						
客户号	手续费	总盈亏	净利润	手数	平今手数	成交额
XXX100026－小计	84，962.40	520，230.00	435，267.60	23814	11900	962，741，920.00
合计	84，962.40	520，230.00	435，267.60	23814	11900	962，741，920.00
交易统计表—— 日期：2012 年 6 月						
客户号	手续费	总盈亏	净利润	手数	平今手数	成交额
XXX100026－小计	163，776.44	709，675.00	545，898.56	58438	29217	2，428，915，345.00
合计	163，776.44	709，675.00	545，898.56	58438	29217	2，428，915，345.00
交易统计表—— 日期：2012 年 7 月						
客户号	手续费	总盈亏	净利润	手数	平今手数	成交额
XXX100026－小计	93，455.58	518，160.00	424，704.42	27974	13987	1，198，950，880.00
合计	93，455.58	518，160.00	424，704.42	27974	13987	1，198，950，880.00

注：在 K 线图的实际图表中，1301 与 1401 是连续性图表（不同月份，同理，如 1211 与 1311 实际也是同一连续图），但由于写作是在交易发生之后进行的，有的后续合约已开始上市交易，故而出现了 K 线图接续的现象，读者只要观察交易发生的所属时段即可。

一、强麦

强麦 1301 K 线走势：在交易发生时段，均线呈空头排列，K 线呈下降通道，指标、盘口符合沽空要求，故接下来的操作以逢高沽空为主。

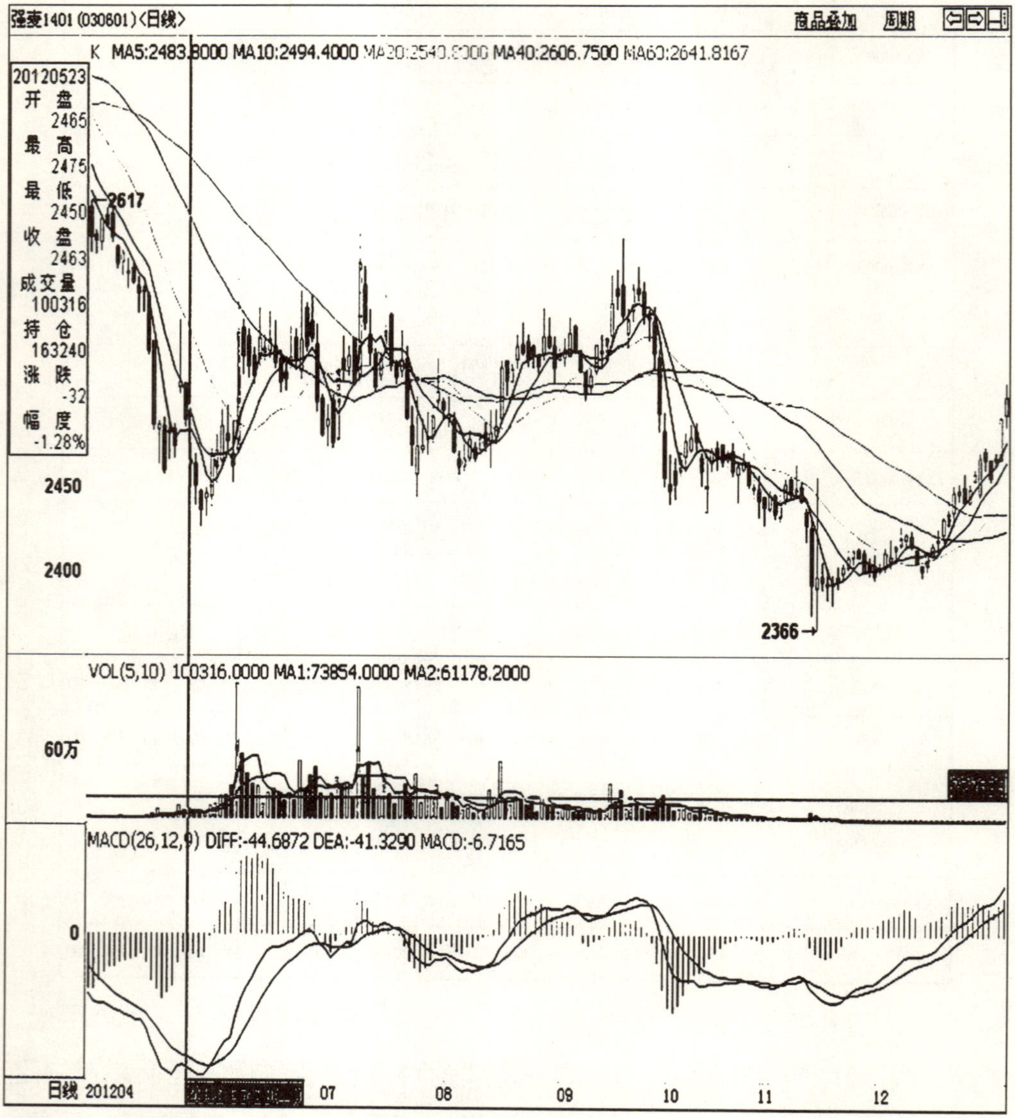

图 18

强麦 1301　20120523

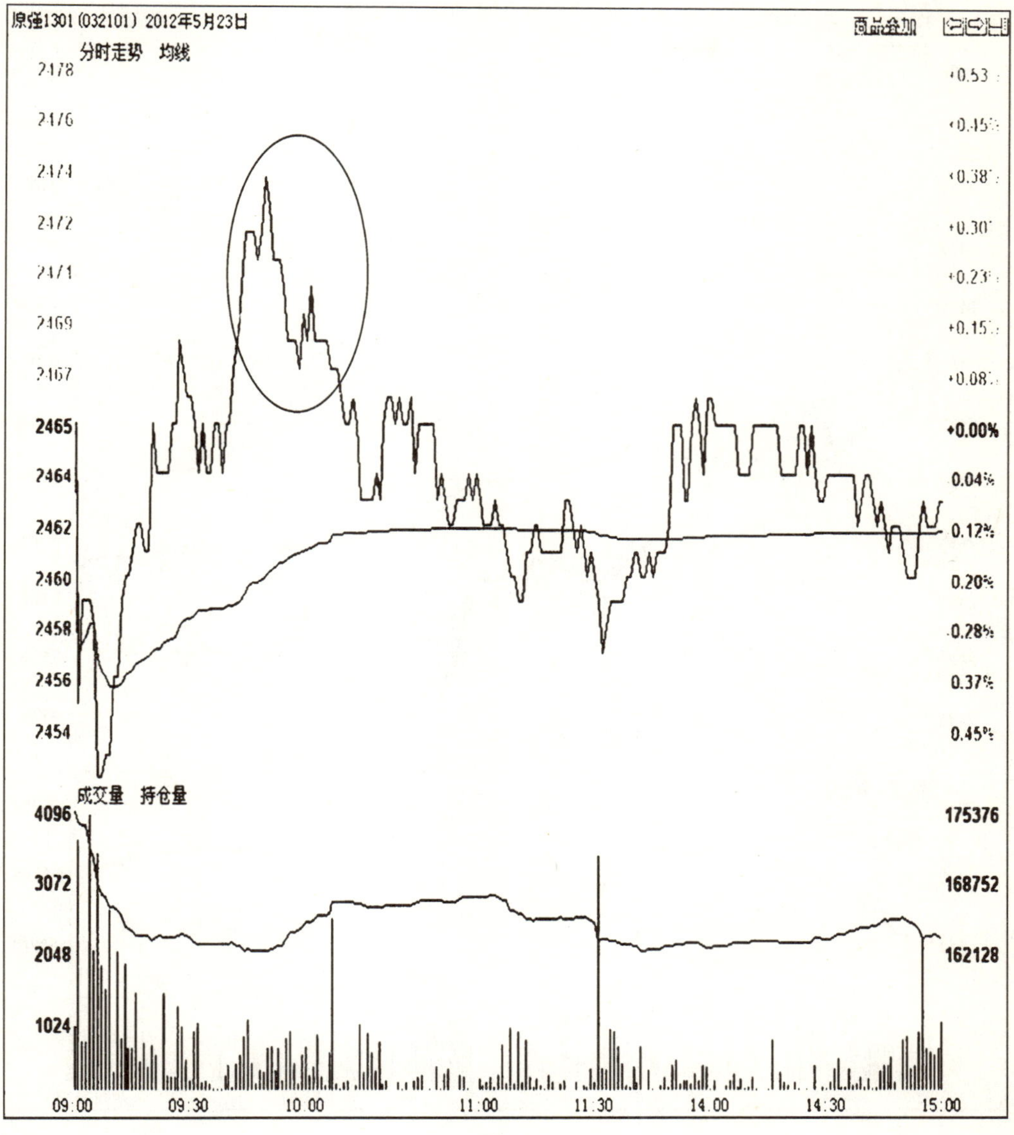

图 19

解说：一蹲：在价格偏离黄线较远时，大单蹲守。

二跳：顺势加码。

三落地：达到 2～3 个点赢利的时候，全部平仓。

强麦 1301　20120524

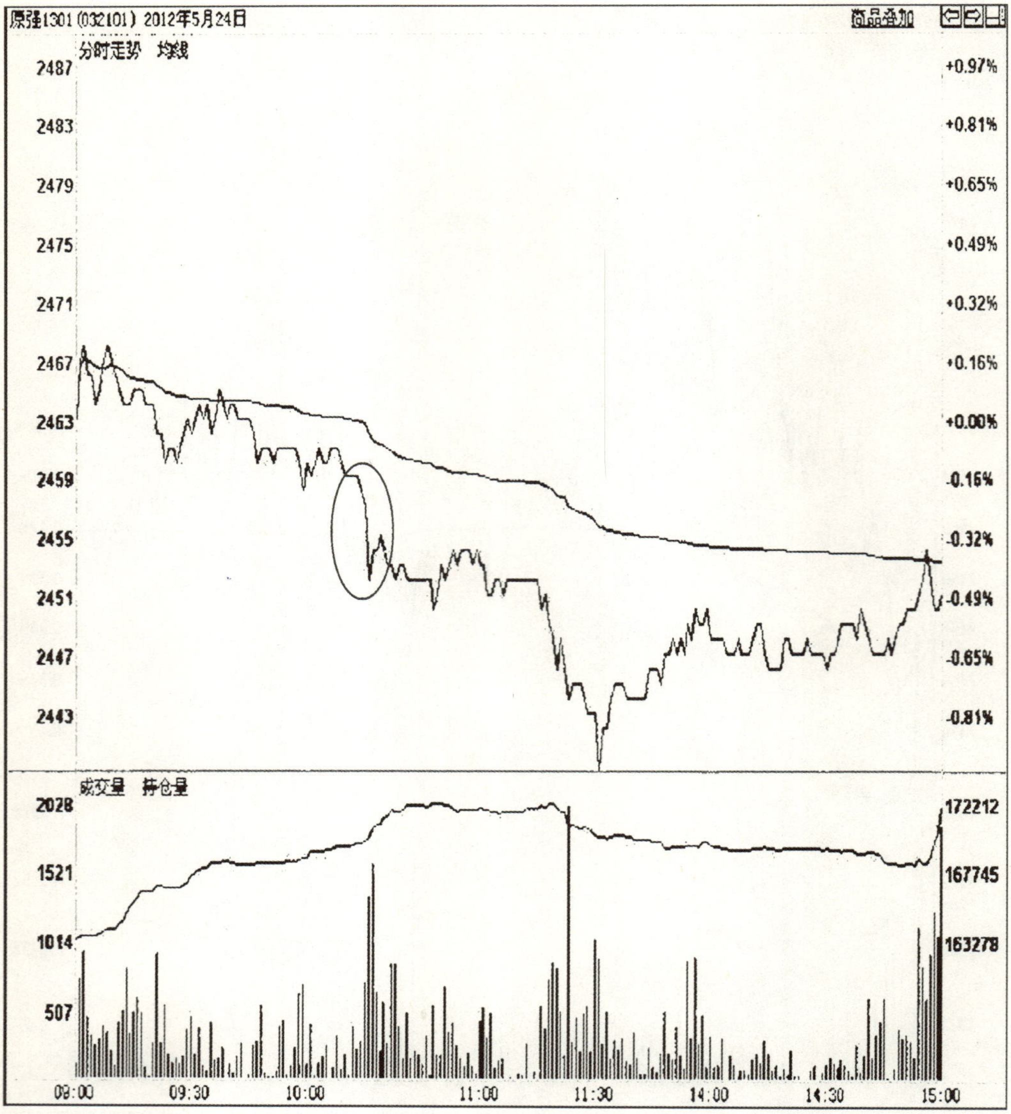

图 20

解说：一蹲：当黄线出现趋势性下压时，顺势大单沽空。

二跳：顺势加码。

三落地：达到 3 ~4 个点赢利的时候，全部平仓。

强麦 1301　20120529

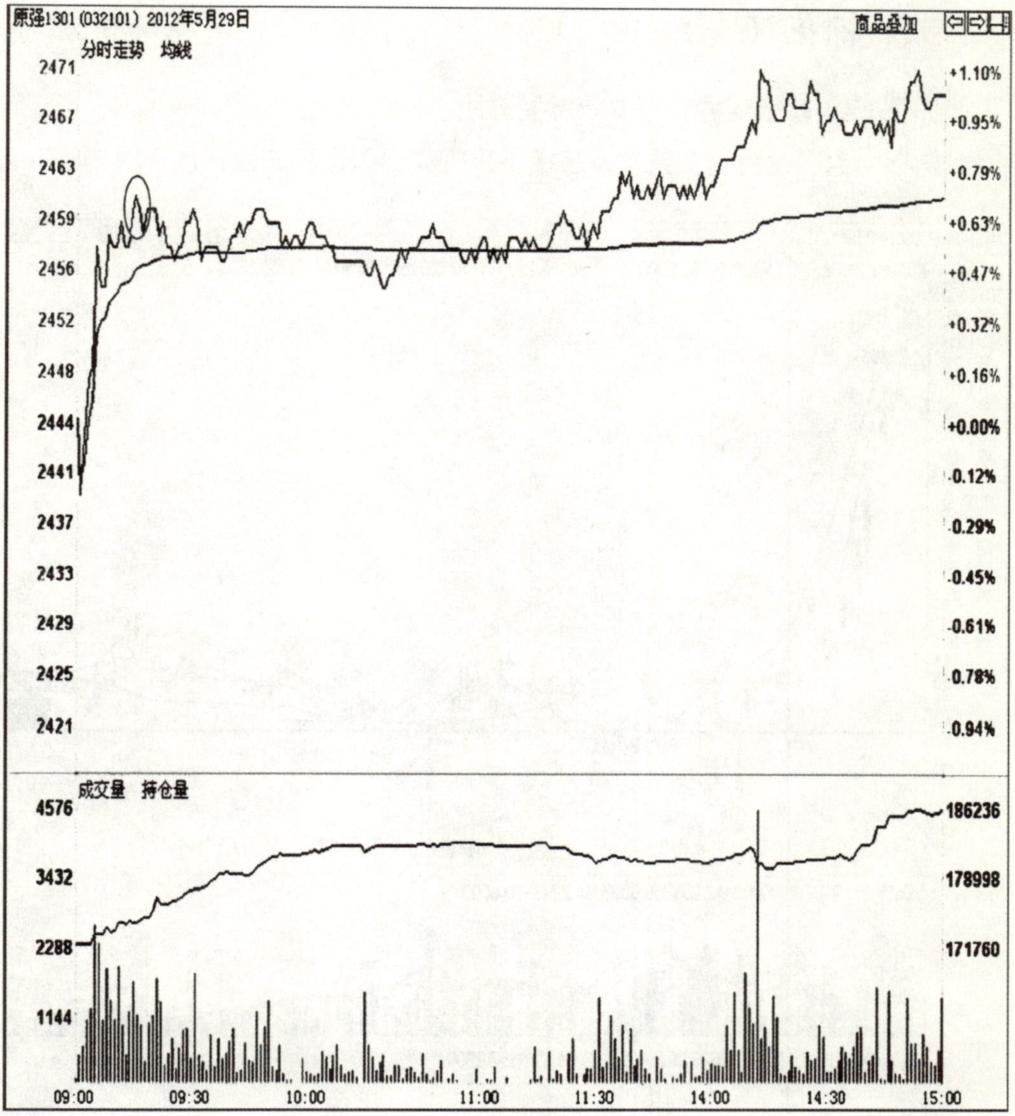

图 21

解说：一蹲：当黄线走平时，可在上方沽空。

二跳：顺势加码。

三落地：达到 2 个点赢利的时候，全部平仓。

二、棉花（一）

棉花1301 K线走势：在交易发生时段，均线呈空头排列，K线呈下降通道，指标、盘口符合沽空要求，故接下来的操作以逢高沽空开盘下跳为主。

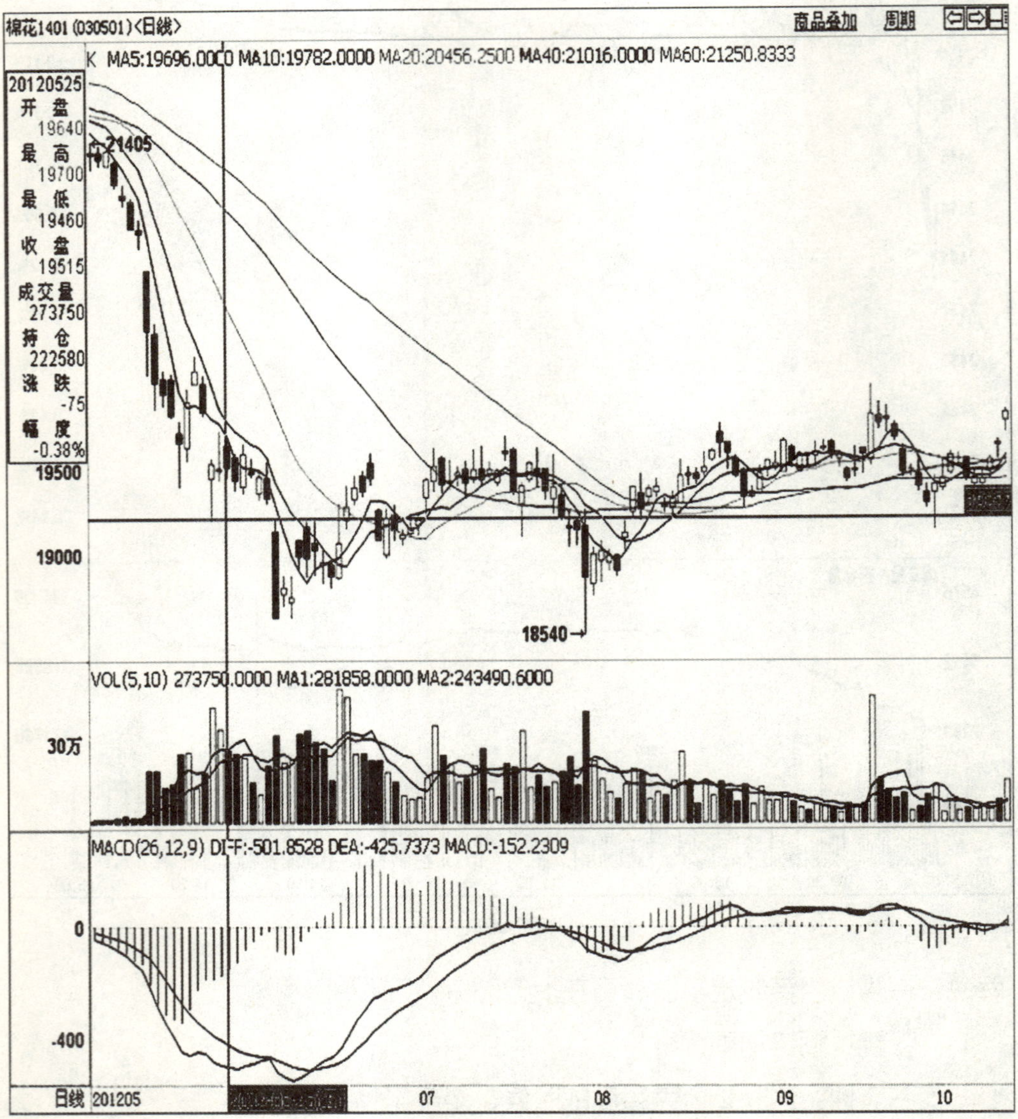

图22

棉花 1301　20120525

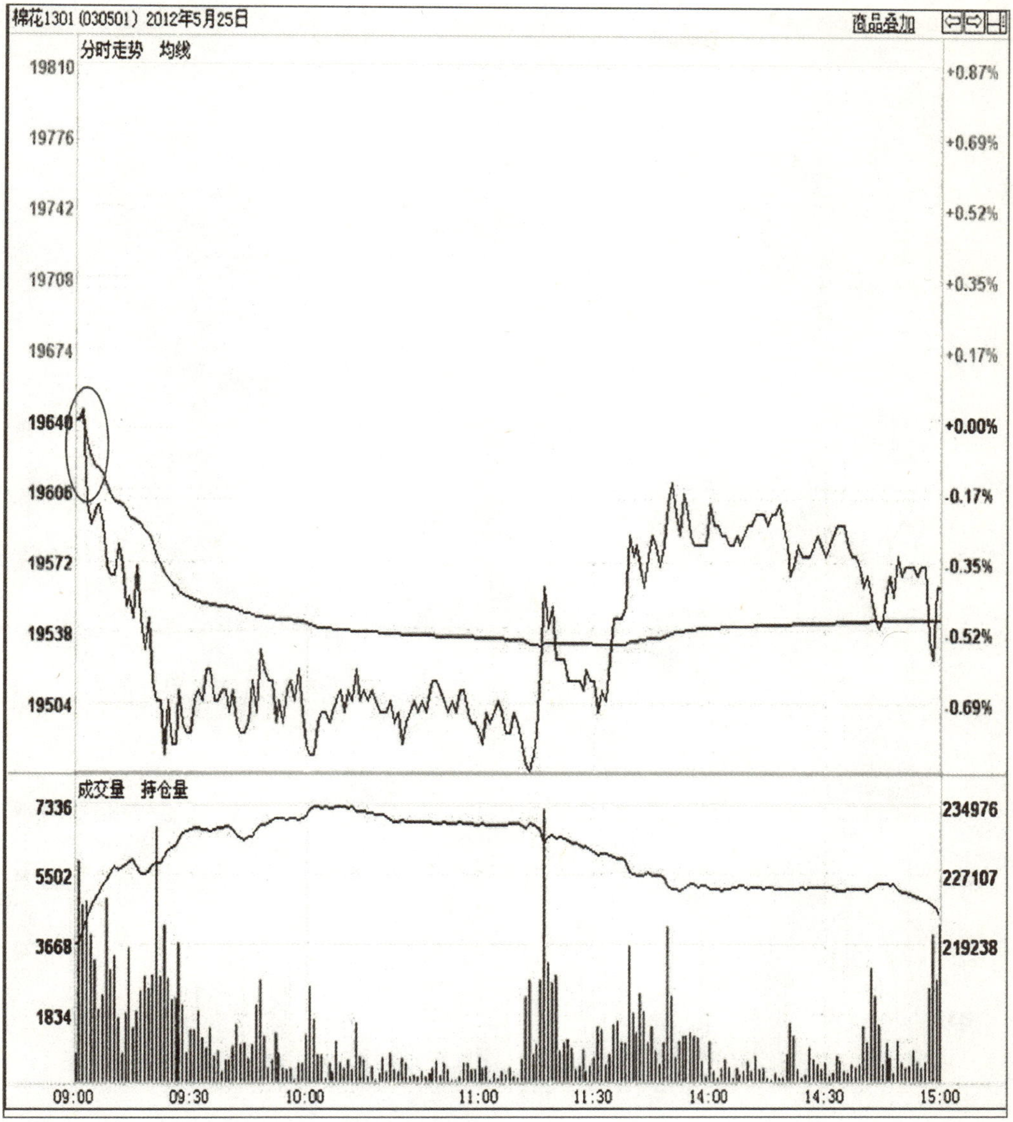

图 23

解说：一蹲：当 K 线受五日均线压制时，开盘时可以瞬间沽空。

二跳：顺势加码。

三落地：一旦形成落差，全部平仓，获利 40 点左右。

棉花 1301　20120528

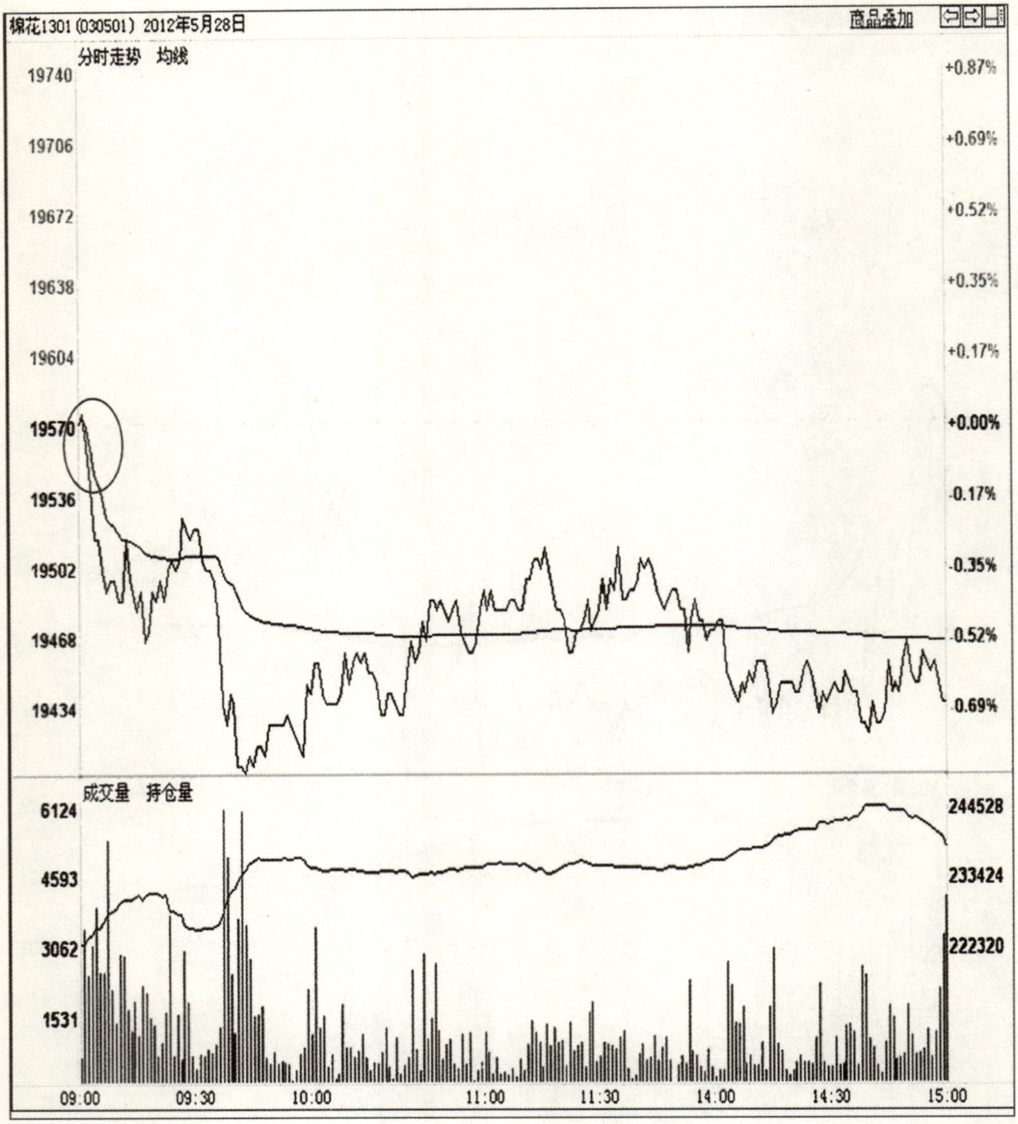

图 24

解说：一蹲：当 K 线受五日均线压制时，开盘时可以瞬间沽空。

二跳：顺势加码。

三落地：一旦形成落差，全部平仓，平均获利 25 点左右。

棉花 1301　20120530

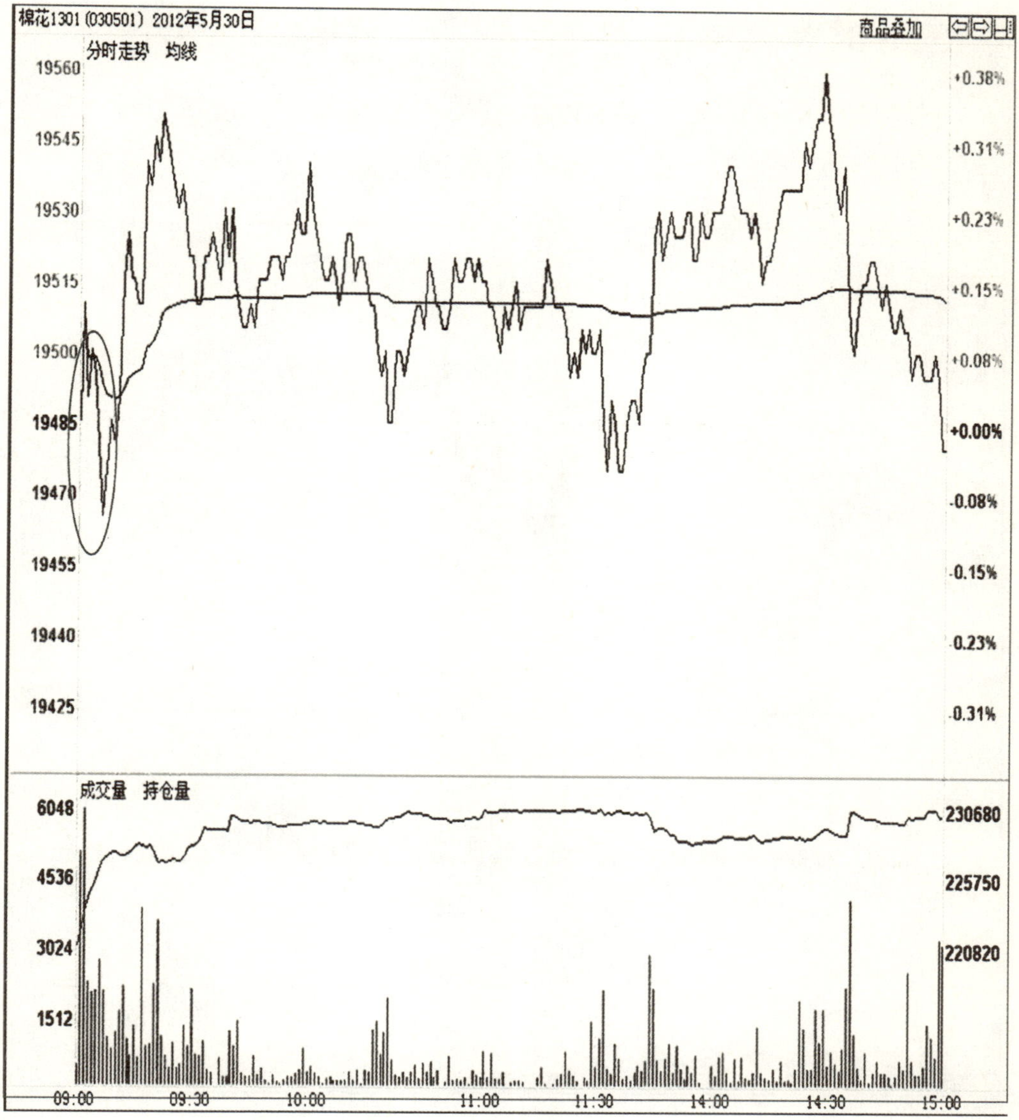

图 25

解说：一蹲：当 K 线受五日均线压制时，开盘时可以瞬间沽空。

二跳：顺势加码。

三落地：一旦形成落差，全部平仓，获利 30 点左右。

三、玉米

玉米 1301 K 线走势：在交易发生时段，均线呈多头排列，K 线呈上升通道，指标、盘口符合做多要求，故接下来的操作以逢低买入的上跳为主。

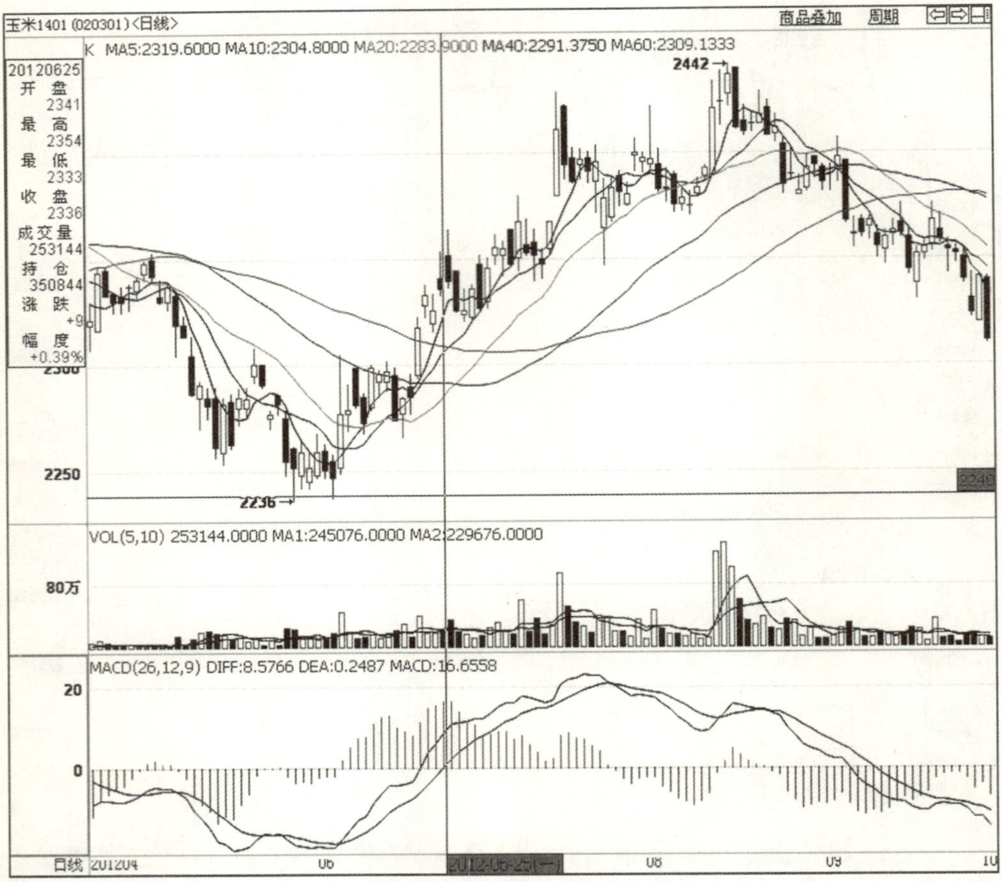

图 26

玉米 1301　20120625

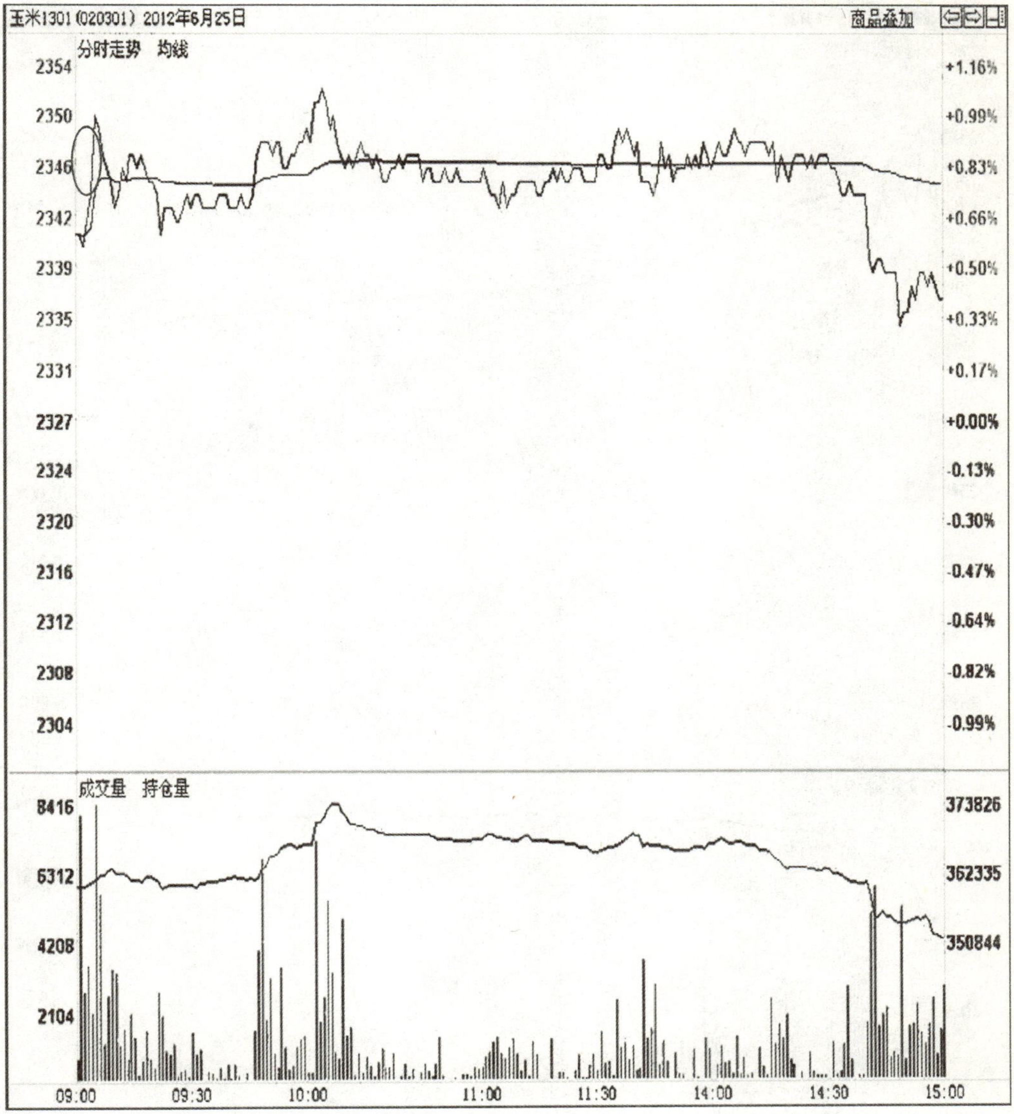

图 27

解说：一蹲：均线系统向上，故采取上跳战术，在低位建仓 400 手。

二跳：顺势加码 400 手。

三落地：在相对高位 2547 附近平仓。

玉米 1301　20120626

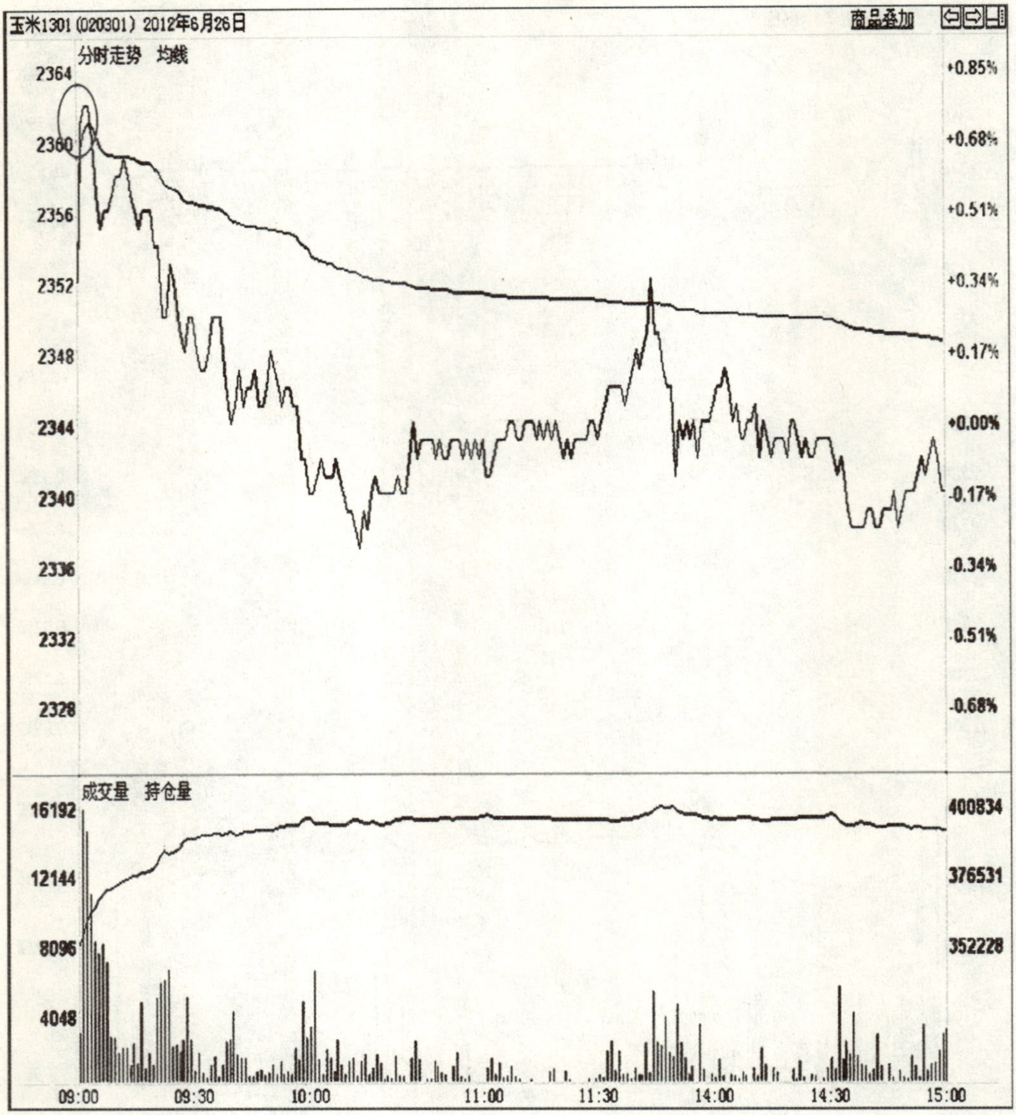

图 28

解说：一蹲：均线系统向上，故采取开盘跳战术，在低位建仓 300 手。

二跳：顺势加码 300 手。

三落地：达到两个点的赢利时迅速出货。开盘跳尤其讲究短平快，最好在一分钟之内完成，不可贪恋。

四、豆粕

豆粕 1301 K 线走势：在交易发生时段，K 线、均线由横向纠结逐步转为多头排列，盘中根据盘口状况高抛低吸，灵活进行下跳和上跳。

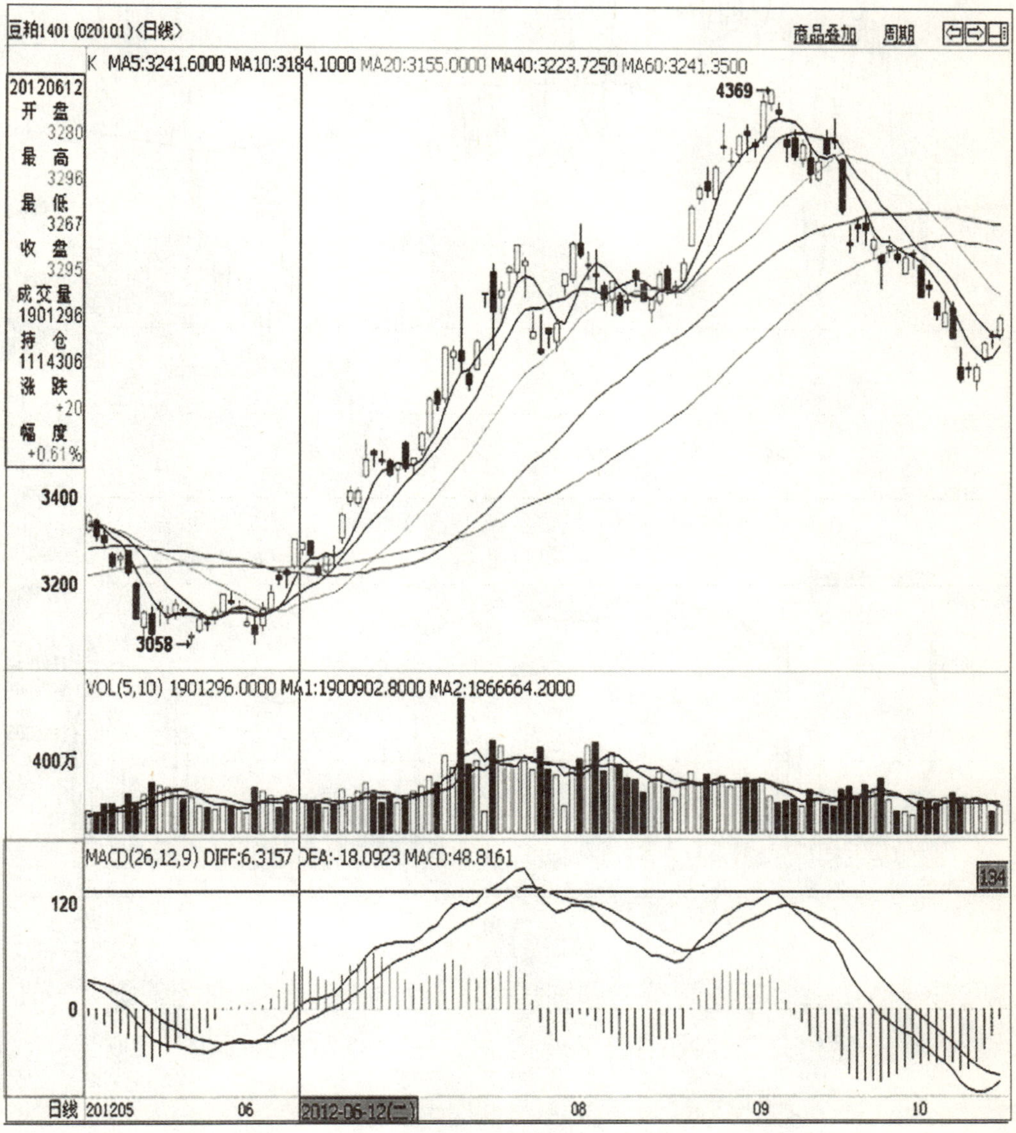

图 29

豆粕 1301　20120612

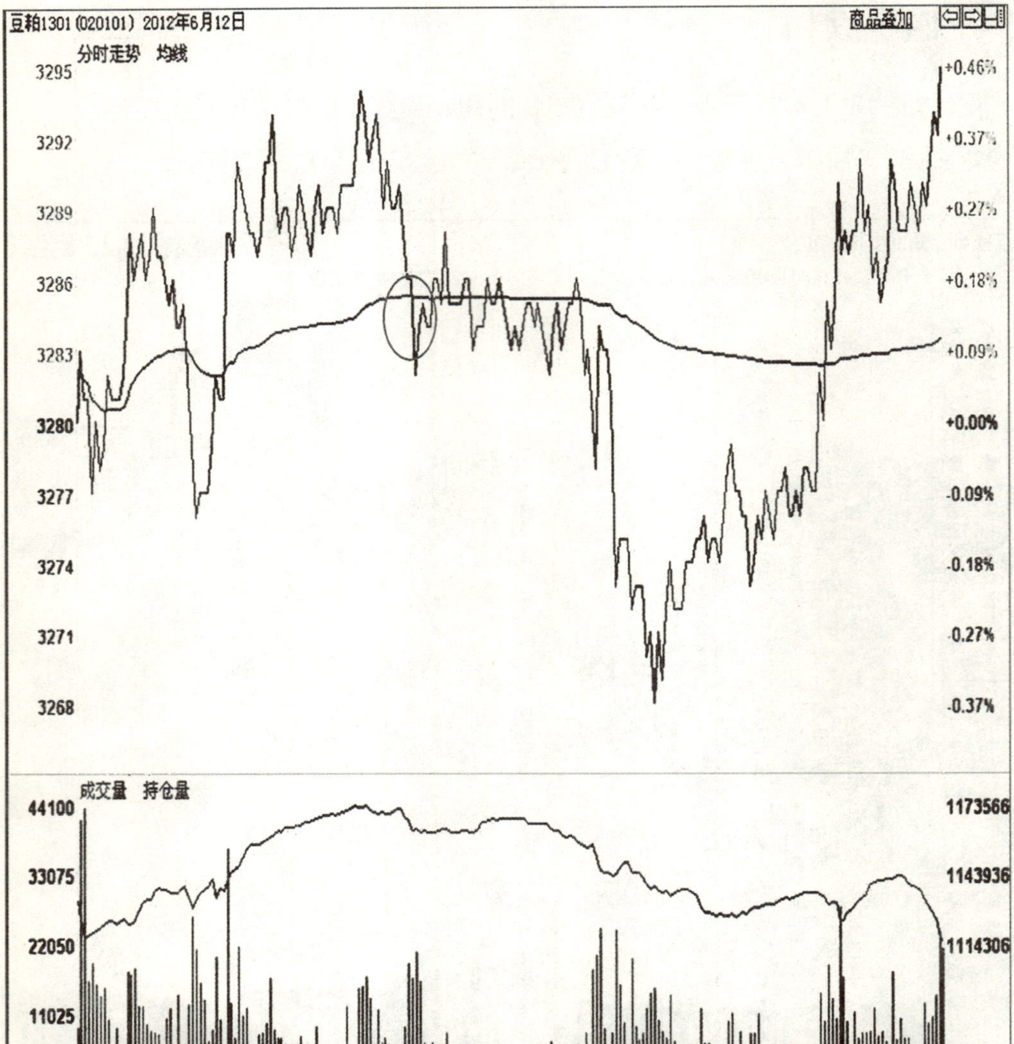

图 30

解说：一蹲：当均线系统成横向纠结无明确方向时，以分时图的画线为轴心，实行高抛低吸的蛙式交易战术，在 3285 附近瞬间蹲守 500 手。

二跳：顺势加码 500 手。

三落地：实现两个点的赢利时获利平仓。

豆粕 1301　20120614

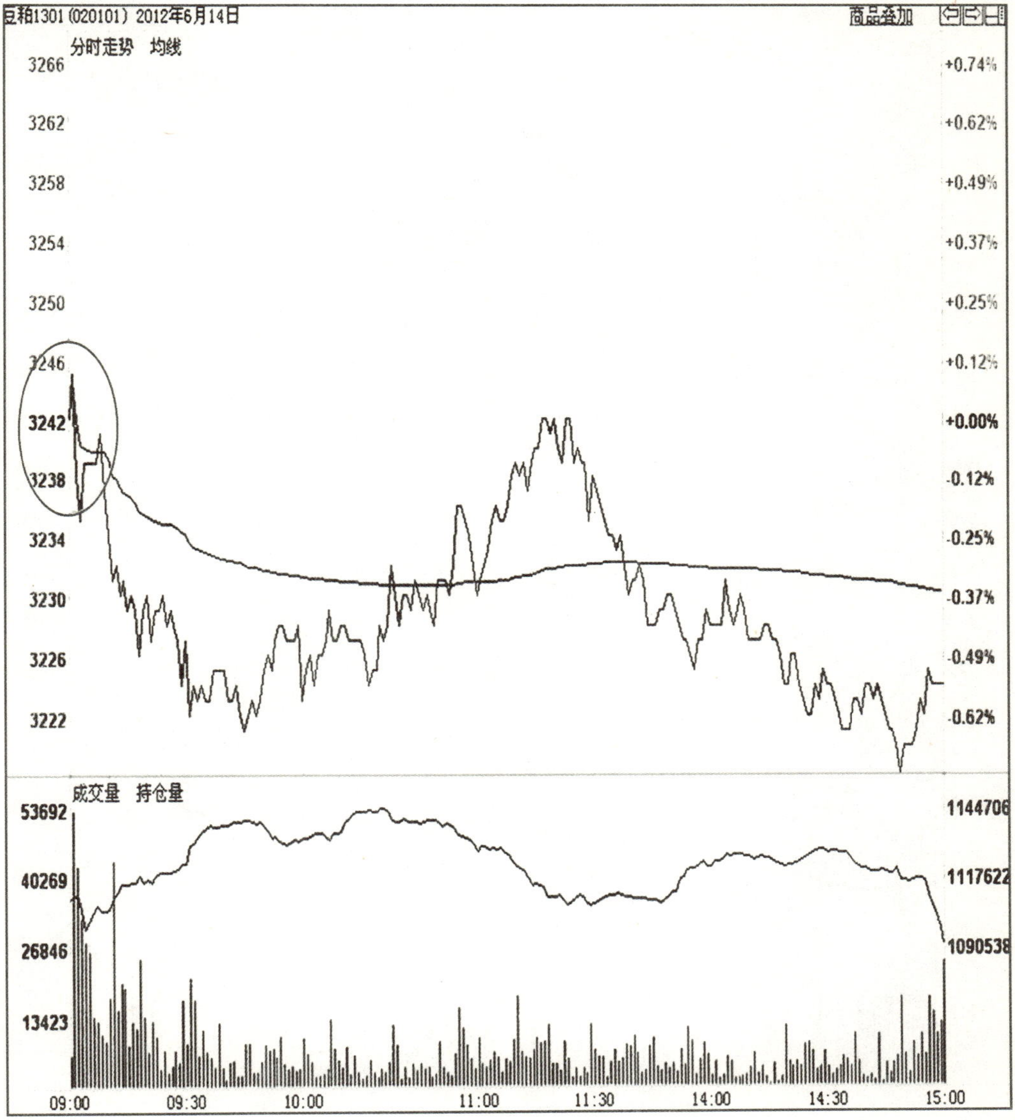

图 31

解说：一蹲：当均线系统成横向纠结无明确方向时，在前期上升阻力位实行开盘下跳战术，在 3247 蹲守 200 手左右。

二跳：连续加码 570 手左右。

三落地：将价格击穿一个台阶之后，市价平仓。

豆粕 1301　20120619

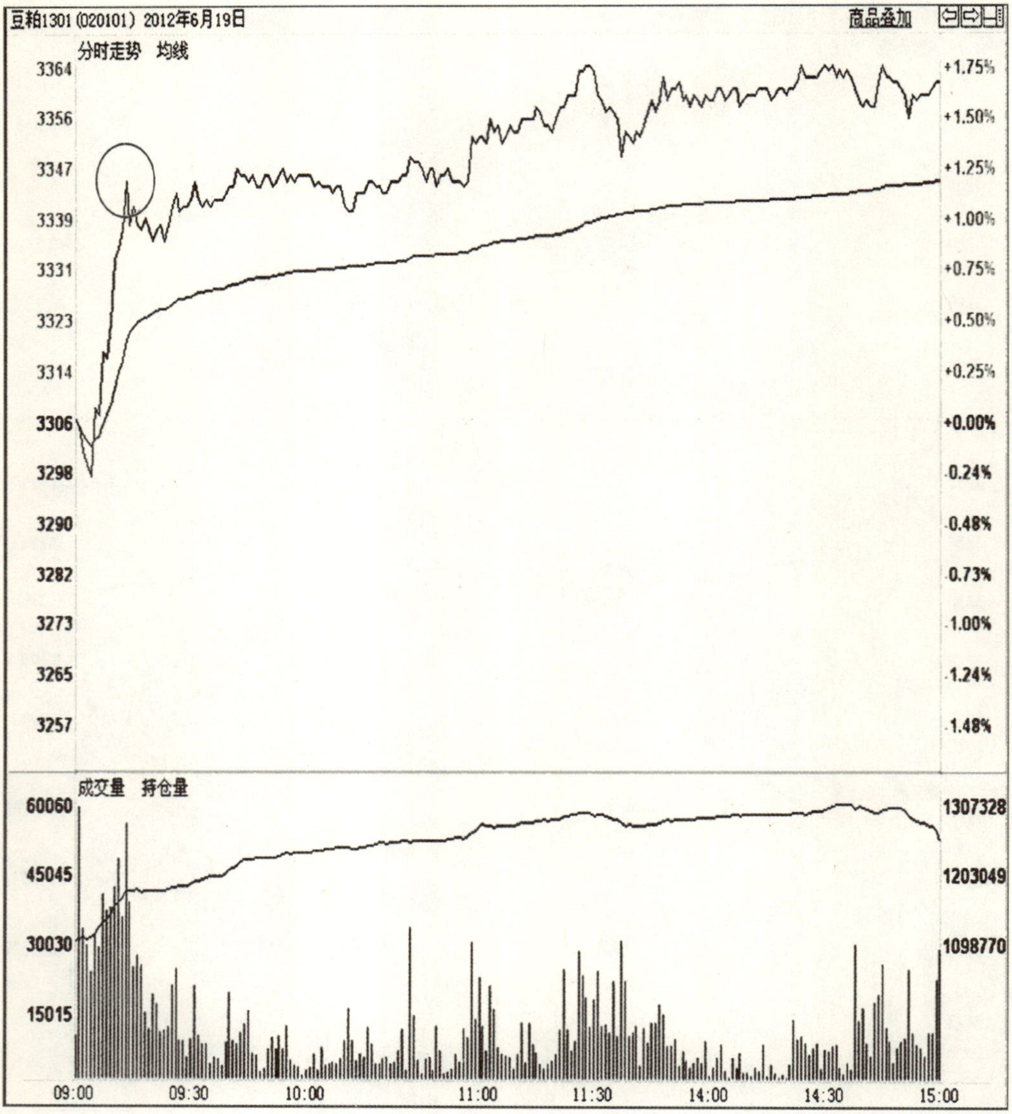

图 32

解说：一蹲：当均线系统成横向纠结无明确方向时，在前期上升阻力位实行高抛低吸的蛙式交易战术，尤其是瞬间与黄线乖离过大时，坚决蹲守。

二跳：顺势加码 400 手，均价 3347。

三落地：出现短差之后，于 3345 附近迅速平仓。

豆粕 1301　20120629

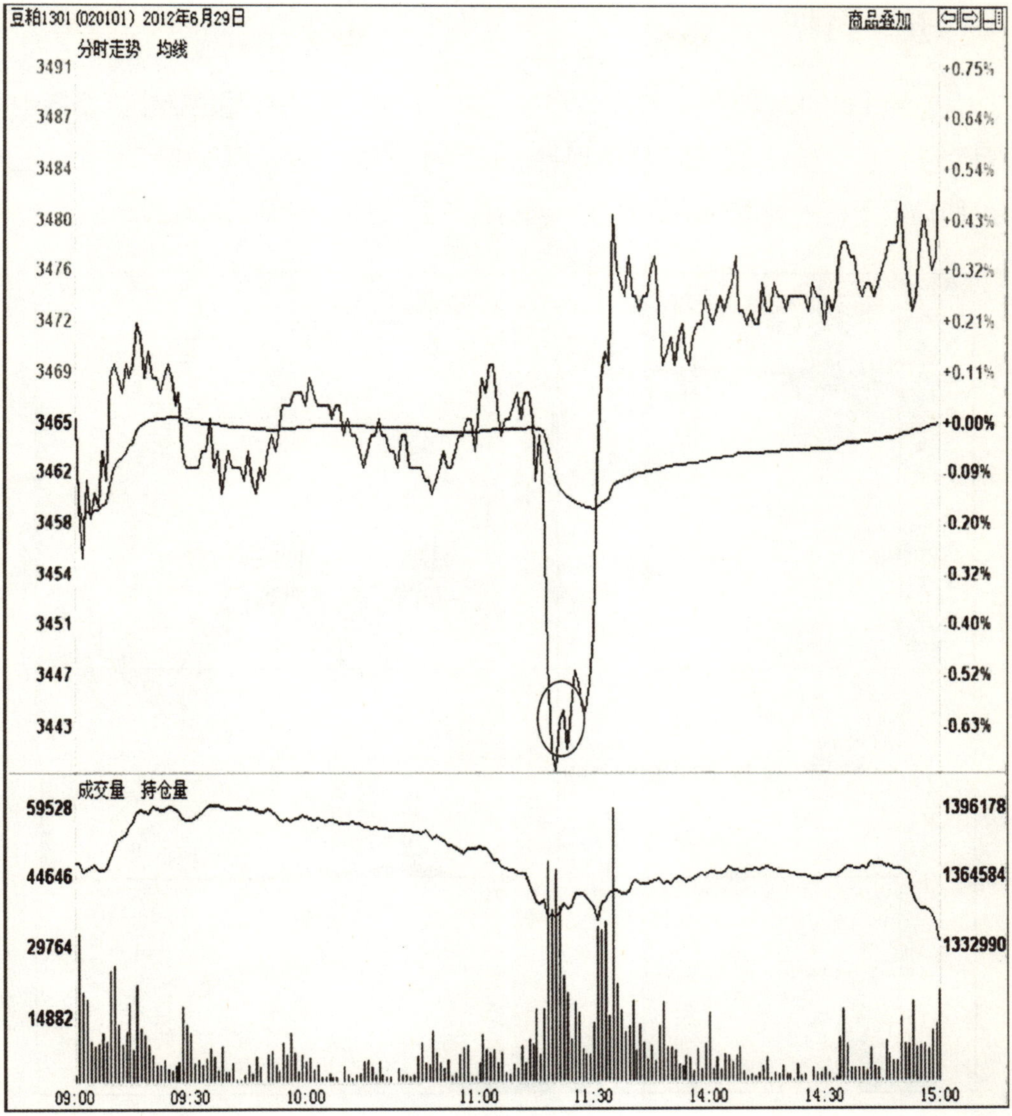

图 33

解说：一蹲：当均线系统转为有序向上时，盘中实行上跳战术，尤其是市场价格瞬间跳水与黄线乖离过大时，必须抓紧时机重仓买入。

二跳：继续顺势加码。顺势加码 1000 手，均价 3444。

三落地：出现短差之后，迅速于 3445 左右平仓。

五、白糖

白糖 1301 K 线走势：在交易发生时段，K 线处于下降趋势之中，均线也呈空头排列，但短期均线有暂时纠结的趋向，价格也有短暂反弹的要求，在这种情况下，一旦盘口状况允许，且短线杀跌过猛，则可以瞬间抄底上跳。

图 34

白糖 1301　20120608 – 1

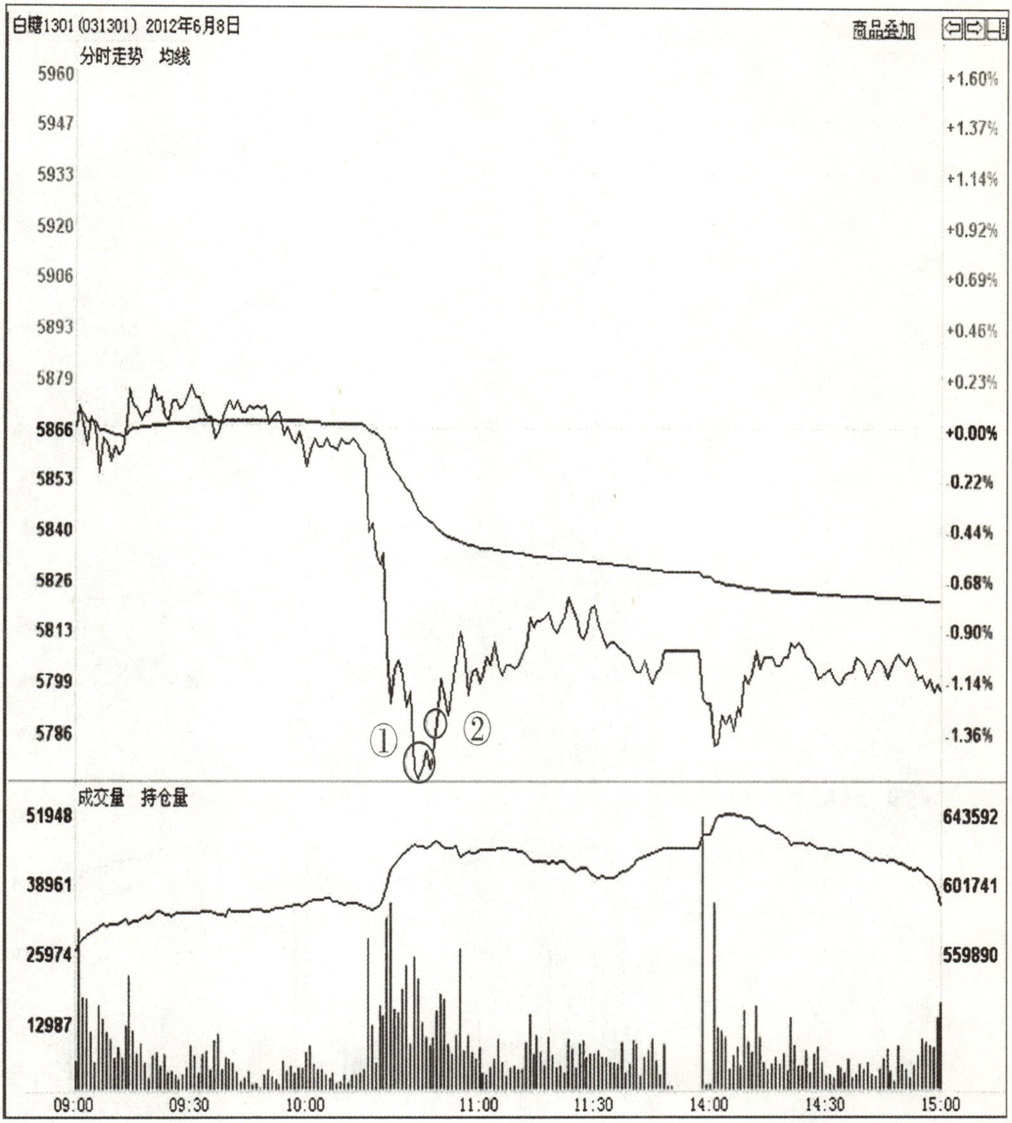

图 35

解说：一蹲：当盘中实时价格与黄线乖离过大时，大单买入。

二跳：继续顺势追击。顺势加码 300 手。

三落地：出现三个点的短差之后，迅速于 5779 左右平仓。

白糖 1301　20120608－2

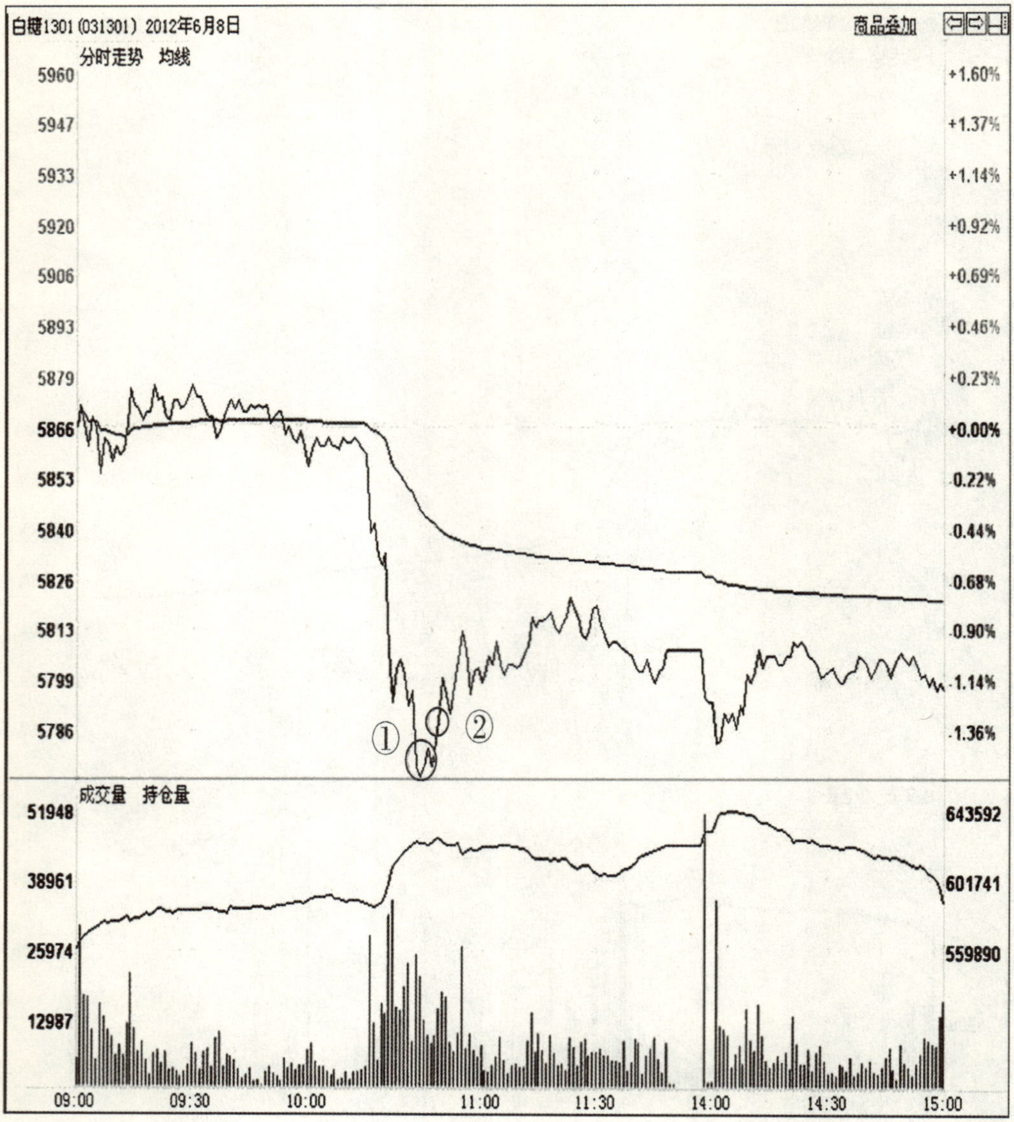

图 36

解说：一蹲：第一次买入阻击奏效，因此顺势再度介入。

二跳：顺势加码 300 手。

三落地：出现差价后，迅速于 5789 左右平仓。

白糖 1301　20120618

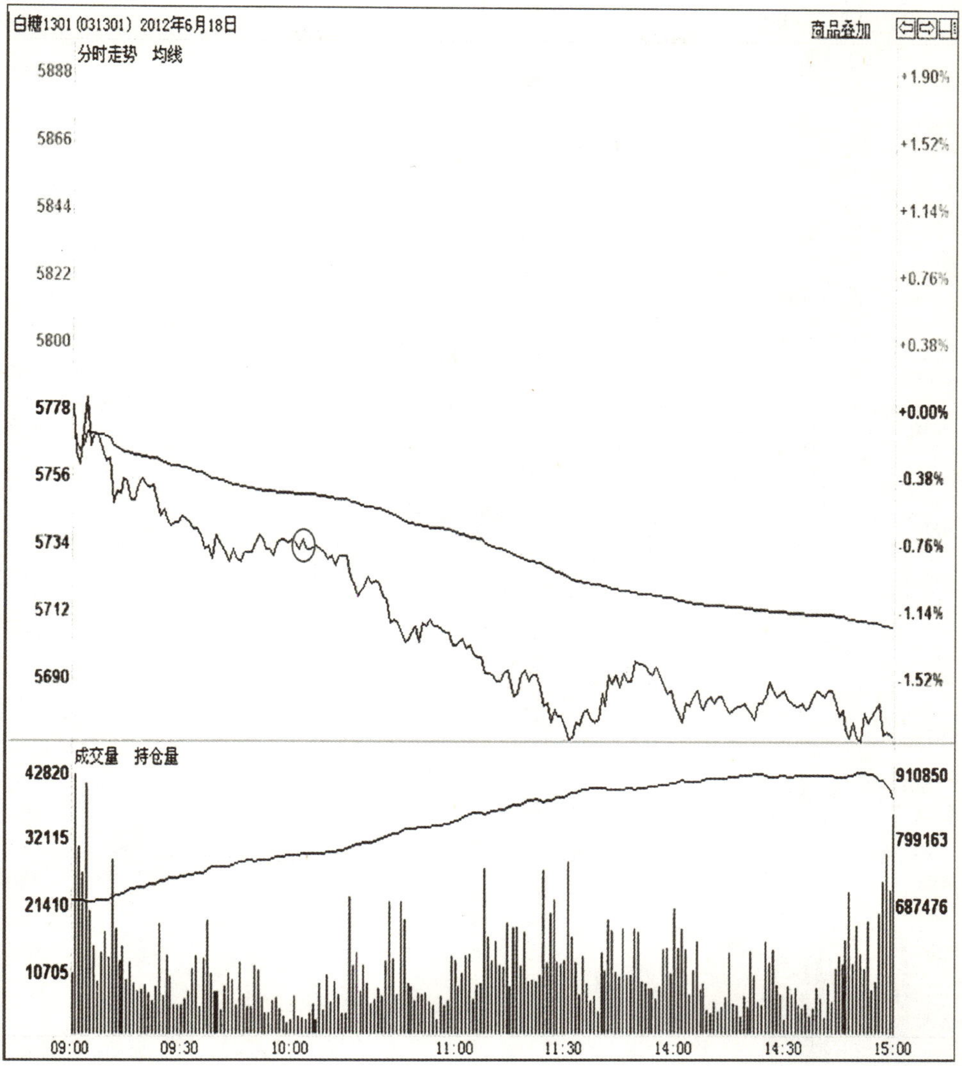

图 37

解说：一蹲：日 K 线及日内短线技术指标短线示弱时，理应卖出，而实际操作中却采取了上跳战术。

二跳：买入与加码共计 300 手，均价在 5733 点附近。

三落地：由于操作上没有做到顺势而为，顺势加码时遇到阻力，虽然只有一个点的赢利。但仍应立即离场，防止赢利变亏损。

白糖 1301　20120628

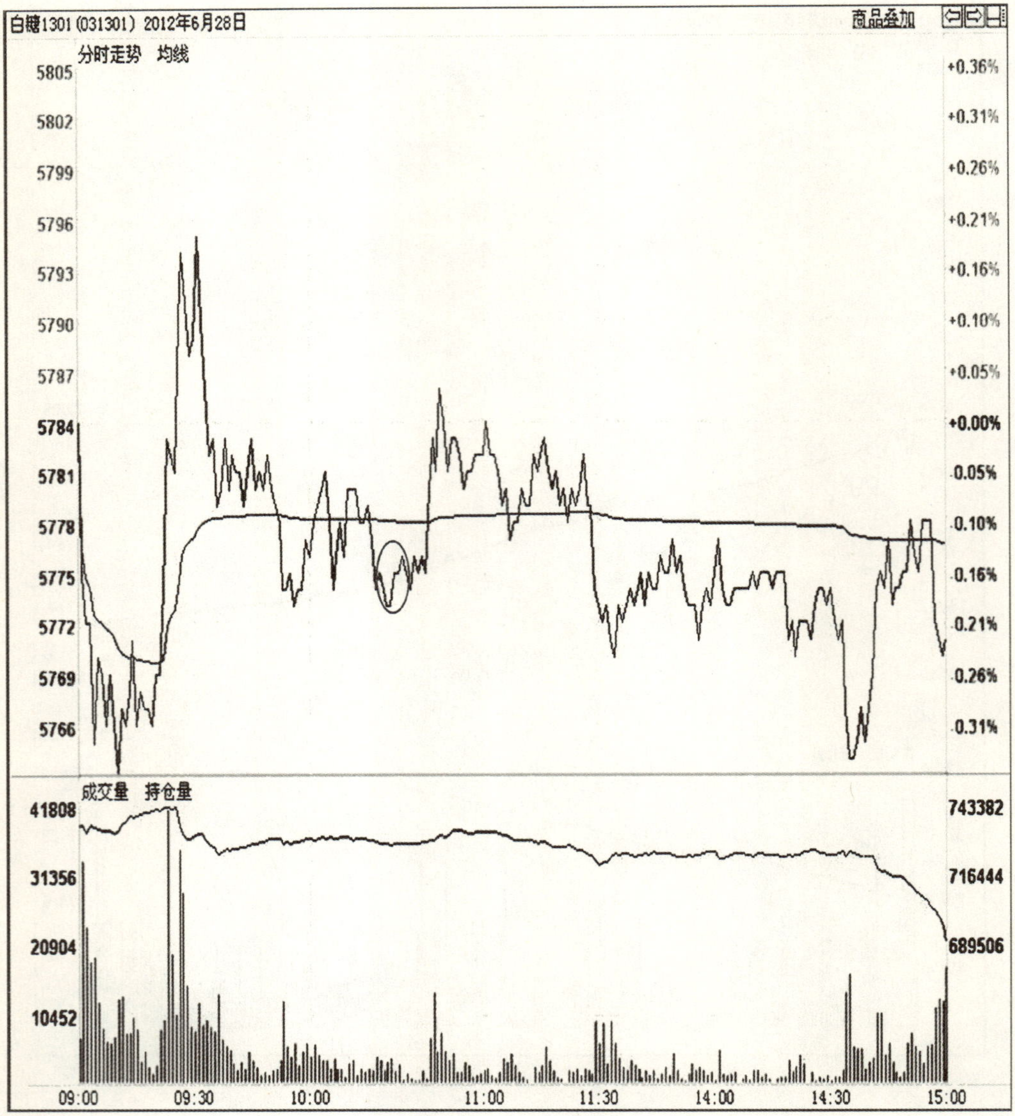

图 38

解说：一蹲：日 K 线及日内短线技术指标短线走强，盘中逢低吸入。

二跳：吸入与顺势加码共计 200 手。

三落地：出现两个点的价差后，迅速于 5776 附近平仓。

白糖 1305　20120629

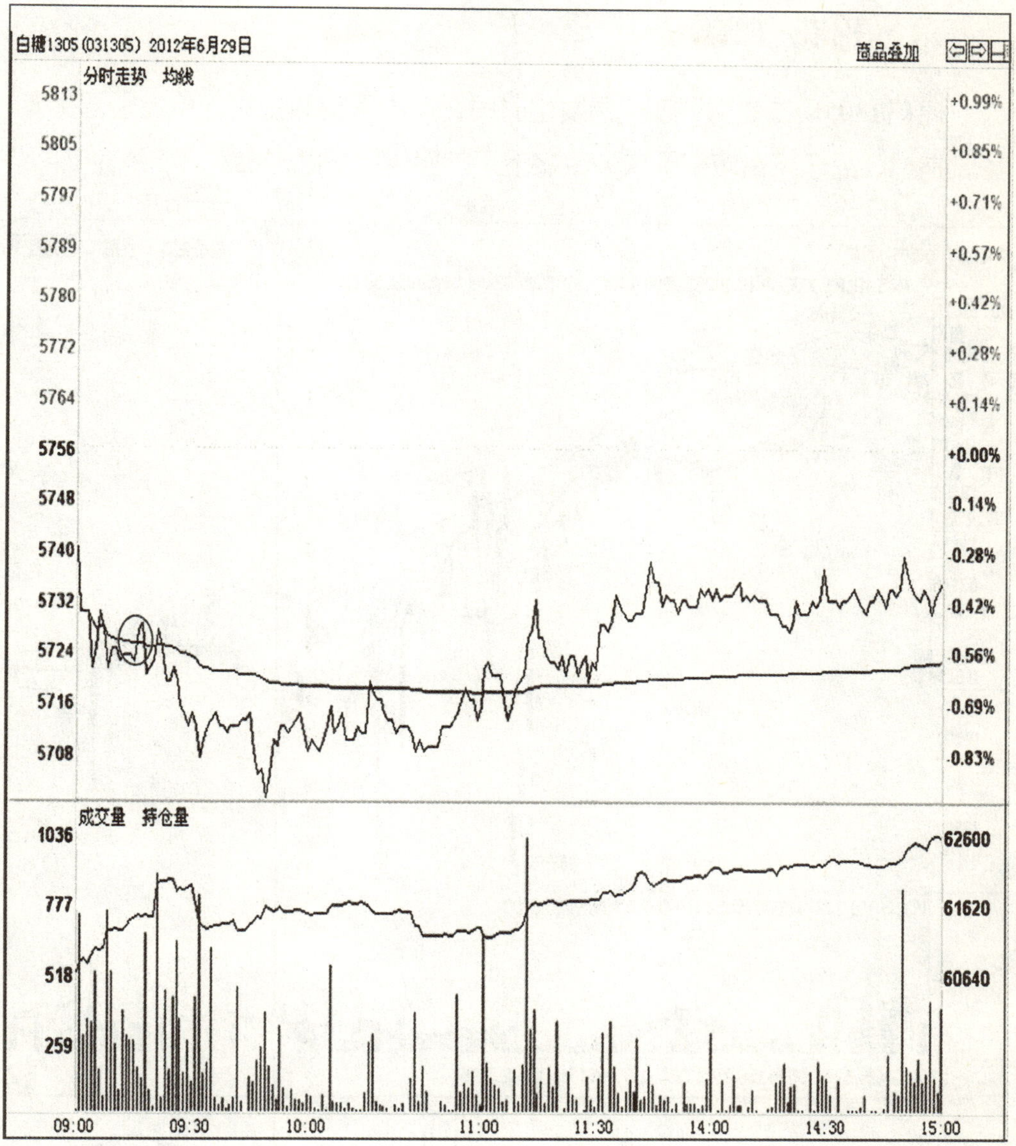

图 39

解说：一蹲：日 K 线及日内短线技术指标短线走强，盘中逢低吸入。

二跳：吸入与顺势加码共计 200 手。

三落地：出现三个点的价差后，迅速于 5727 附近平仓。

六、棉花（二）

棉花 1305K 线走势：在交易发生时段，均线呈空头排列，K 线呈弱化走势，指标、盘口符合做空要求，故接下来的操作以下跳为主。

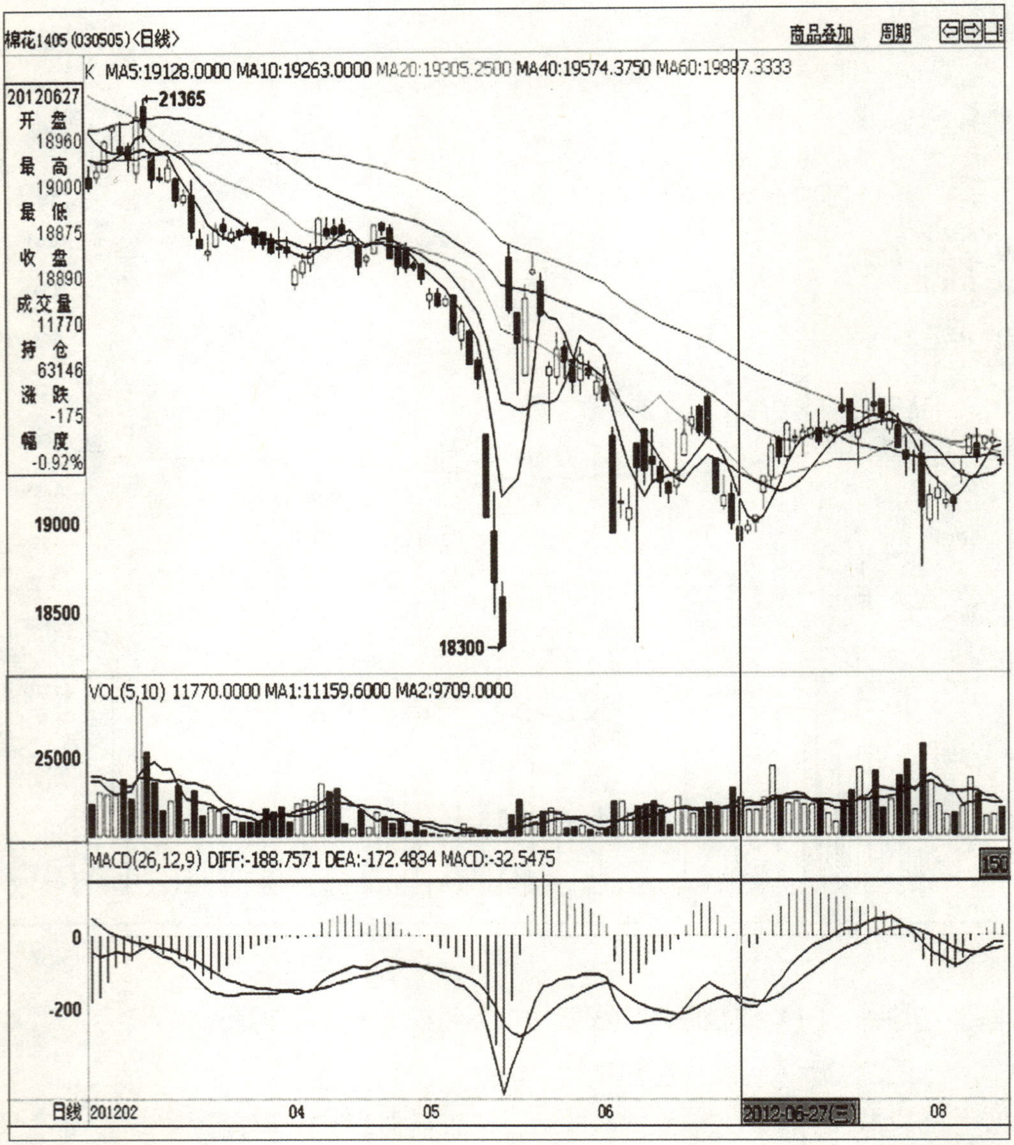

图 40

棉花 1305　20120627

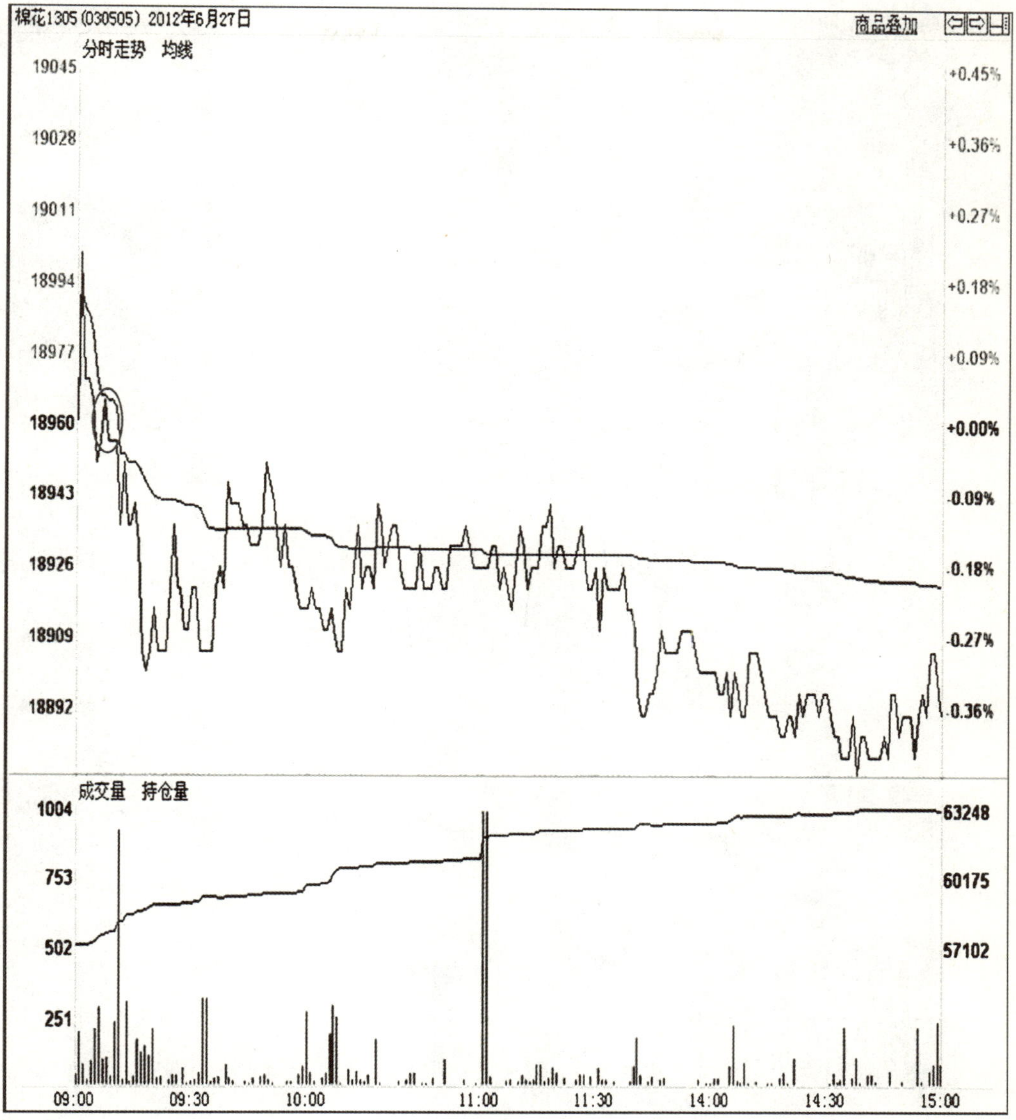

图 41

解说：一蹲：日 K 线及日内短线技术指标短线走弱，开盘采取下跳战术，逢高卖出。

二跳：顺势加码 181 手，均价在 18965 附近。

三落地：出现十多点的价差后，迅速于 18950 附近平仓。

棉花 1305　20120706

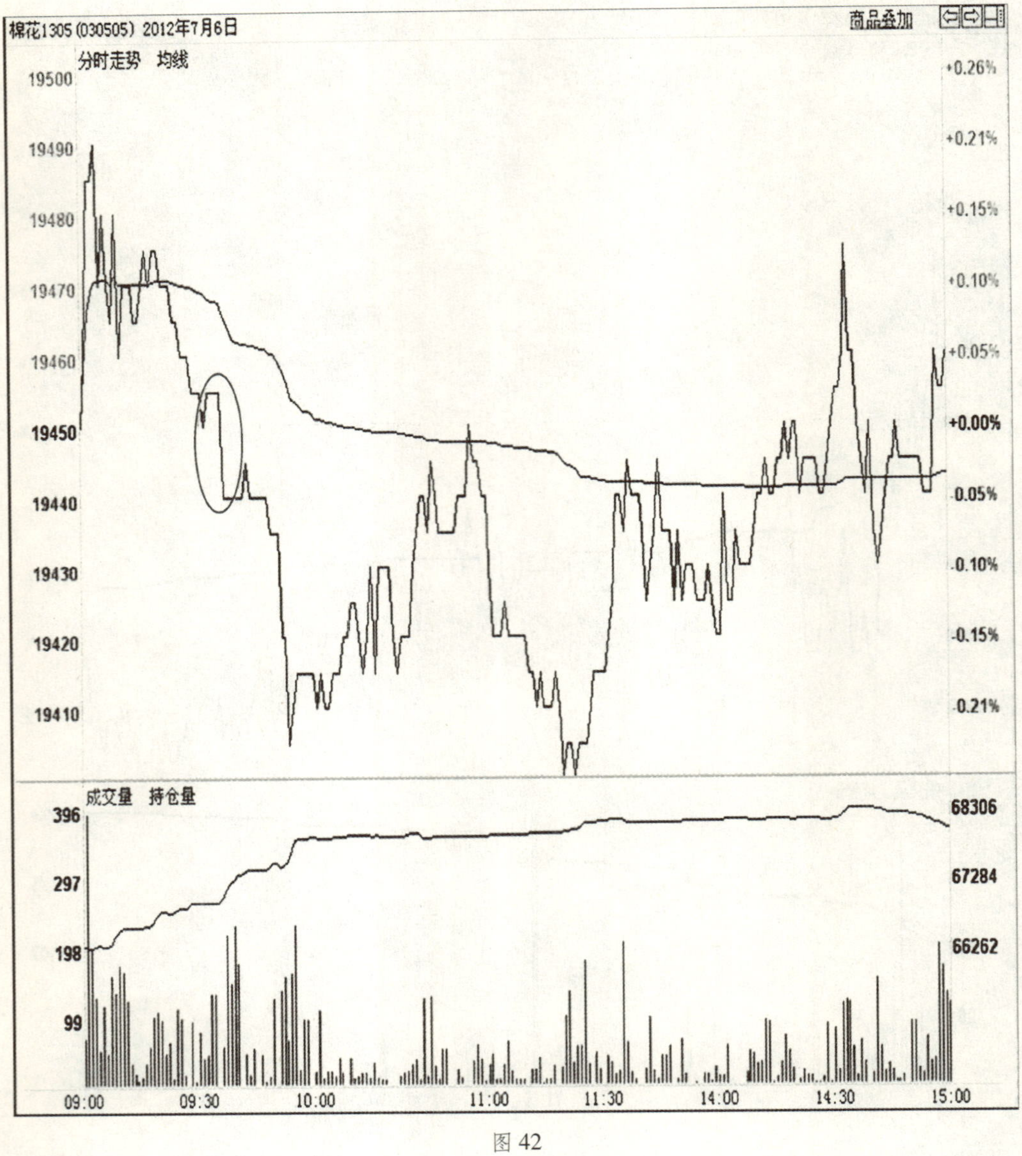

图 42

解说：一蹲：日内均线系统短线示弱，黄线下压时，顺势沽空，采取下跳战术。

二跳：顺势加码 85 手，均价在 19455 附近。

三落地：出现十多点的价差后，迅速于 19440 附近平仓。

七、沪铝（一）

铝 1212K 线走势：在交易发生时段，均线呈空头排列，K 线下降趋势较为明显，指标、盘口总体符合做空要求，故接下来的操作以下跳为主。

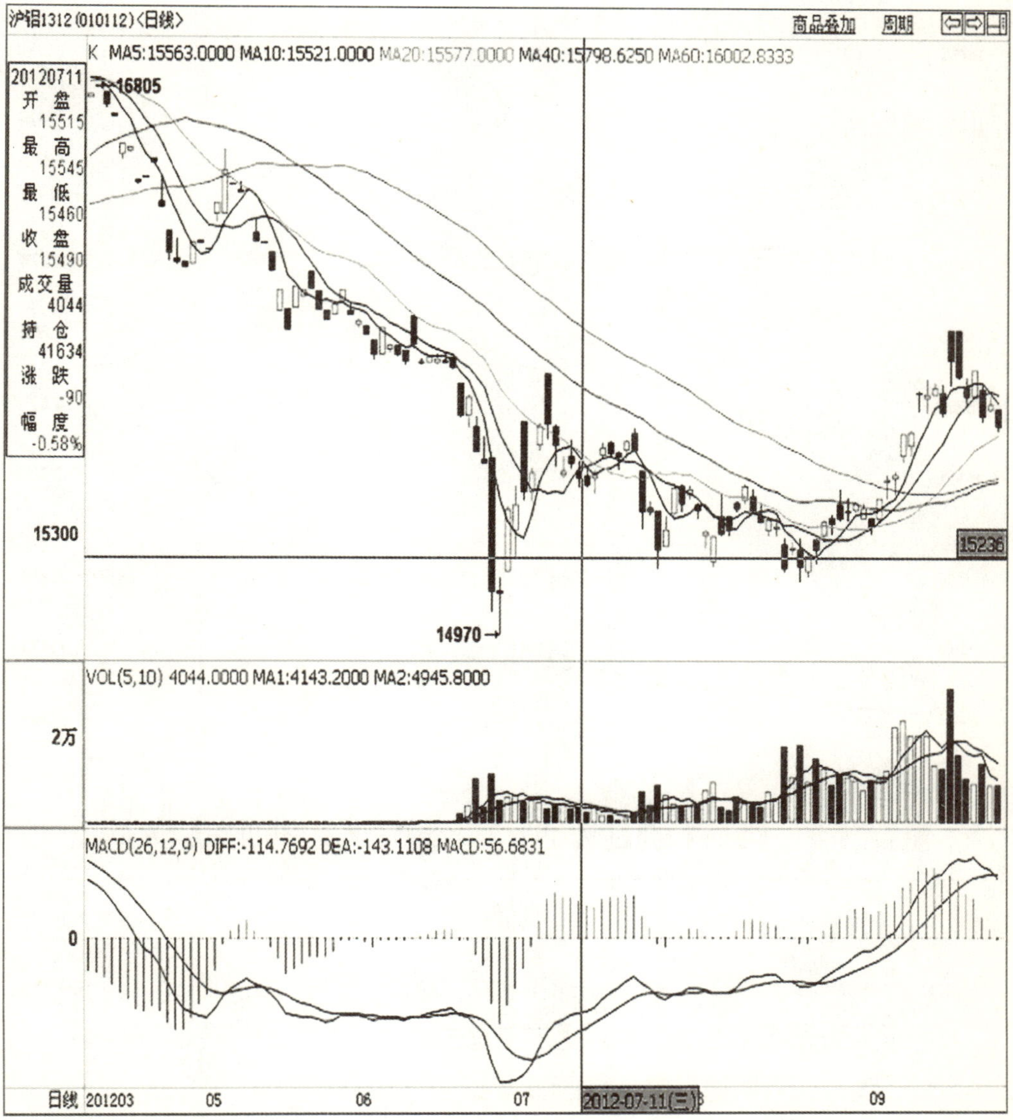

图 43

沪铝 1212　20120626

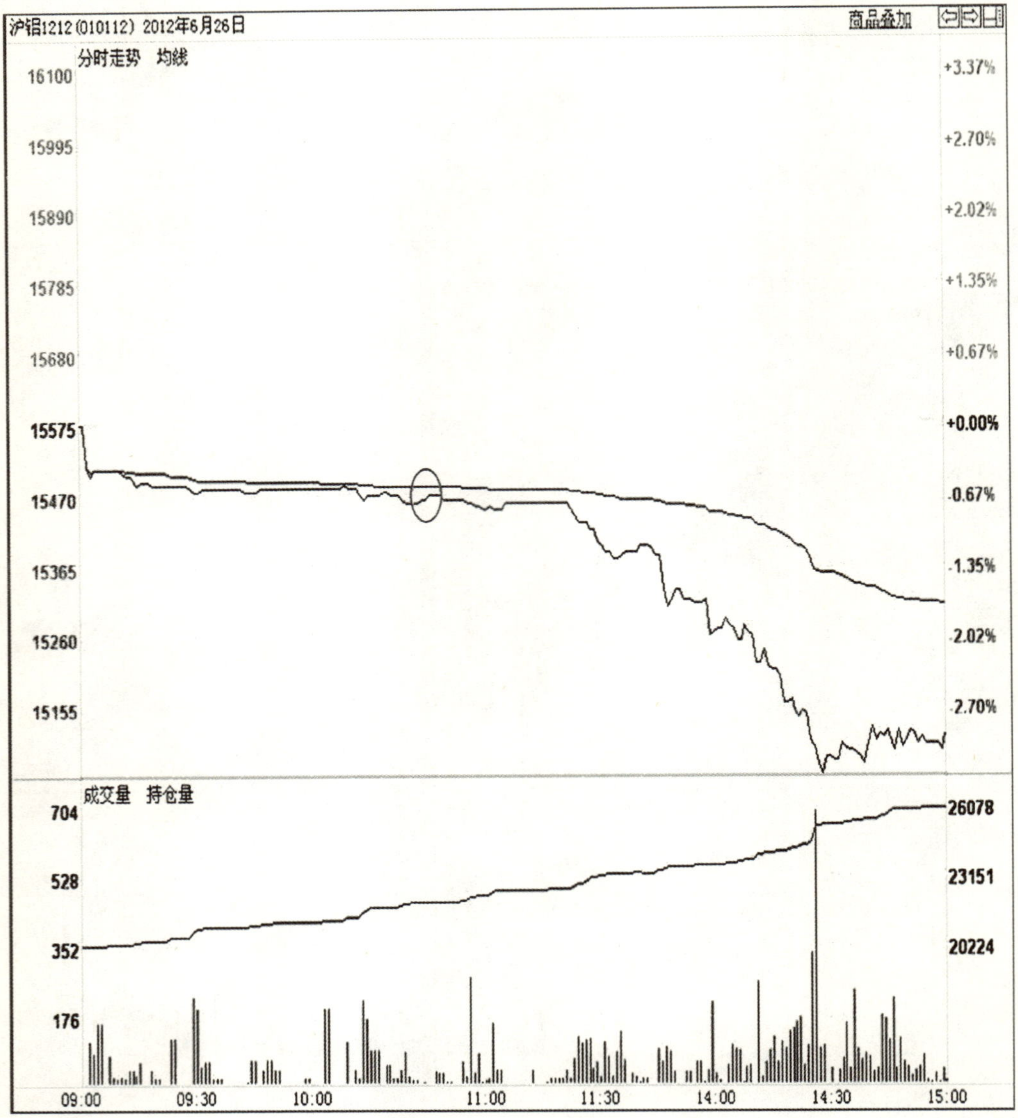

图 44

解说：一蹲：日 K 线及日内短线技术指标呈现弱势时，理应做空，而实际操作中却采取了上跳战术。这主要是由当时的盘口状况决定的。

二跳：买入与加码共计 60 手，均价在 15460 点附近。

三落地：由于操作上没有做到顺势而为，顺势加码时遇到阻力，虽然只有一个变动价位即五个点的赢利，但仍应立即离场，防止赢利变亏损。

沪铝 1212　20120711

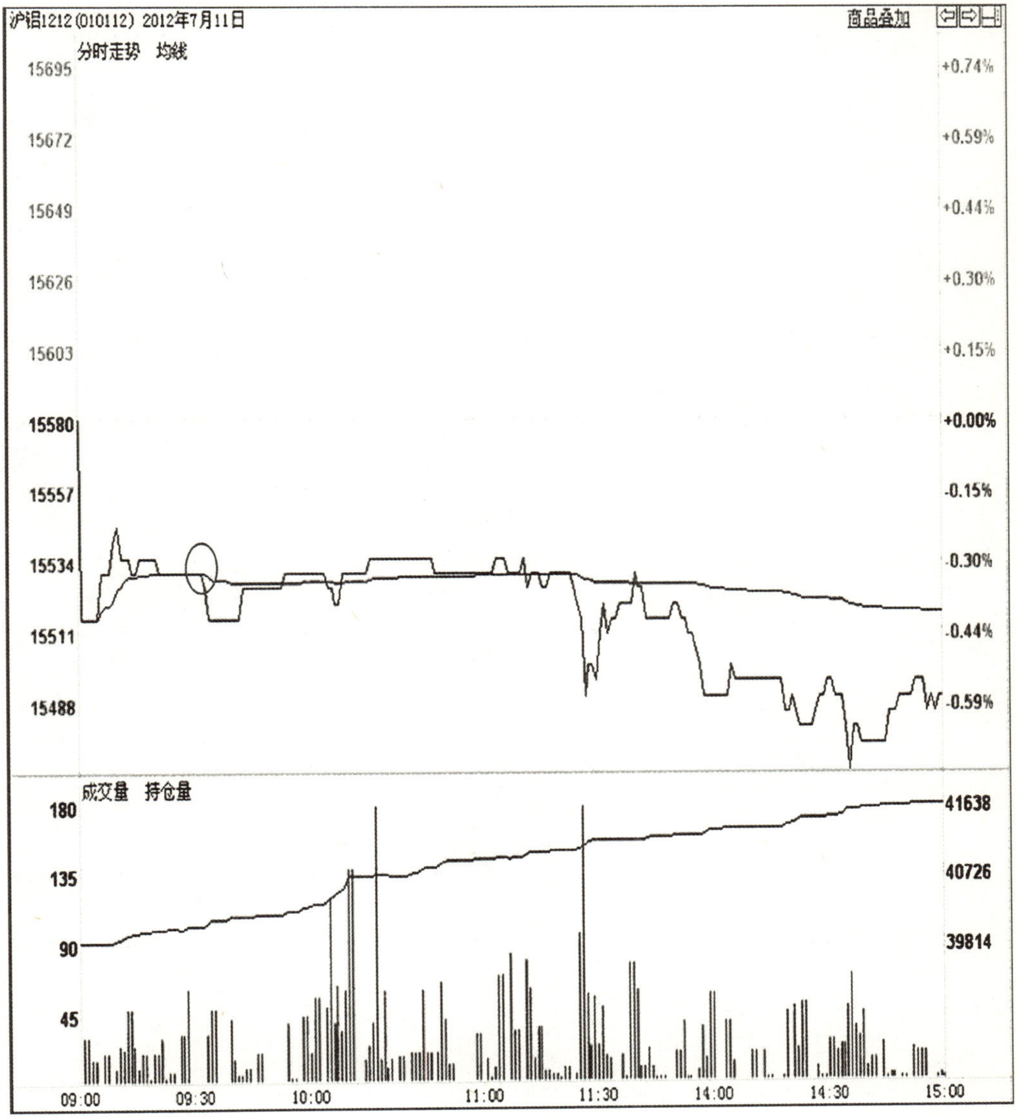

图 45

解说：一蹲：日 K 线及日内短线技术指标呈现弱势时，逢高沽空。

二跳：卖出与加码共 10 手，均价在 15530 点附近。

三落地：出现五个点的差价时，获利平仓。

沪铝 1212　20120713

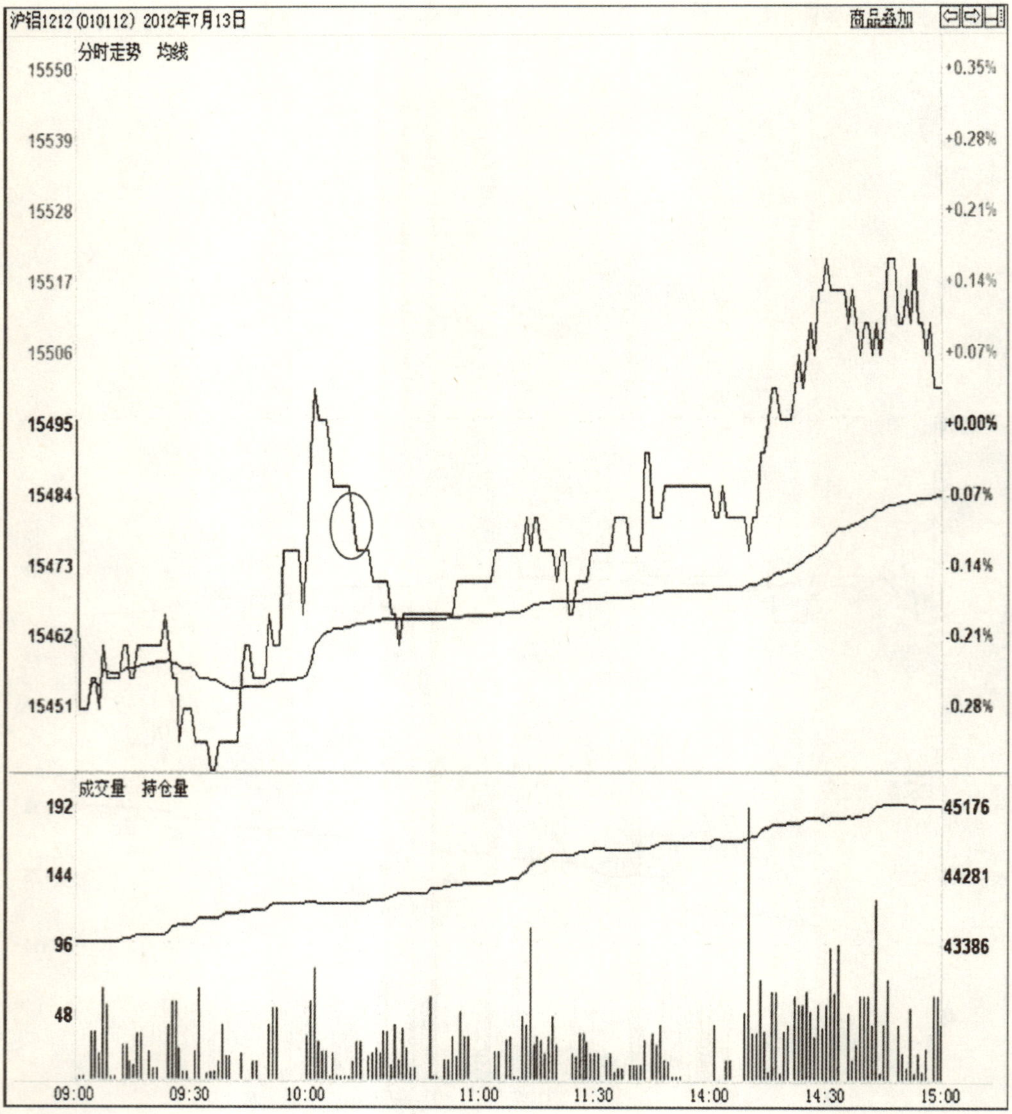

图 46

解说：一蹲：日 K 线及日内短线技术指标呈现弱势，当盘中价格与黄线乖离过大时，逢高沽空。

二跳：卖出与加码共 24 手，均价在 15480 点附近。

三落地：出现五个点的差价时，获利了结。

八、螺纹钢

螺纹钢 1301K 线走势：在交易发生时段，均线呈空头排列，K 线呈下降通道，指标、盘口符合做空要求，故此时的操作采取下跳战术。

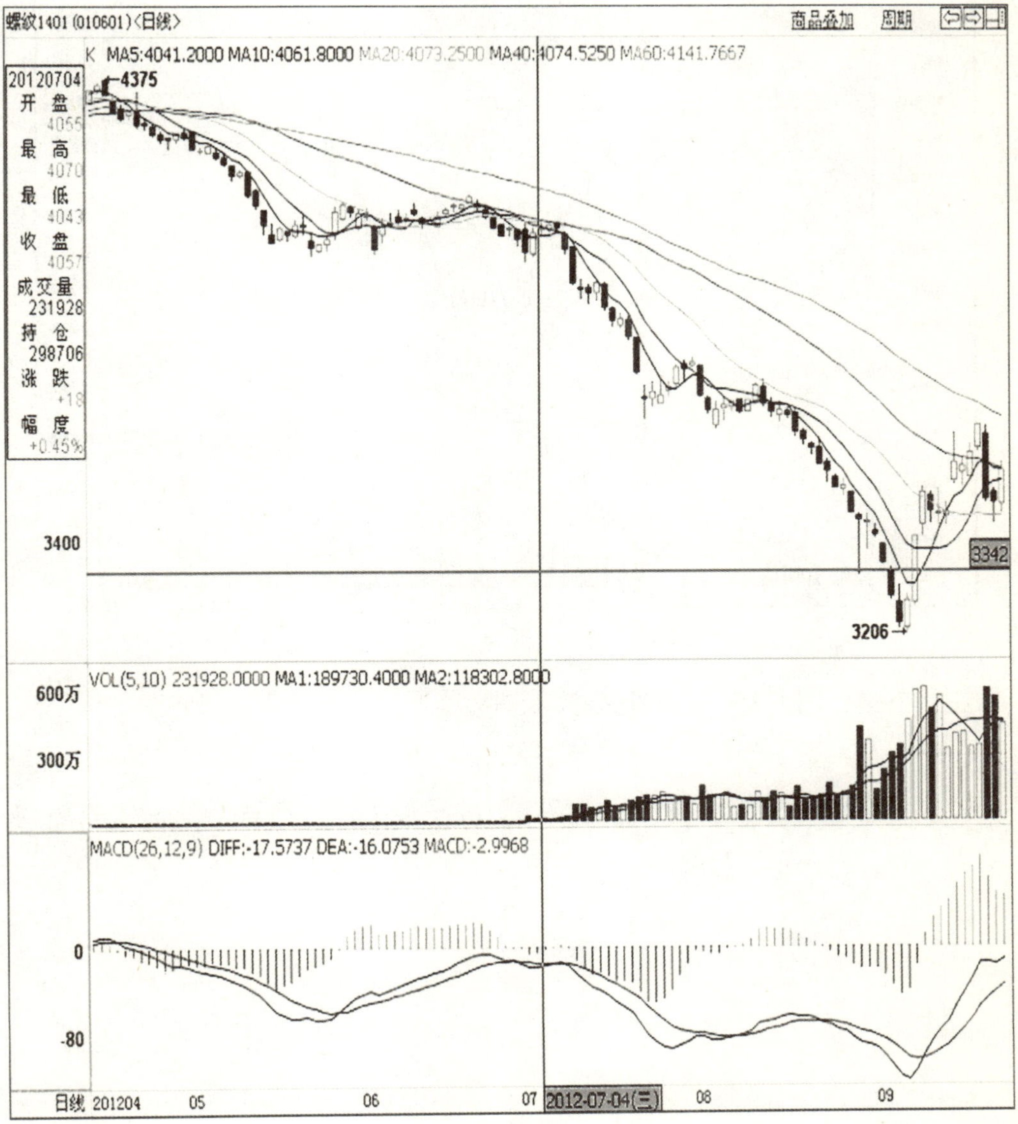

图 47

螺纹钢 1301　20120704

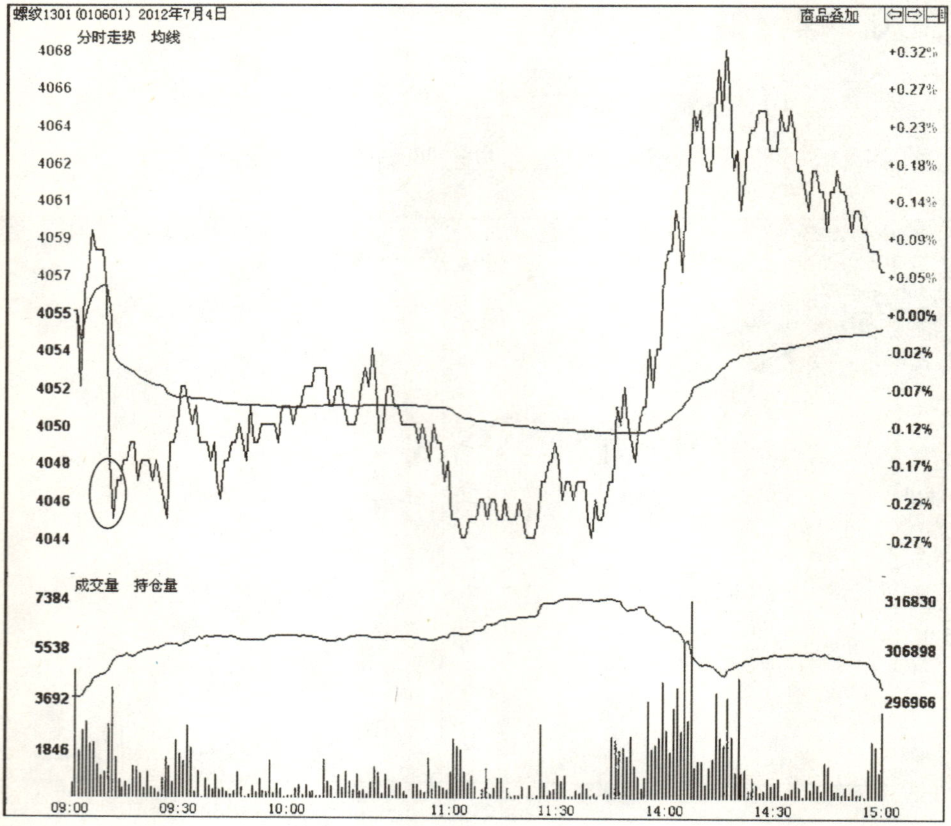

图 48

解说：一蹲：日 K 线及日内短线技术指标呈现弱势，盘中顺势沽空。

二跳：卖出与加码共 315 手，均价在 4047 点附近。

三落地：此时盘中价格与黄线乖离已较大，故在获得两个点的赢利时，迅速平仓撤离。

九、PVC

PVC 1301K 线走势：在交易发生时段，K 线形态及均线由弱逐步转强，故根据指标和盘口灵活采取下跳和上跳战术。

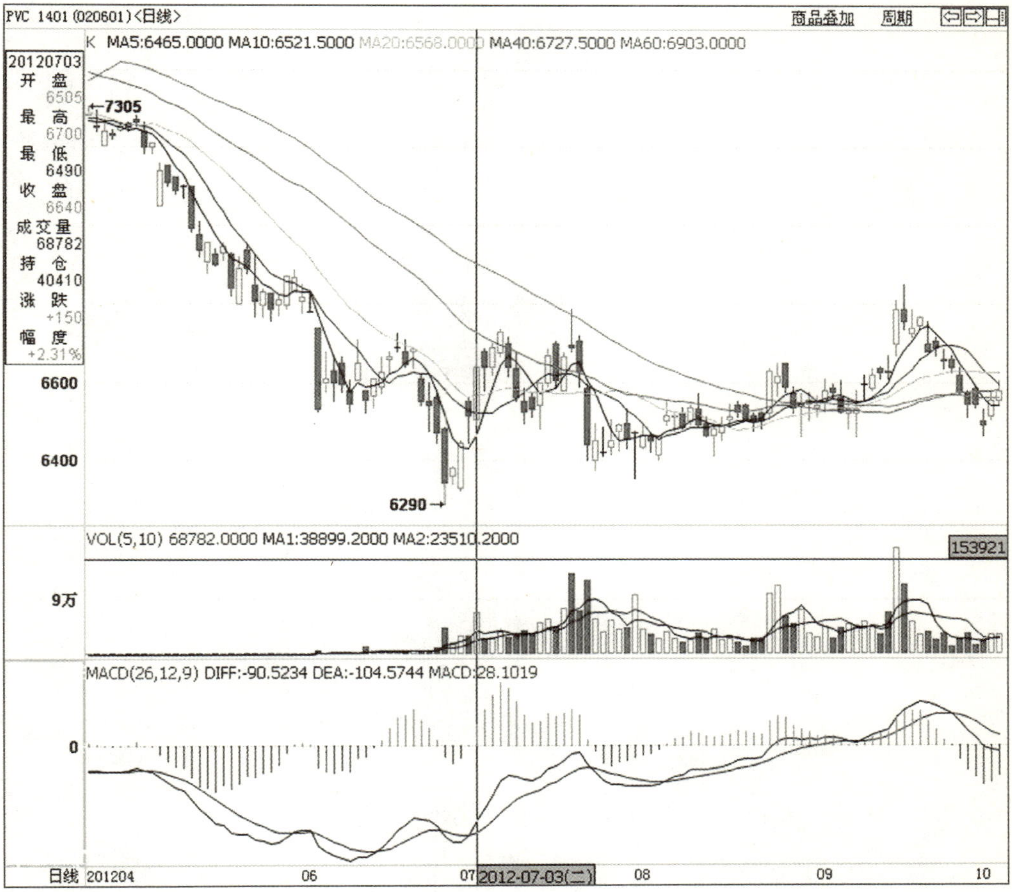

图 49

PVC 1301　20120703

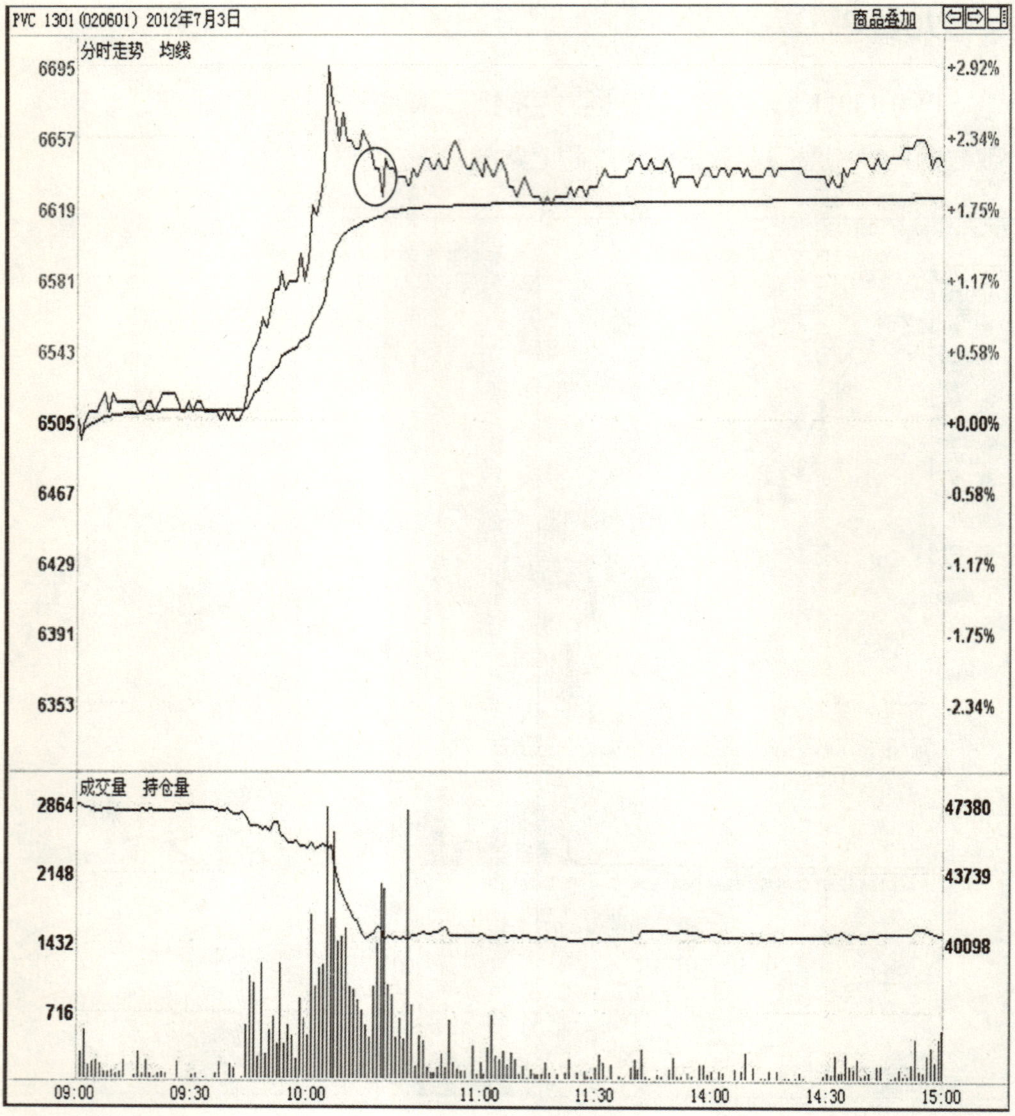

图 50

解说：一蹲：日 K 线及日内短线技术指标向下，盘中冲高回落后，顺势沽空，在 6640 点蹲守 400 手。

二跳：在 6635 点上下继续加码 400 手。

三落地：在 6630 及 6625 附近全部获利了结。

PVC 1301　20120705

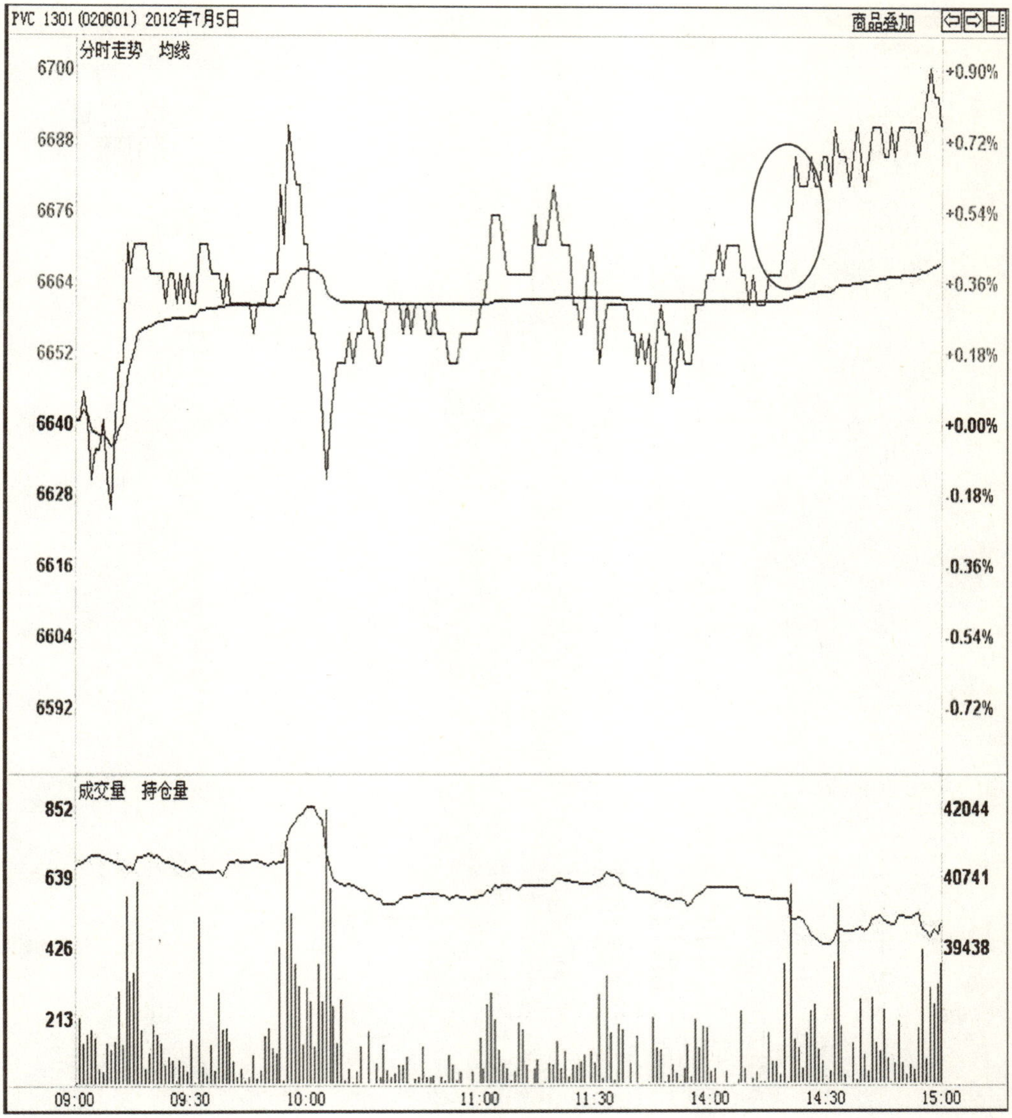

图 51

解说：一蹲：日 K 线及日内短线技术指标走强，分时图底部渐次抬高，在 6665 的较低位买入蹲守 54 手。

二跳：在 6670 点继续顺势加码 108 手。

三落地：价格顺势加码至 6685 附近时迅速获利平仓。

PVC 1301　20120706

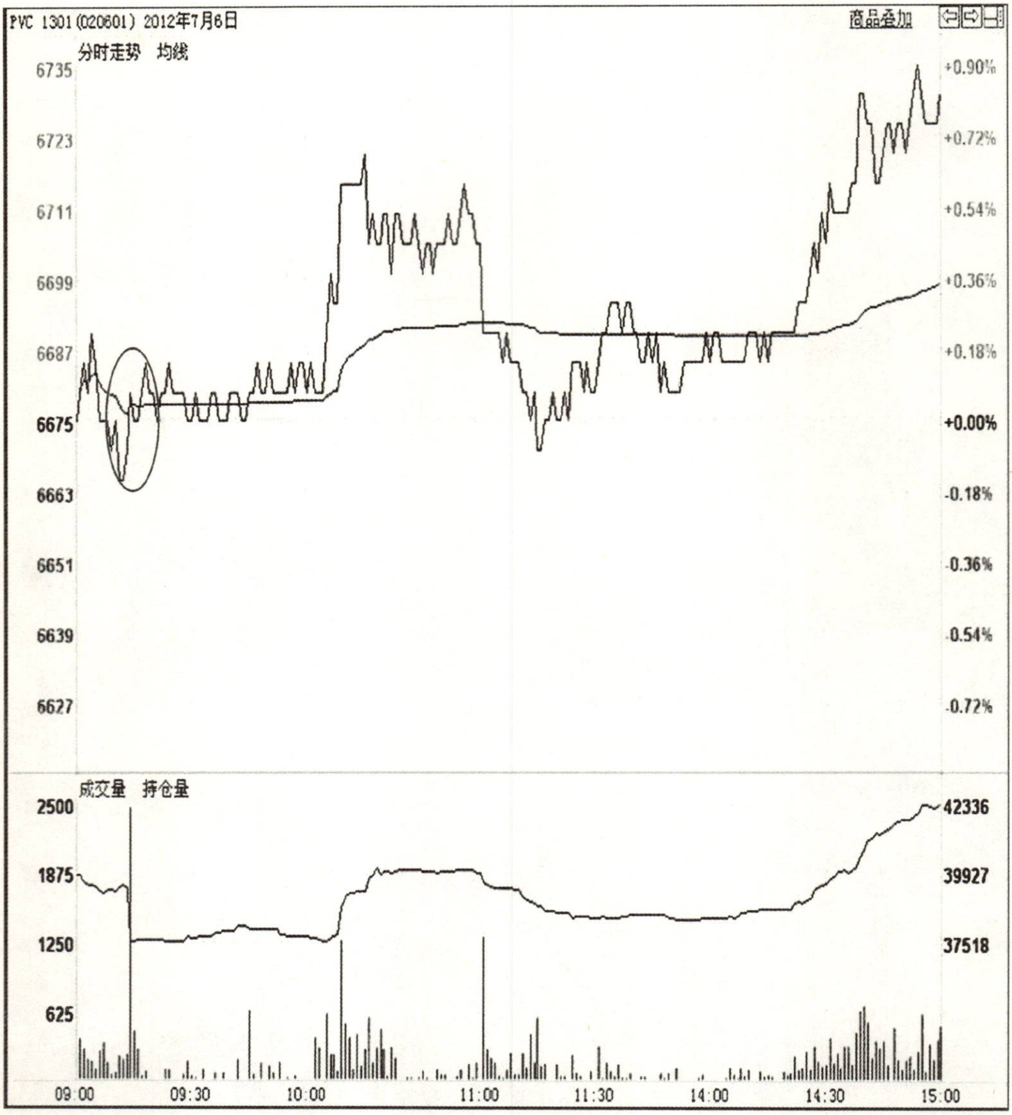

图 52

解说：一蹲：日 K 线及日内短线技术指标走强，逢低买入。

二跳：顺势加码 733 手，均价在 6670 附近。

三落地：价格顺势加码至 6685 左右迅速平仓。

十、菜籽油

菜籽油 1301 K 线走势：在交易发生时段，K 线呈震荡走势，均线横向纠结，故根据指标和盘口灵活采取下跳和上跳战术。

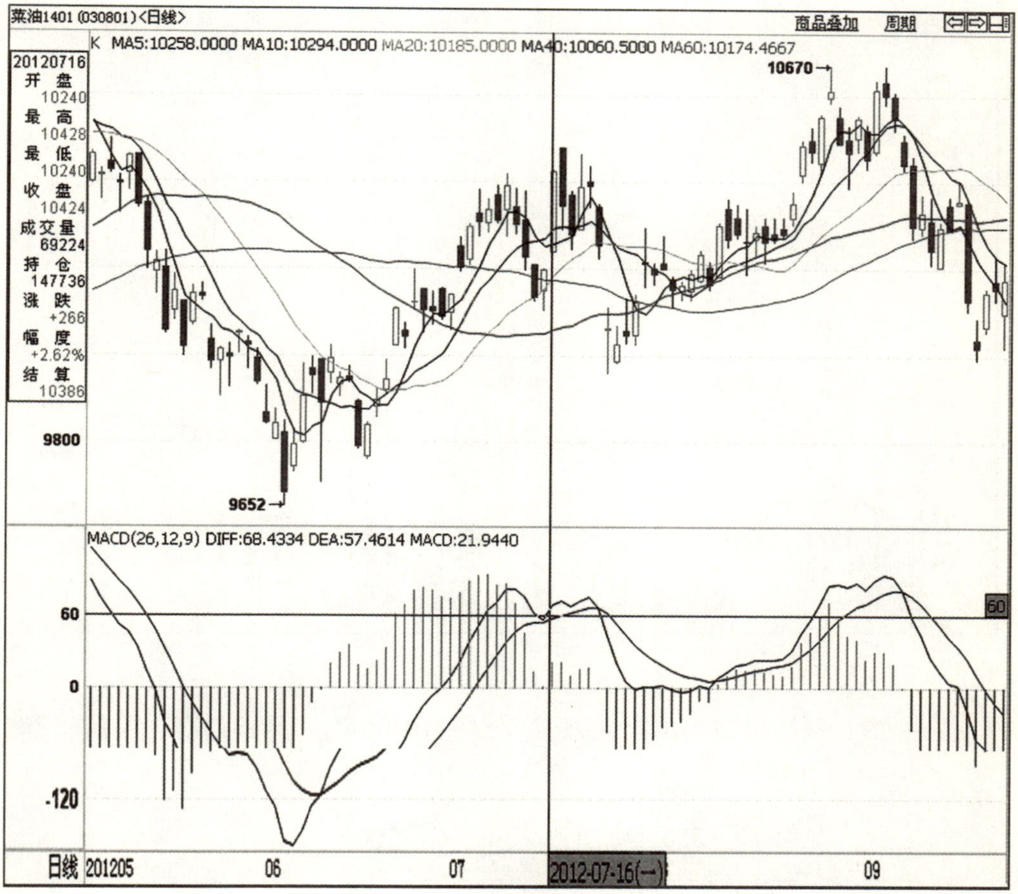

图 53

菜籽油 1301　20120716

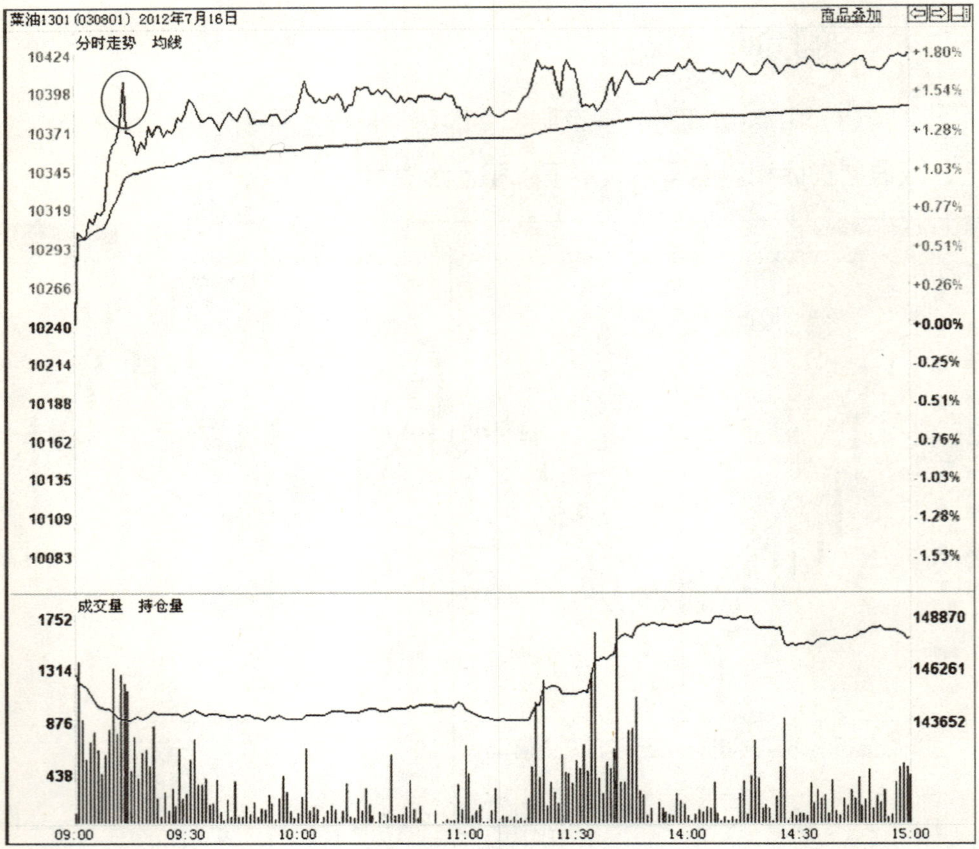

图 54

解说：一蹲：短线价格与黄线乖离过大，在 10406 附近逢高蹲守，采取下跳战术。

二跳：顺势加码 556 手，均价在 10395 附近。

三落地：在 10376 和 10394 附近平仓。

十一、大豆

大豆 1301K 线走势：在交易发生时段，K 线处于暴涨后的震荡整理，均线偏强，故根据指标和盘口灵活采取下跳和上跳战术。

图 55

大豆 1301　　20120711－1

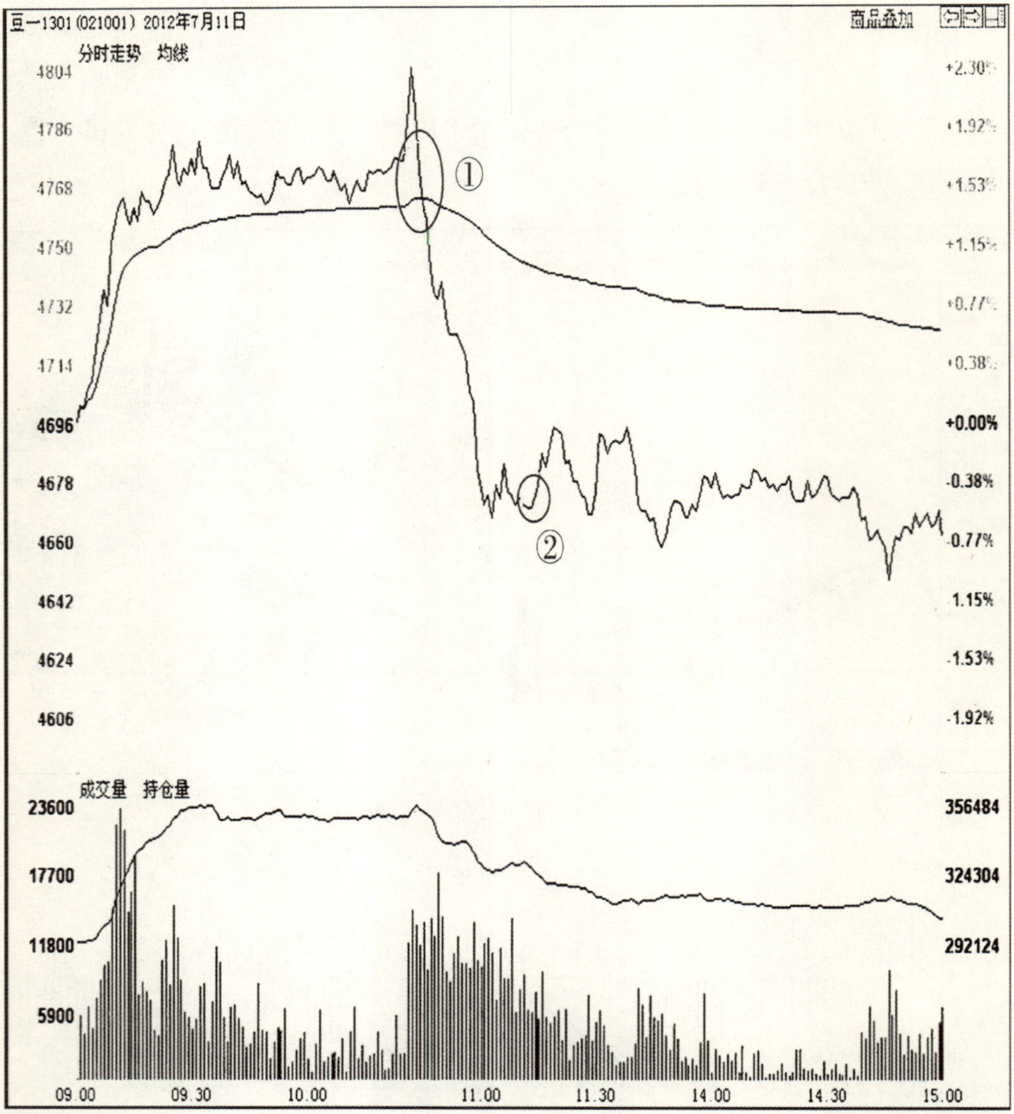

图 56

解说：一蹲：短线价格冲高，与黄线乖离偏大，一旦出现拐点，顺势高空拦截。

二跳：在 4774、4763、4757 的价位渐次顺势加码 383 手。

三落地：在 4755 附近迅速平仓。

大豆 1301　　20120711 －2

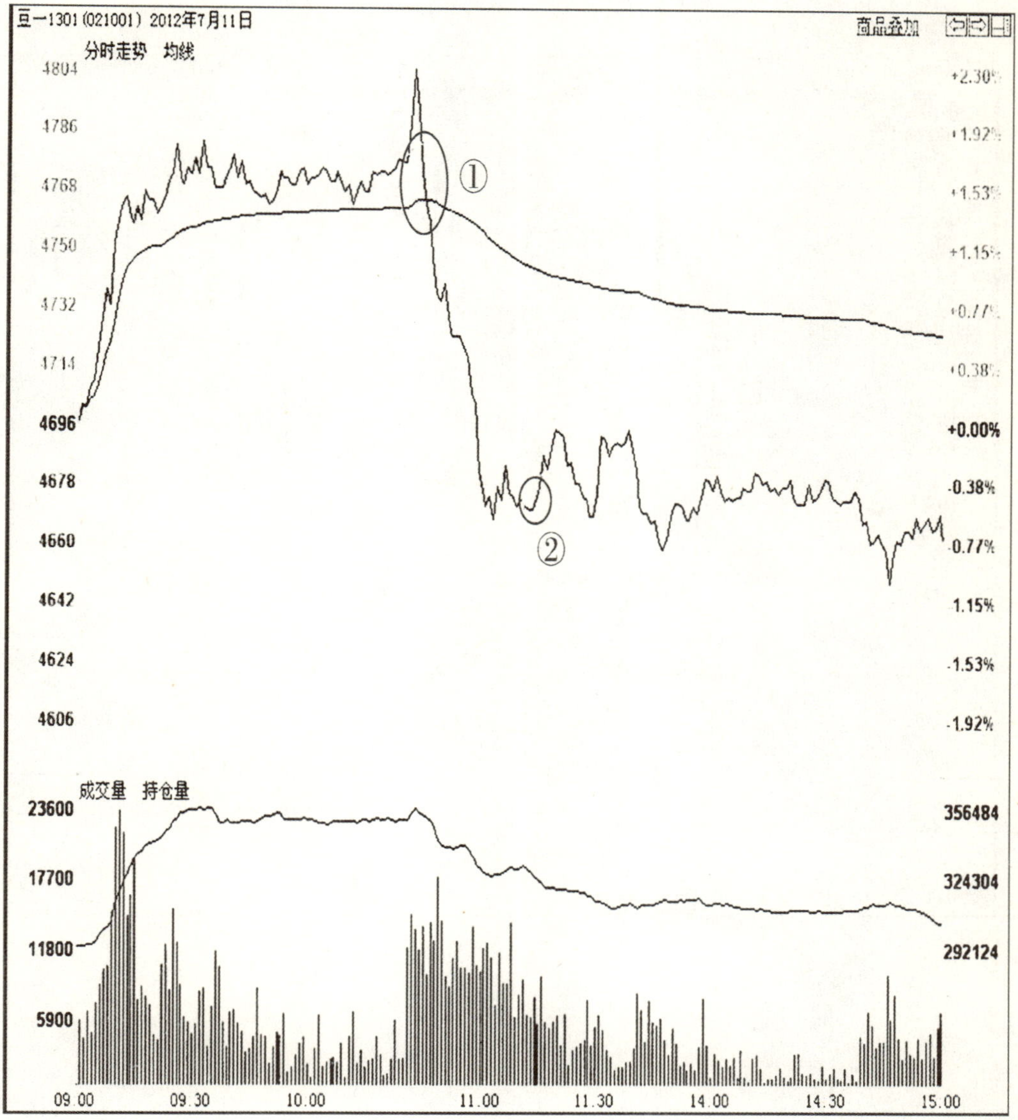

图 57

解说：一蹲：短线价格出现大幅回落，与黄线乖离过大，逢低吸入。

二跳：买入与顺势加码共计 600 手，均价在 4669 附近。

三落地：在 4673 和 4676 渐次平仓。

大豆 1305K 线走势：在交易发生时段，K 线处于大涨后的震荡整理，K 线与均线的乖离过大，故根据指标和盘口伺机采取下跳战术。

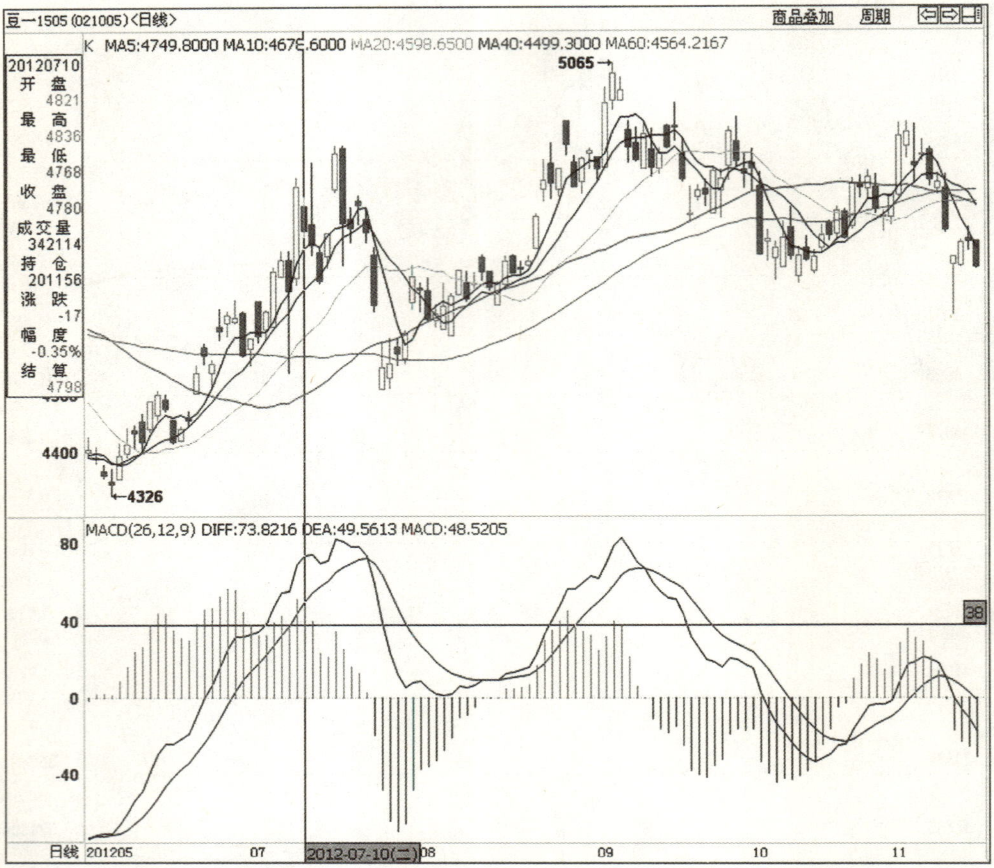

图 58

大豆 1305　20120710

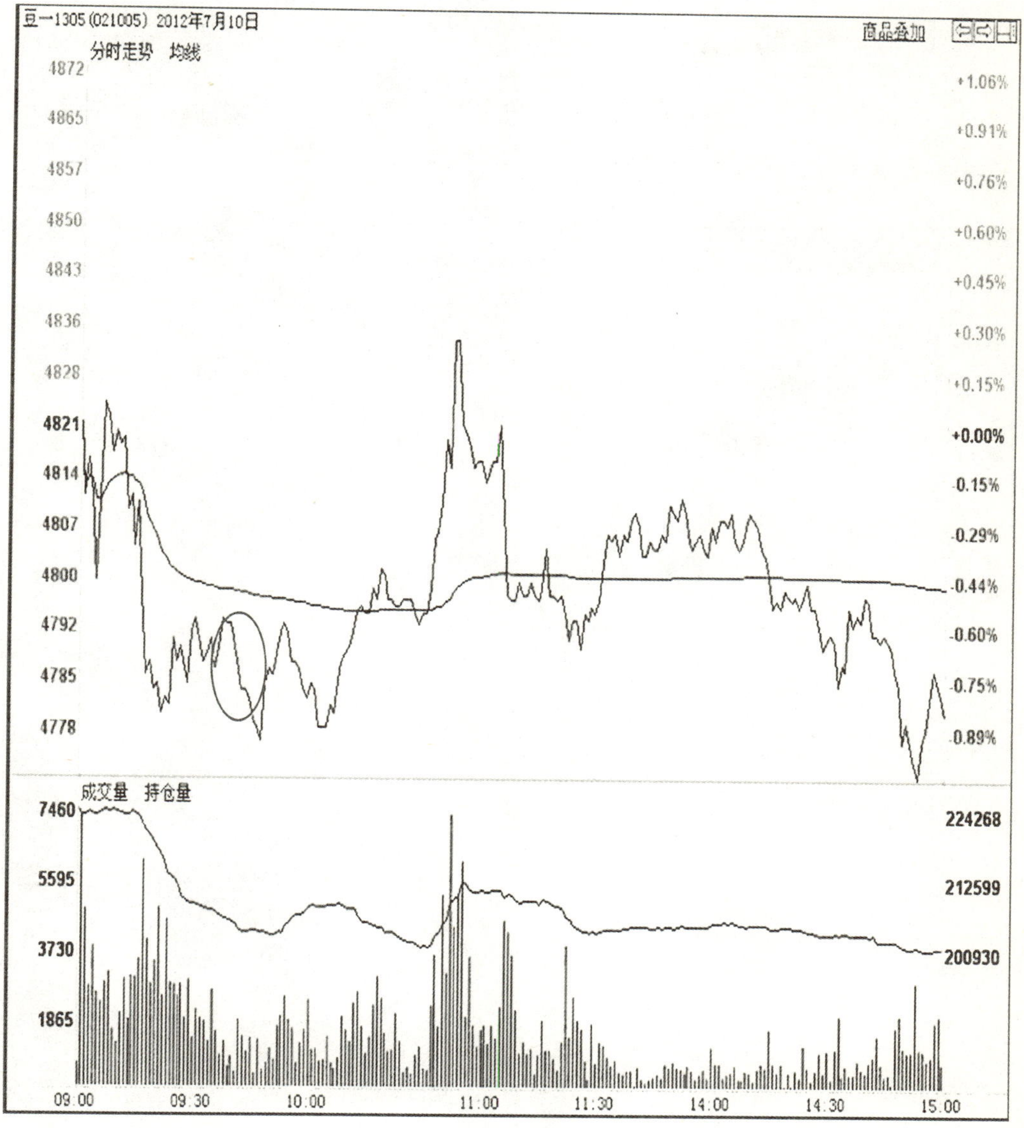

图 59

解说：一蹲：短线价格多次尝试冲高，但反弹无力，故坚决下跌。

二跳：卖出与顺势加码共计 429 手，均价在 4791 附近。

三落地：在 4781 点迅速获利了结。

十二、豆油

豆油 1301 K 线走势：在交易发生时段，K 线偏强，均线纠结，故根据日内短线指标和盘口采取上跳战术。

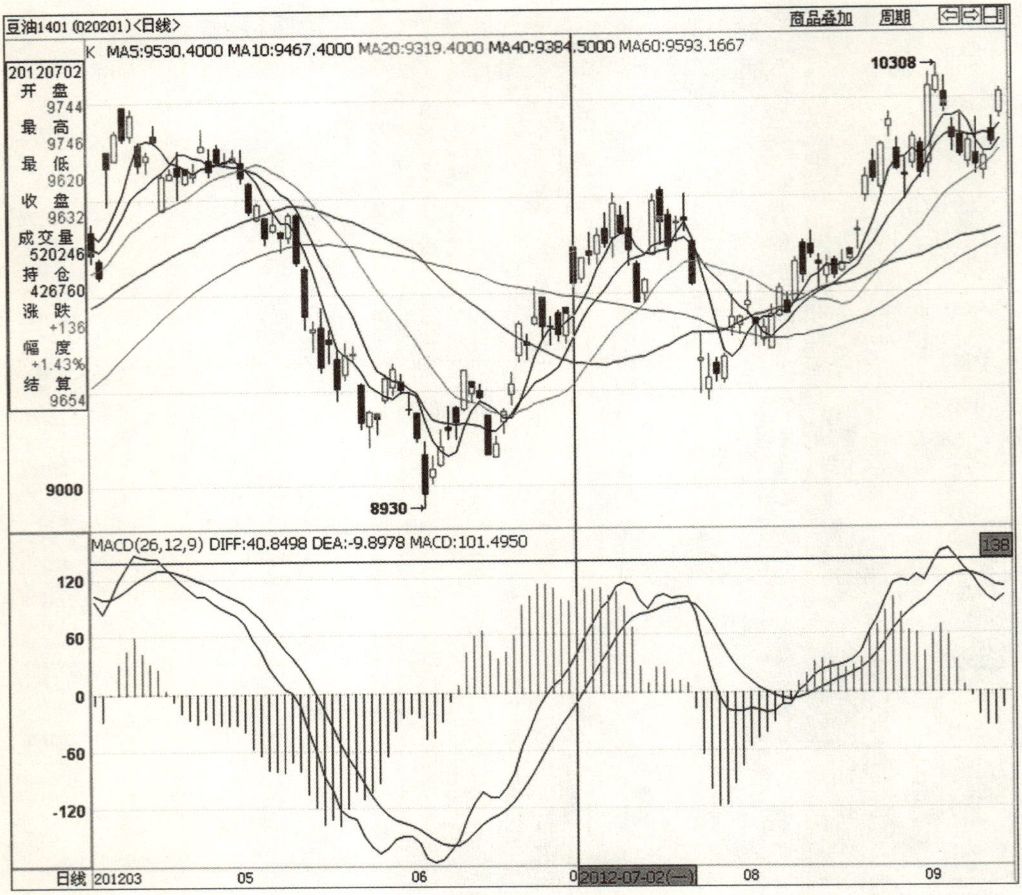

图 60

豆油 1301　20120702

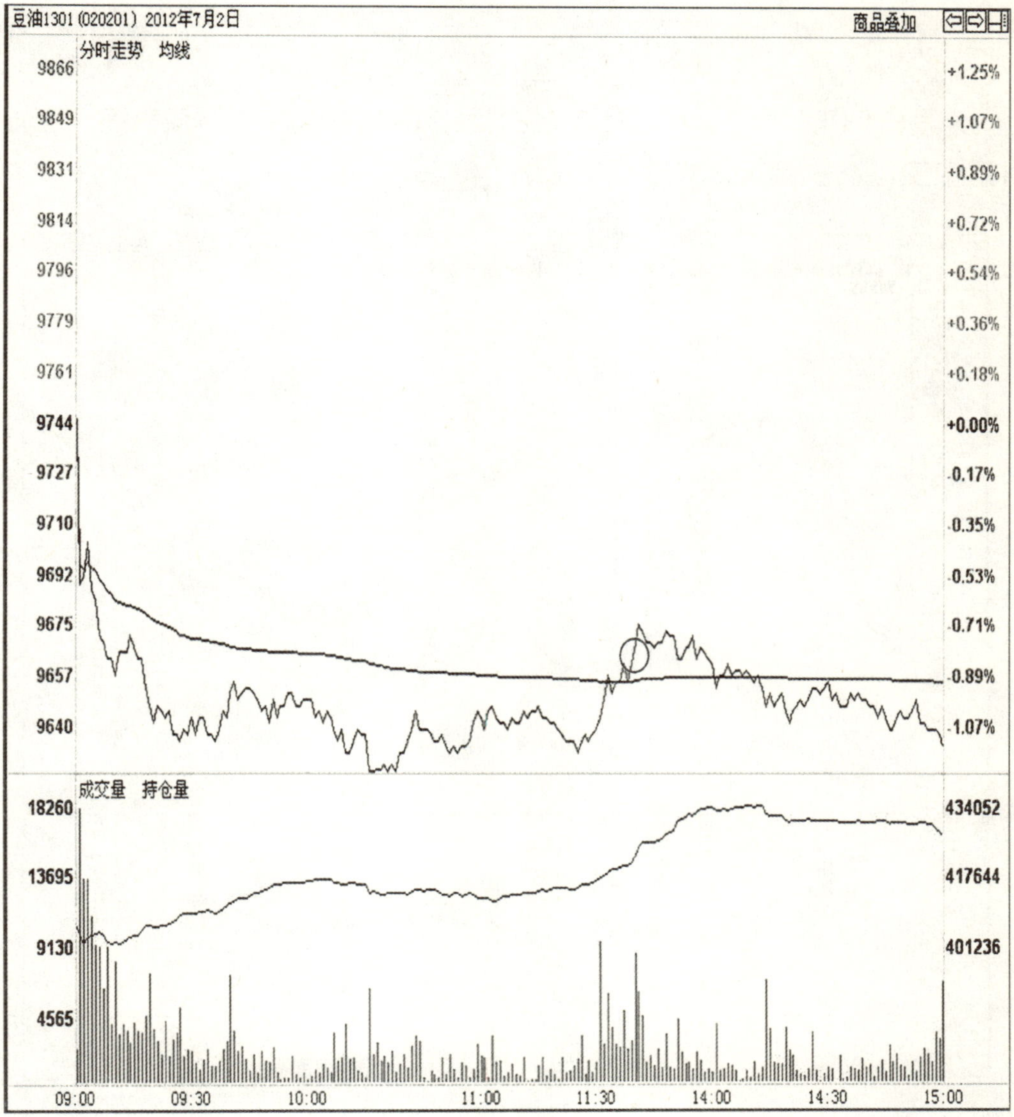

图 61

解说：一蹲：日内价格上午一直在黄线下方盘整，但底部渐次抬高，首次冲破黄线后坚决顺势吸入。

二跳：买入与顺势加码共计 400 手，均价在 9660 附近。

三落地：出现四个点的赢利后迅速获利平仓。

十三、黄金

黄金 1301 K 线走势：在交易发生时段，K 线盘整，均线横向纠结，故根据盘口状况高抛低吸。

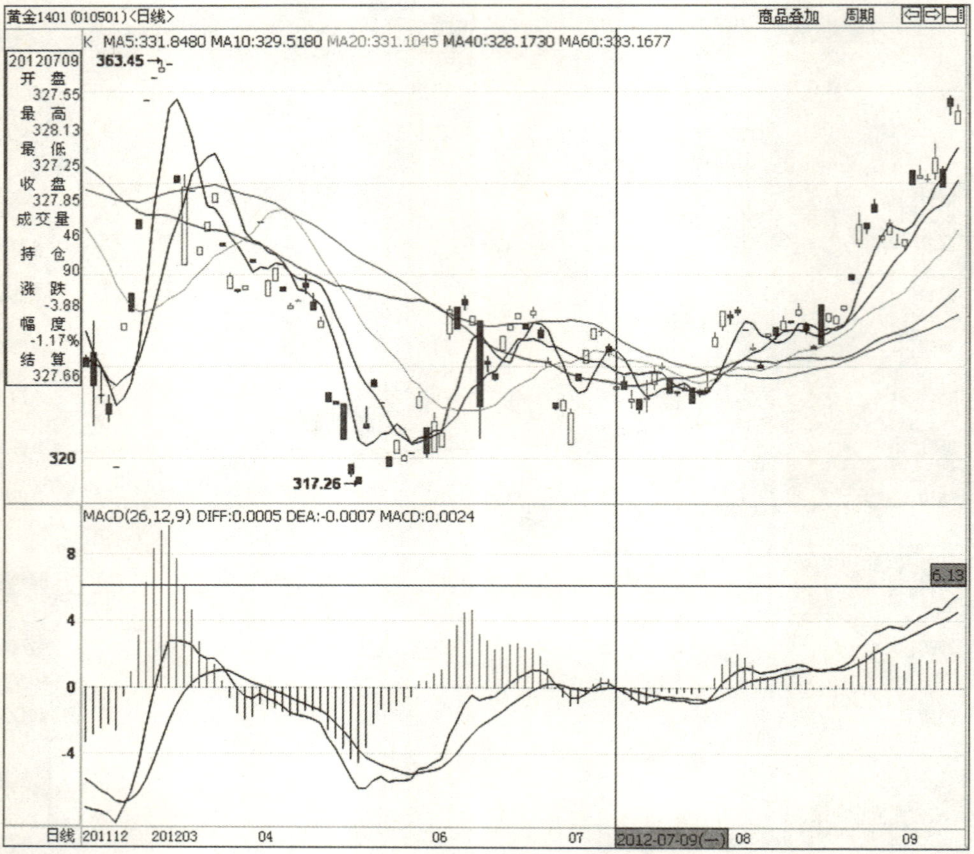

图 62

黄金 1301　20120709

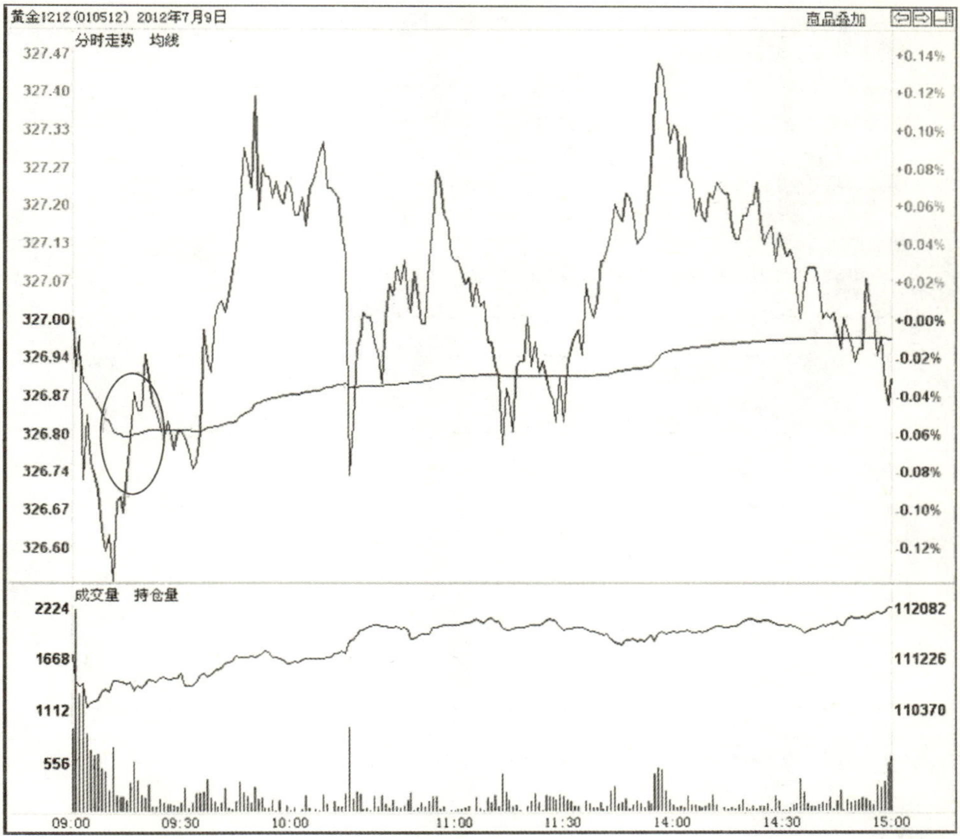

图 63

解说：一蹲：日 K 线及日内短线技术指标呈现盘整态势，在黄线下方逢低买入。

二跳——在 326.69 和 326.76 渐次买入，买入与顺势加码共计 56 手。

三落地——价格顺势加码至 326.90 附近时迅速平仓。

十四、聚乙烯

聚乙烯 1301 K 线走势：K 线底部转强，均线有金叉迹象，故根据指标和盘口状况伺机上跳。

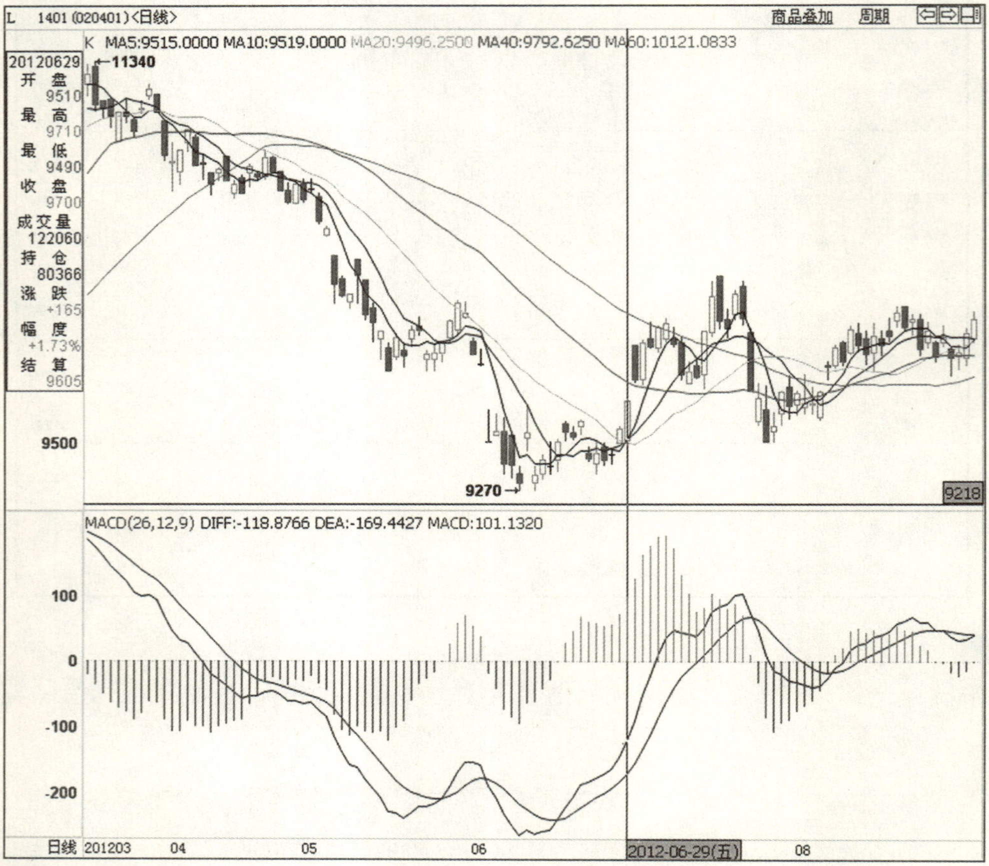

图 64

聚乙烯 1301　20120629

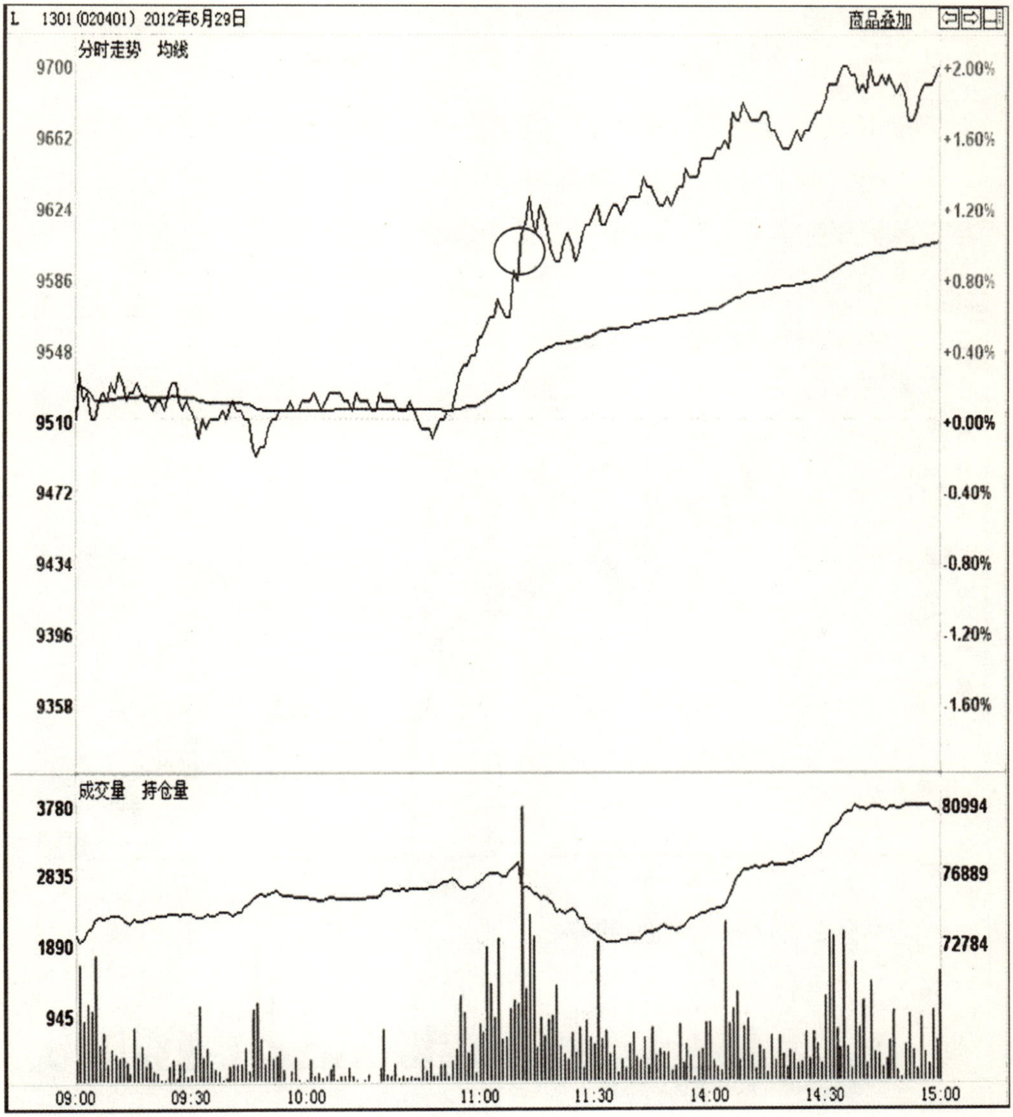

图 65

解说：一蹲：价格强势突破日内盘整地带，顺势做多。

二跳：在 9590、9595 及 9600 渐次买入，买入与顺势加码共计 365 手。

三落地：价格顺势加码至 9610 附近时获利了结。

十五、沪铝（二）

沪铝 1211 K 线走势：5 月份，均线呈空头排列，K 线呈下降通道，指标、盘口符合做空要求，故近期的操作以下跌为主。到了 6、7 月份，由于行情有超跌反弹需求，故择机进行上跳和下跳的变换。

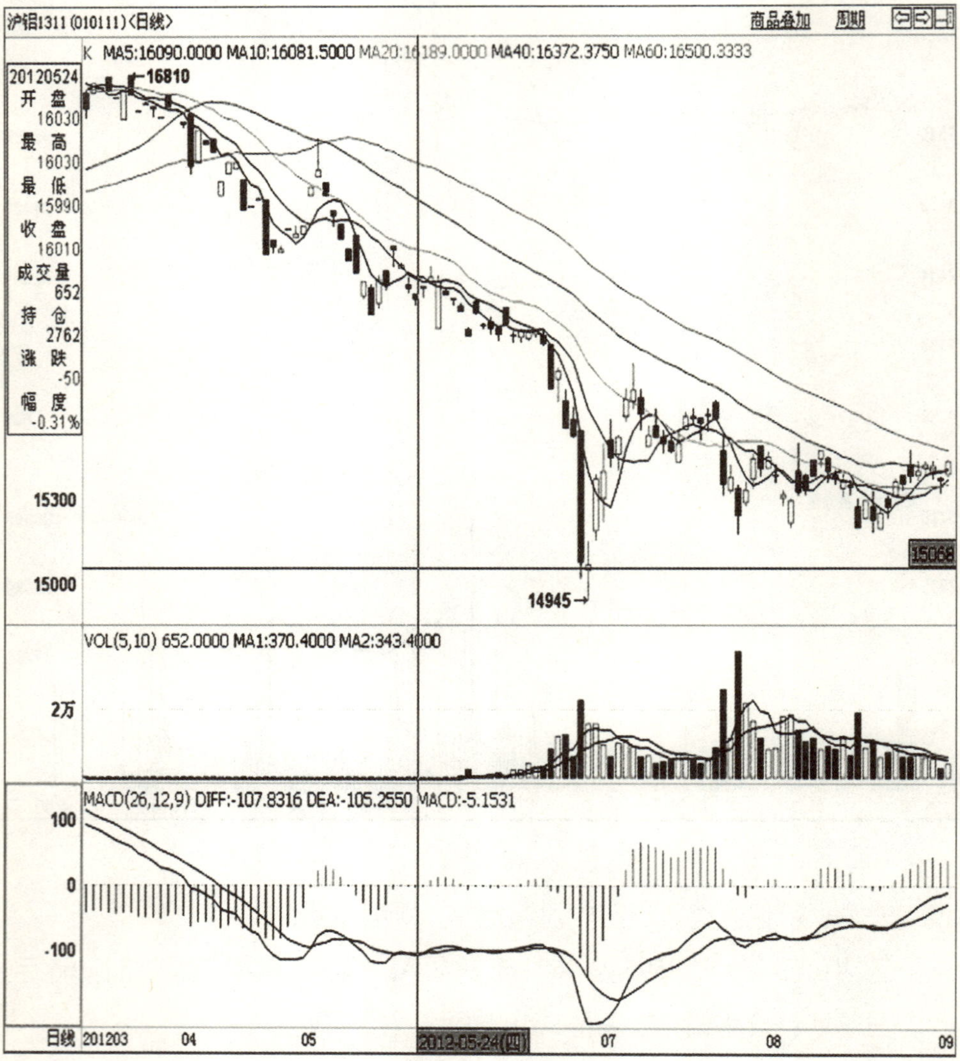

图 66

沪铝 1211　20120524

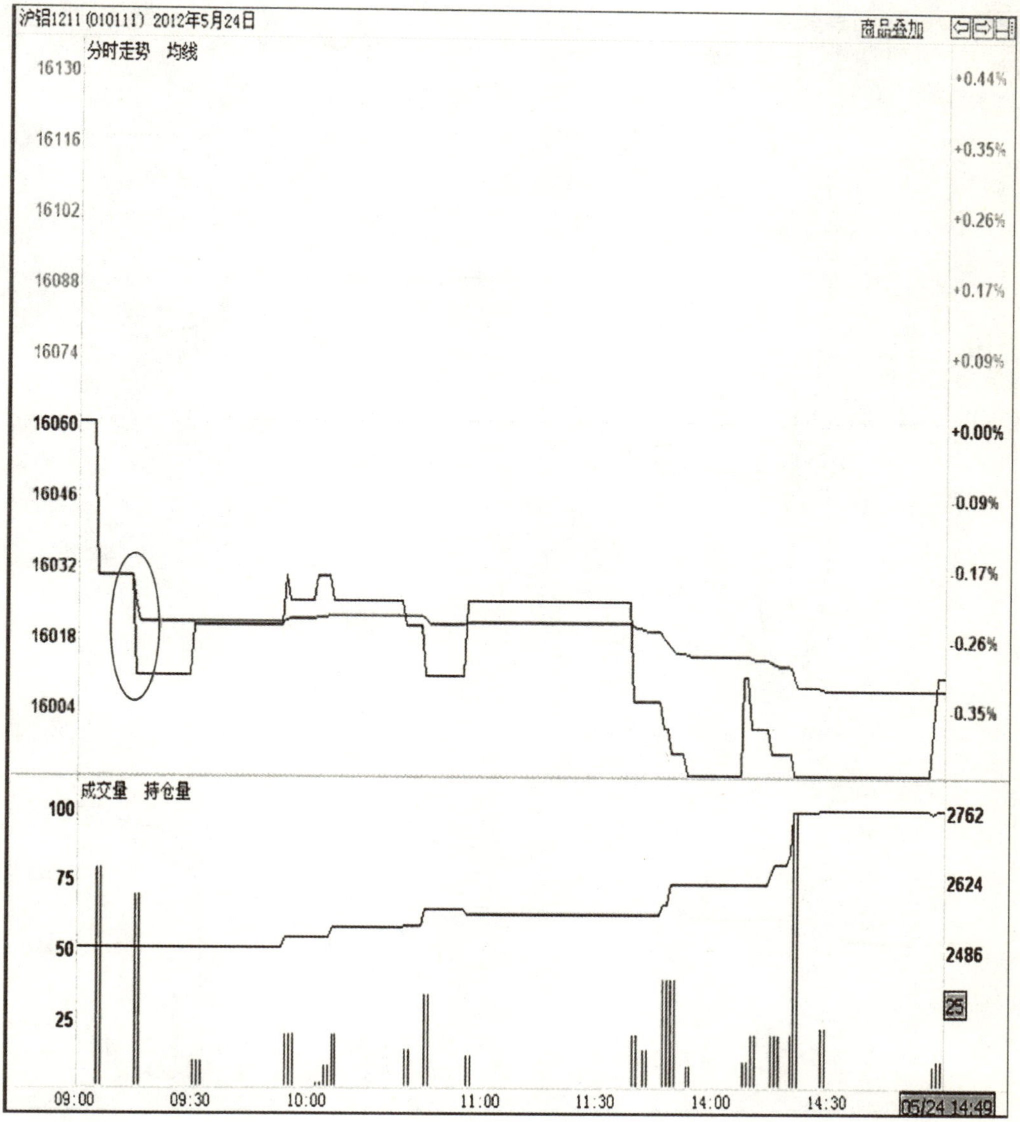

图 67

解说：一蹲：中短线技术指标偏空，采取下跳战术。

二跳：顺势加码 25 手，均价在 16030 附近。

三落地：价格打压至 16010 附近时获利了结。

沪铝 1211　20120613

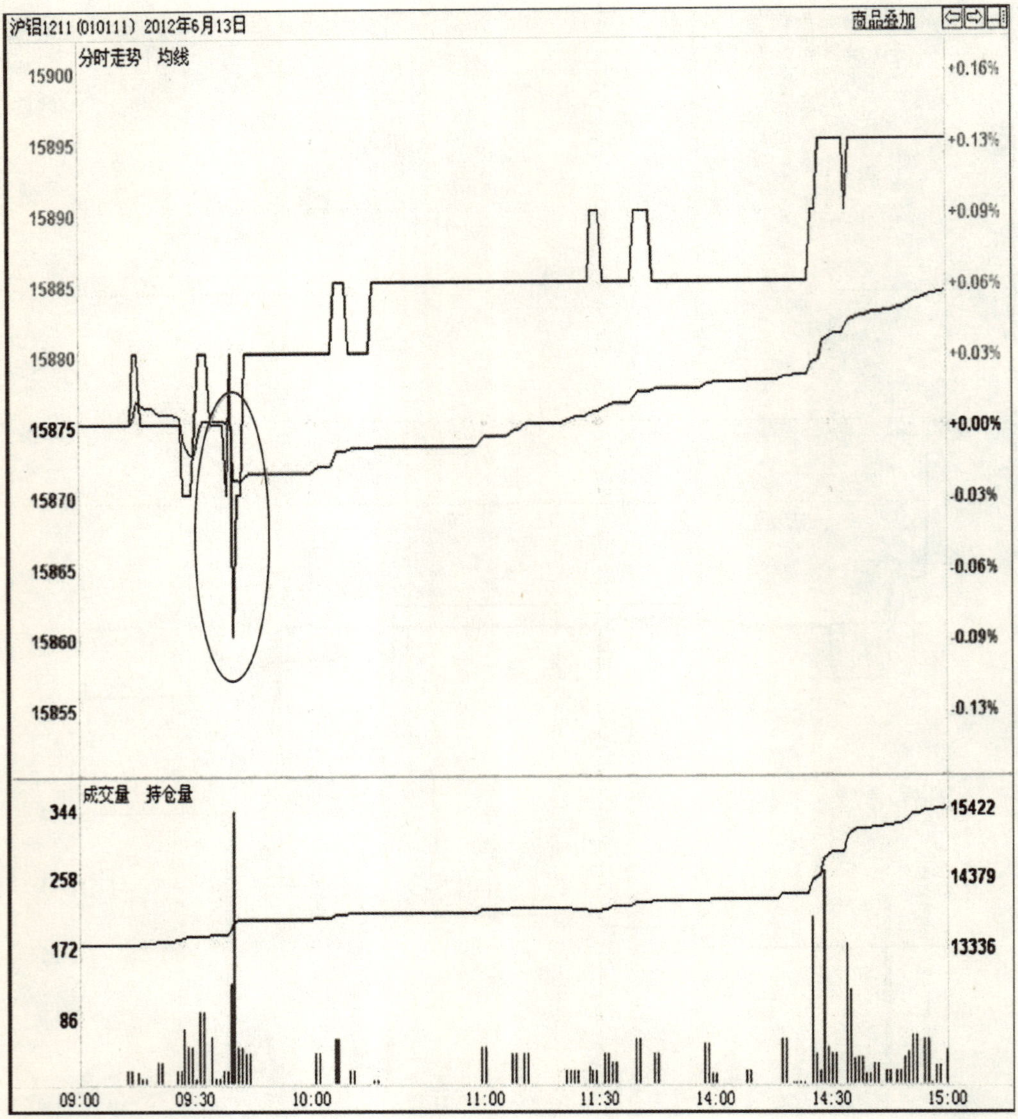

图 68

解说：一蹲：K 线及日内指标偏空，采取下跳战术，在 15875 空中蹲守。

二跳：在 15870 继续顺势加码 100 手。

三落地：价格至 15860 附近时获利出局。

沪铝 1211　20120619

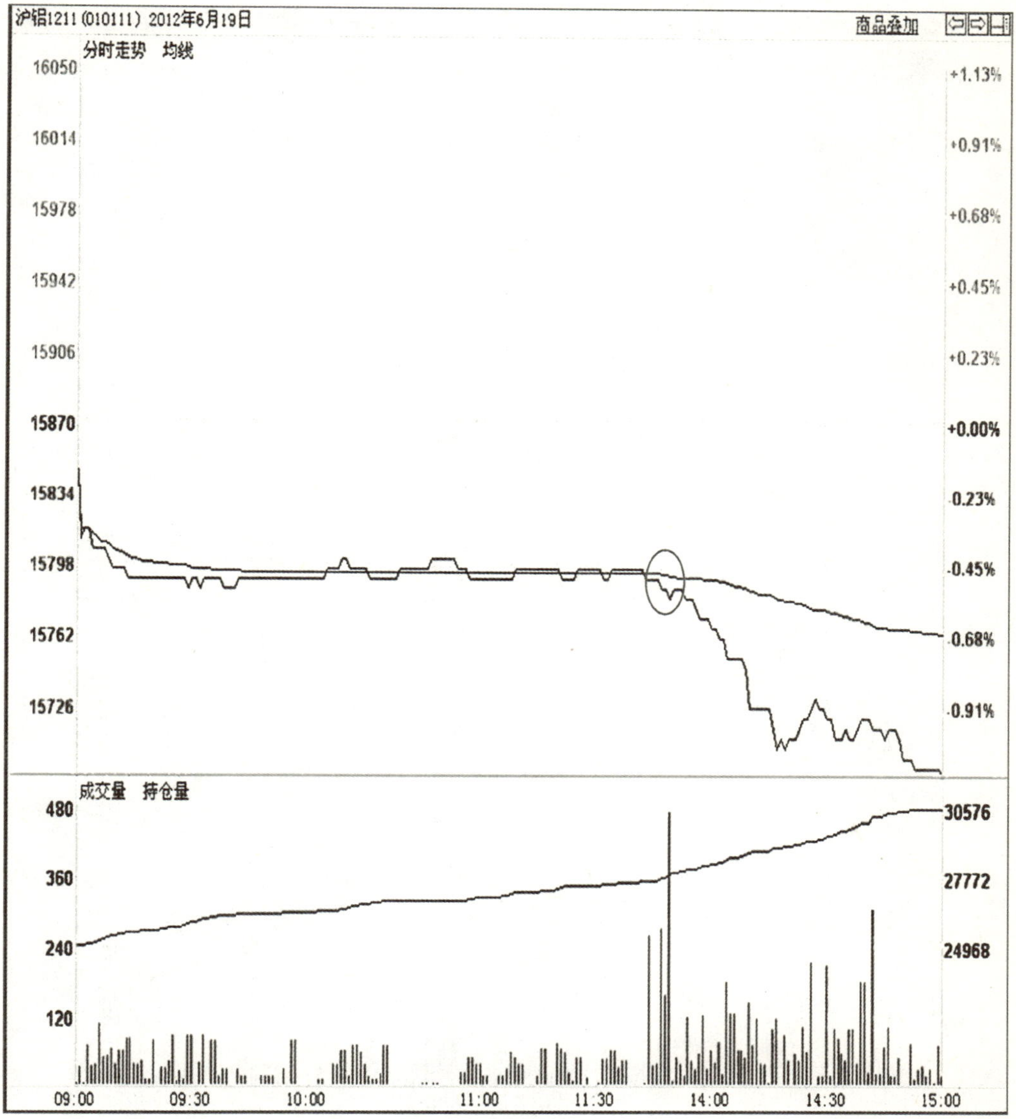

图 69

解说：一蹲：K 线及均线系统向下趋势明显，采取下跳战术，在 15790 空中蹲守。

二跳：顺势加码 150 手。

三落地：价格至 15780 附近时获利出局。

沪铝 1211　20120620－1

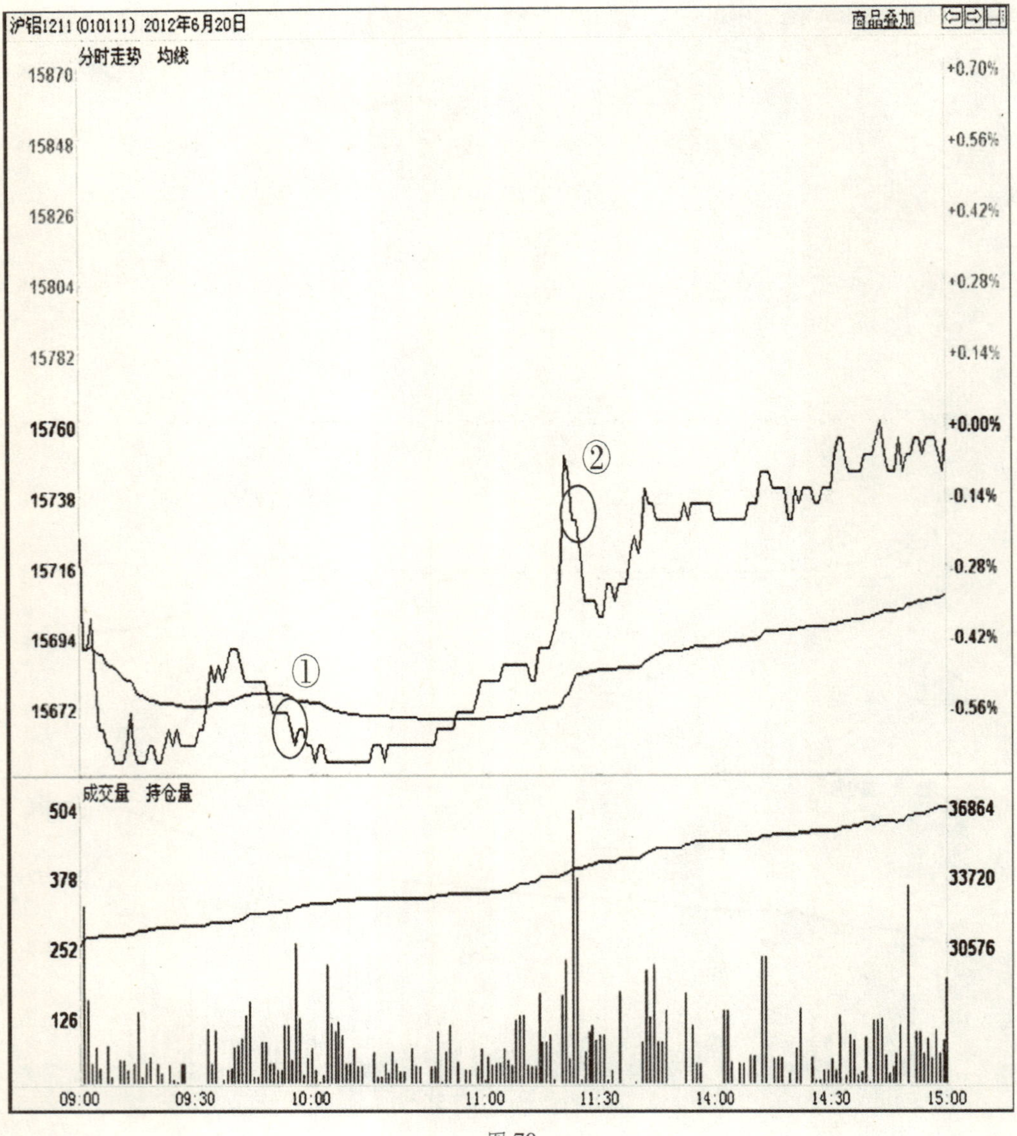

图 70

解说：一蹲：K 线及均线系统向下趋势明显，短线指标又有向下死叉，采取下跳战术，在 15670 顺势沽空。

二跳：顺势加码 100 手。

三落地：价格至 15655 附近时获利买入平仓。

沪铝 1211　20120620－2

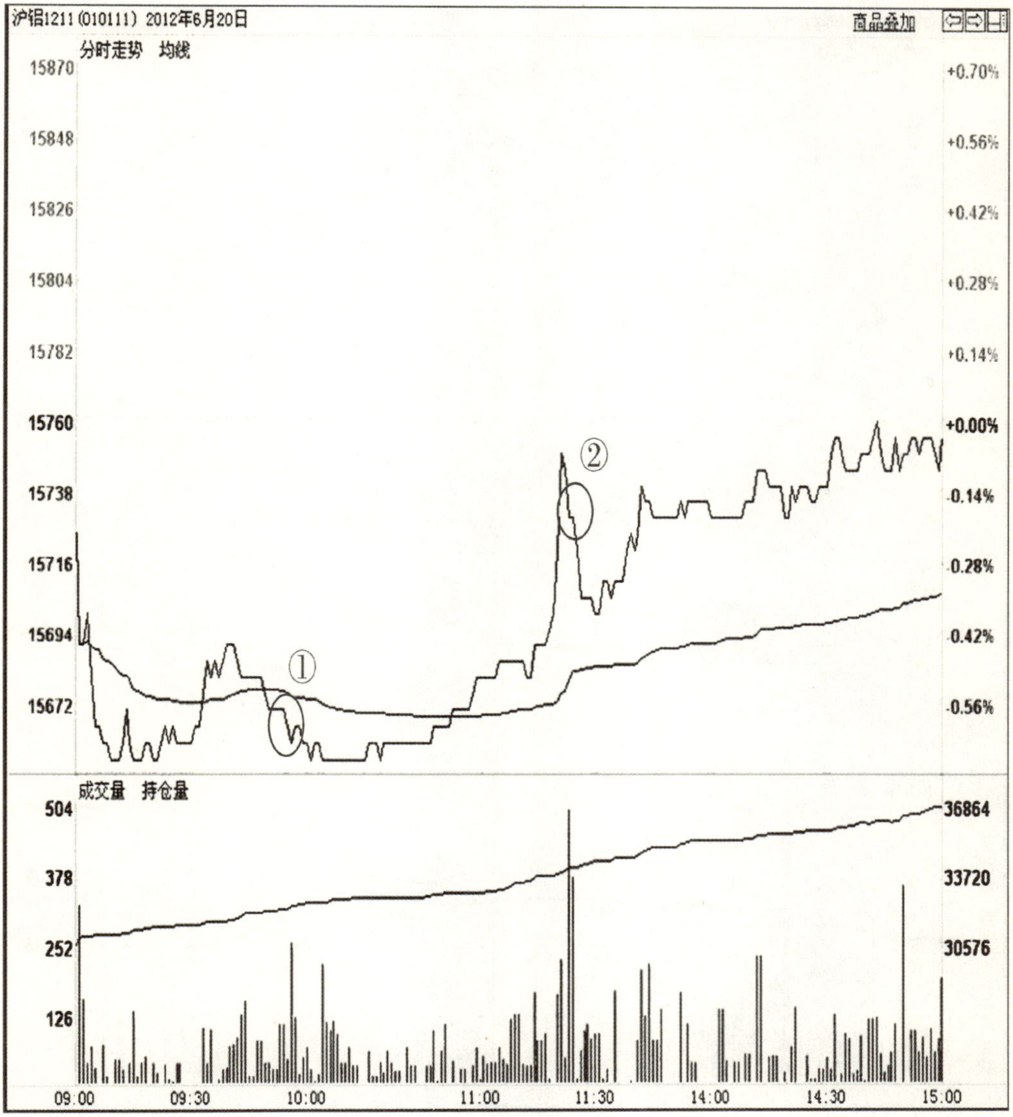

图 71

解说：一蹲：K 线及均线系统向下趋势明显，价格瞬间与黄线乖离过大，及时逢高沽空，在 15735 附近卖出。

二跳：顺势加码 150 手。

三落地：价格至 15725 附近时获利买入平仓。

沪铝 1211　20120625

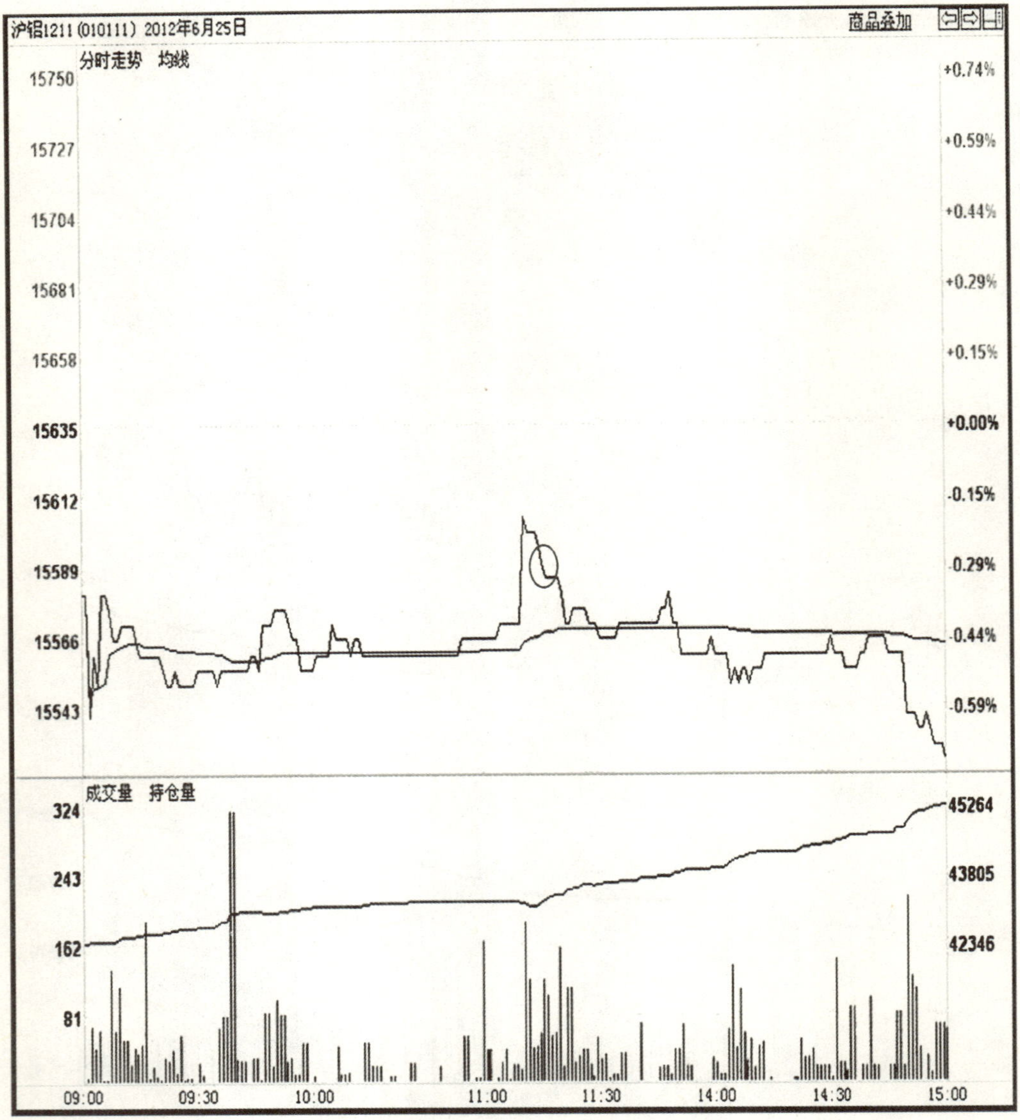

图 72

解说：一蹲：K 线及均线系统明显呈向下趋势，而日内走势疲软，当价格瞬间与黄线乖离过大时，及时逢高沽空，在 15595 附近卖出。

二跳：在 15590 继续顺势加码 80 手。

三落地：价格至 15585 附近时迅速平仓。

沪铝 1211　20120626－1

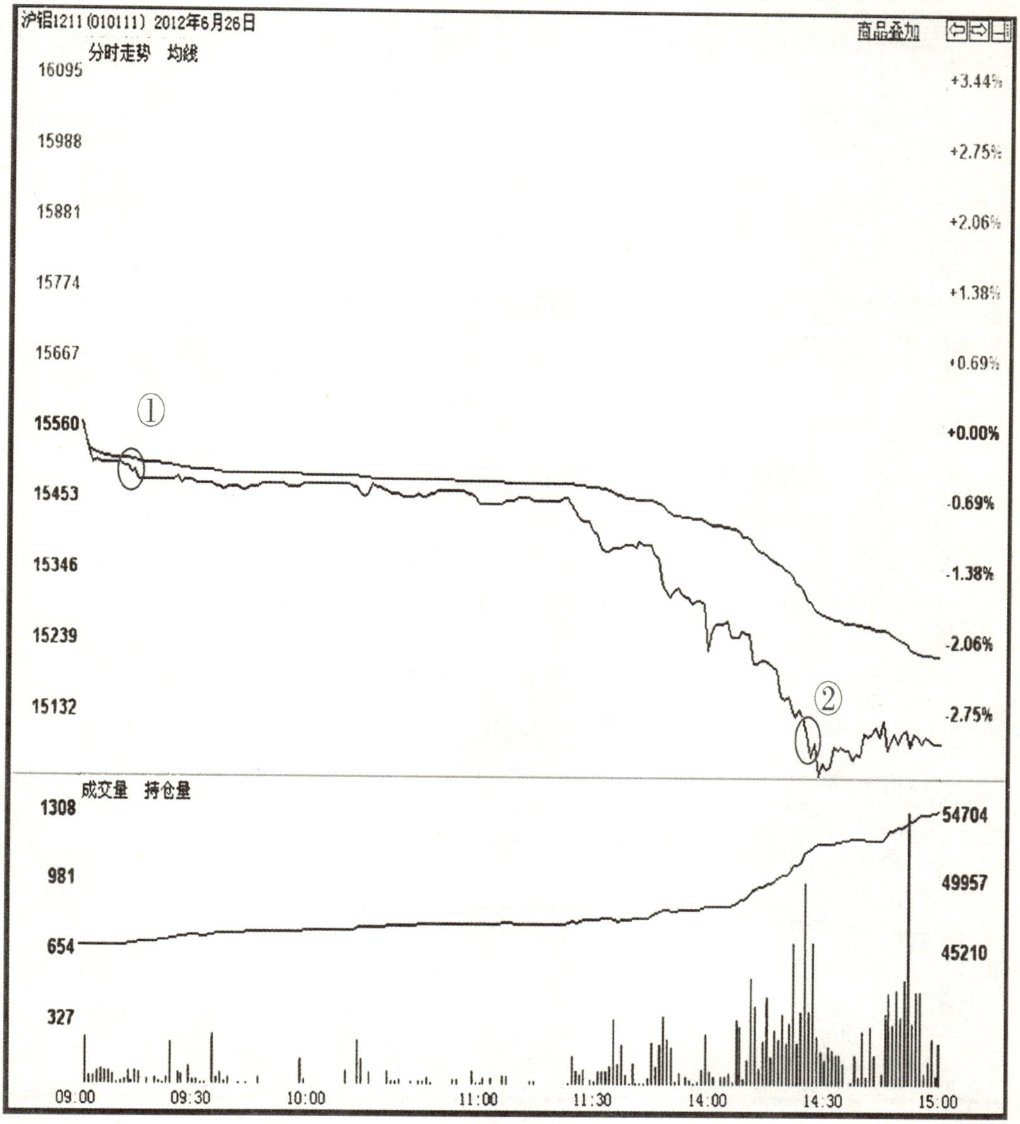

图 73

解说：一蹲：K 线及均线系统明显呈向下趋势，黄线走势向下，顺势沽空。

二跳：顺势加码 60 手，均价在 15465 左右。

三落地：价格至 15460 附近时迅速平仓。

沪铝 1211　20120626－2

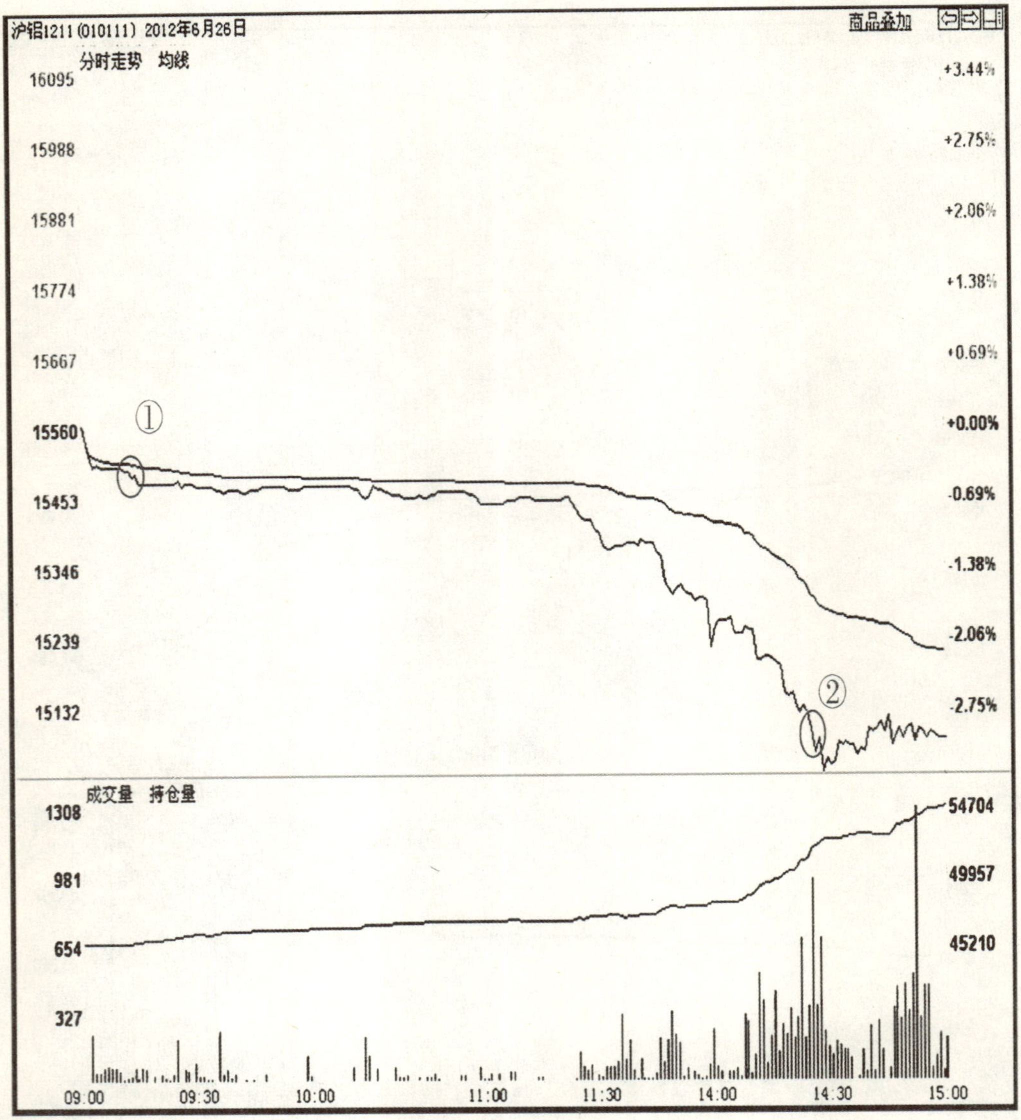

图 74

解说：一蹲：K 线及均线系统明显呈向下趋势，黄线走势向下，继续顺势沽空，从 15095 开始卖出。

二跳：在 15090、15085、15080 附近继续顺势加码 400 手。

三落地：由于当日跌幅较大，故快进快出，不可久留，在价格至 15075 附近时迅速平仓。

沪铝 1211　20120629

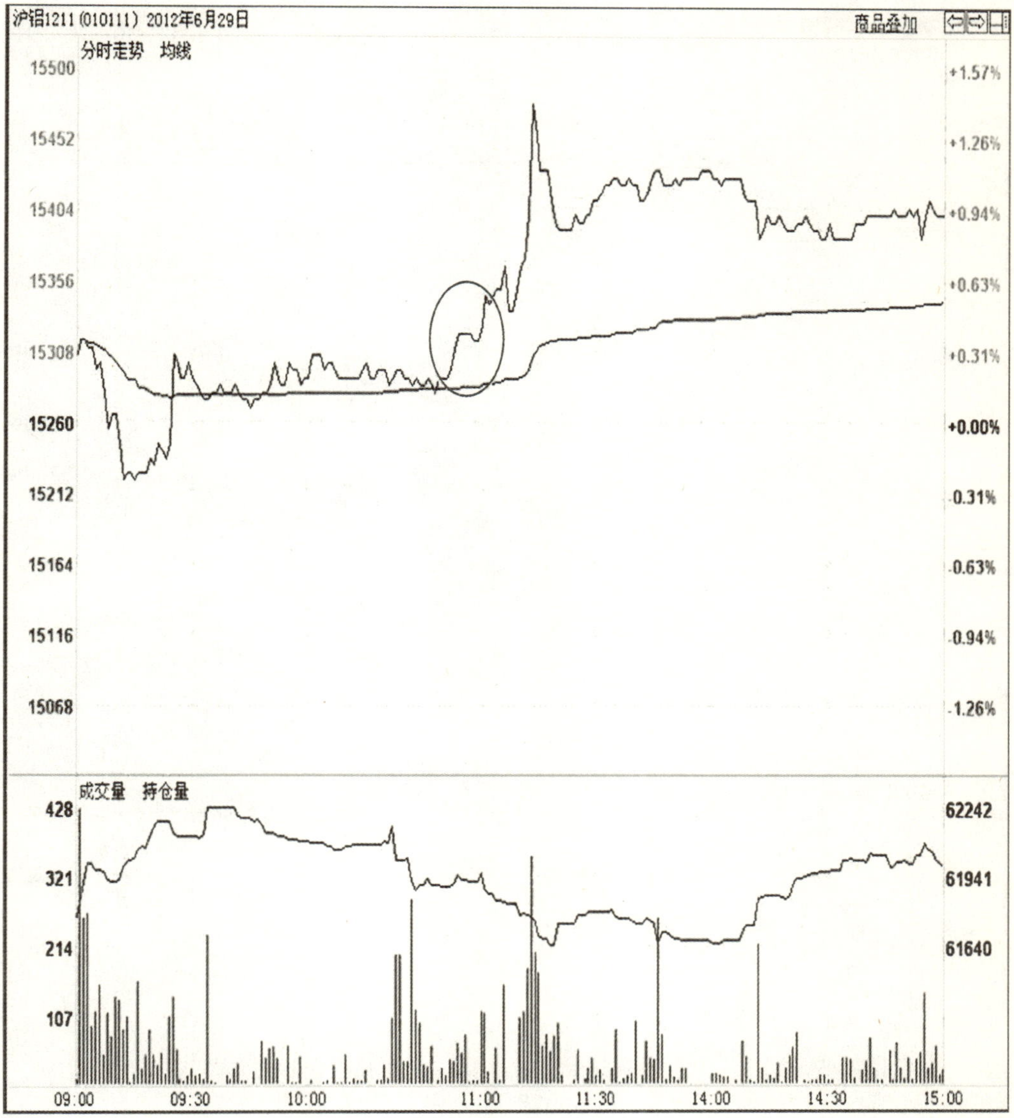

图 75

解说：一蹲：经过前几日的下跌，技术指标超卖，有反弹需求，采取上跳战术。

二跳：顺势加码 104 手，开仓均价在 15290 附近。

三落地：价格起来以后，在 15295 和 15300 附近平仓。

沪铝 1211　20120704－1

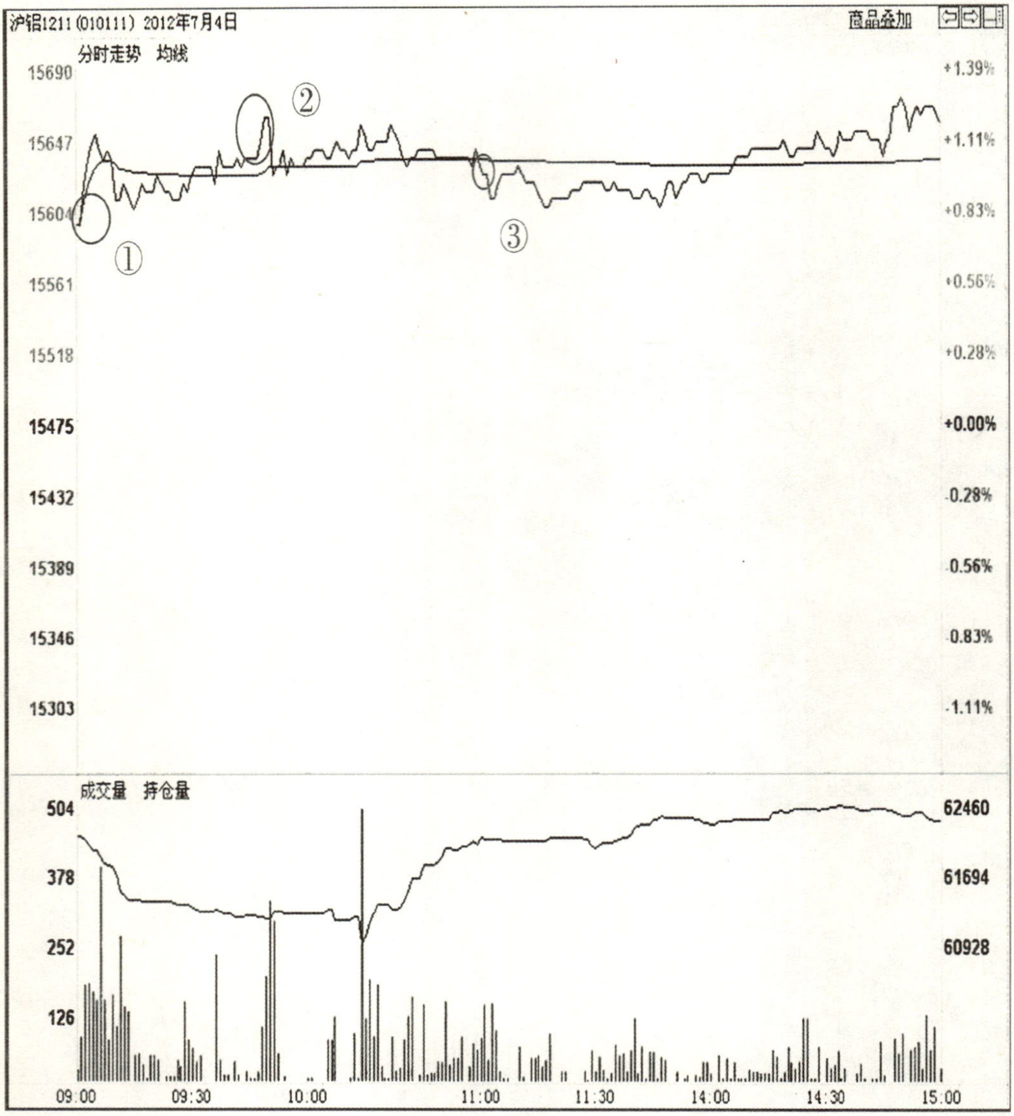

图 76

解说：一蹲：反弹遇到前期阻力位，预计震荡整理，高抛低吸，开盘价较低，故采取开盘上跳战术。

二跳：顺势加码 160 手，开仓均价在 15595 附近。

三落地：价格起来以后，在 15605 附近迅速平仓。

沪铝 1211　20120704 - 2

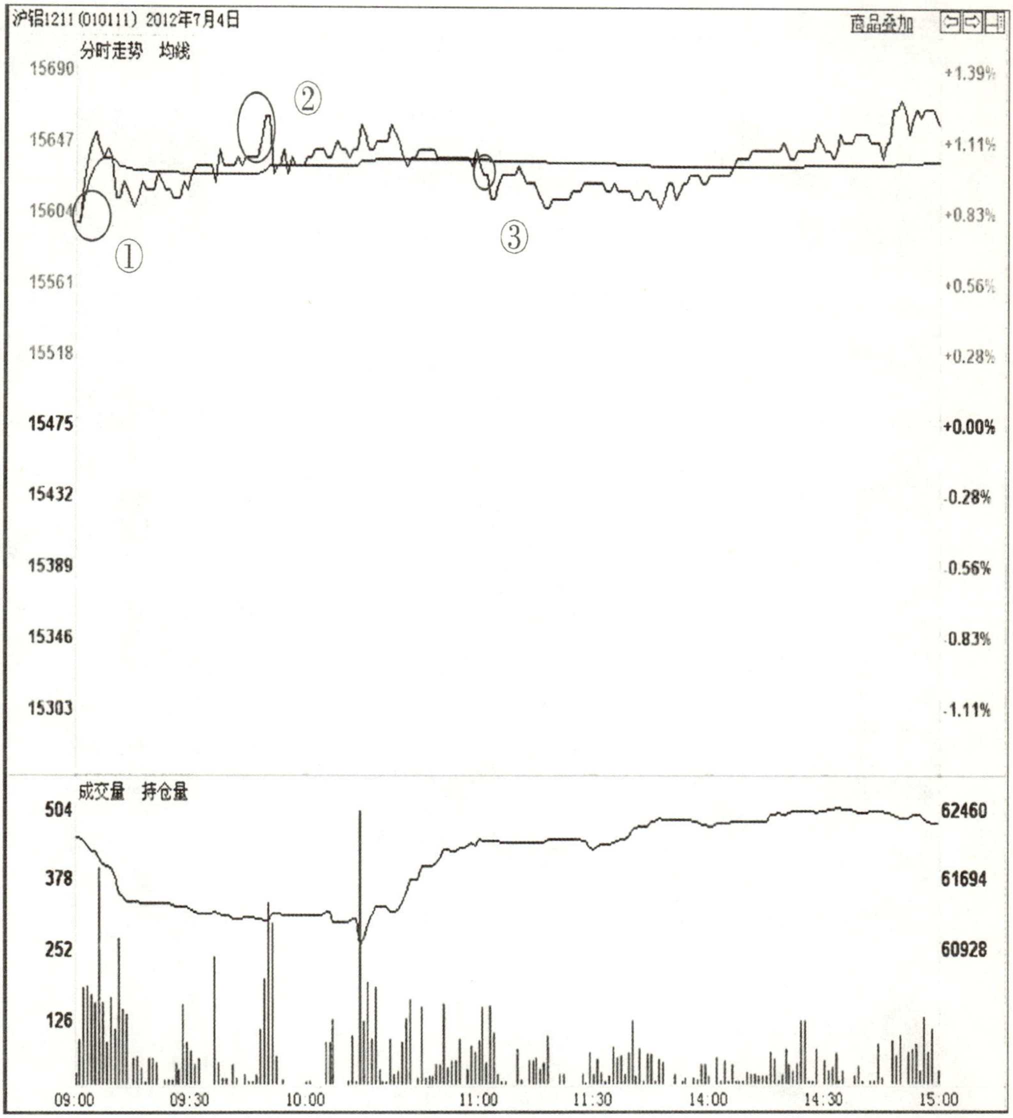

图 77

解说：一蹲：盘口上方单量较为稀疏，在 15635 买入 35 手。

二跳：之后分别在 15640 、15645 连续追击，顺势加码 96 手。

三落地：价格至 15660 附近时迅速平仓。

沪铝 1211　20120704 – 3

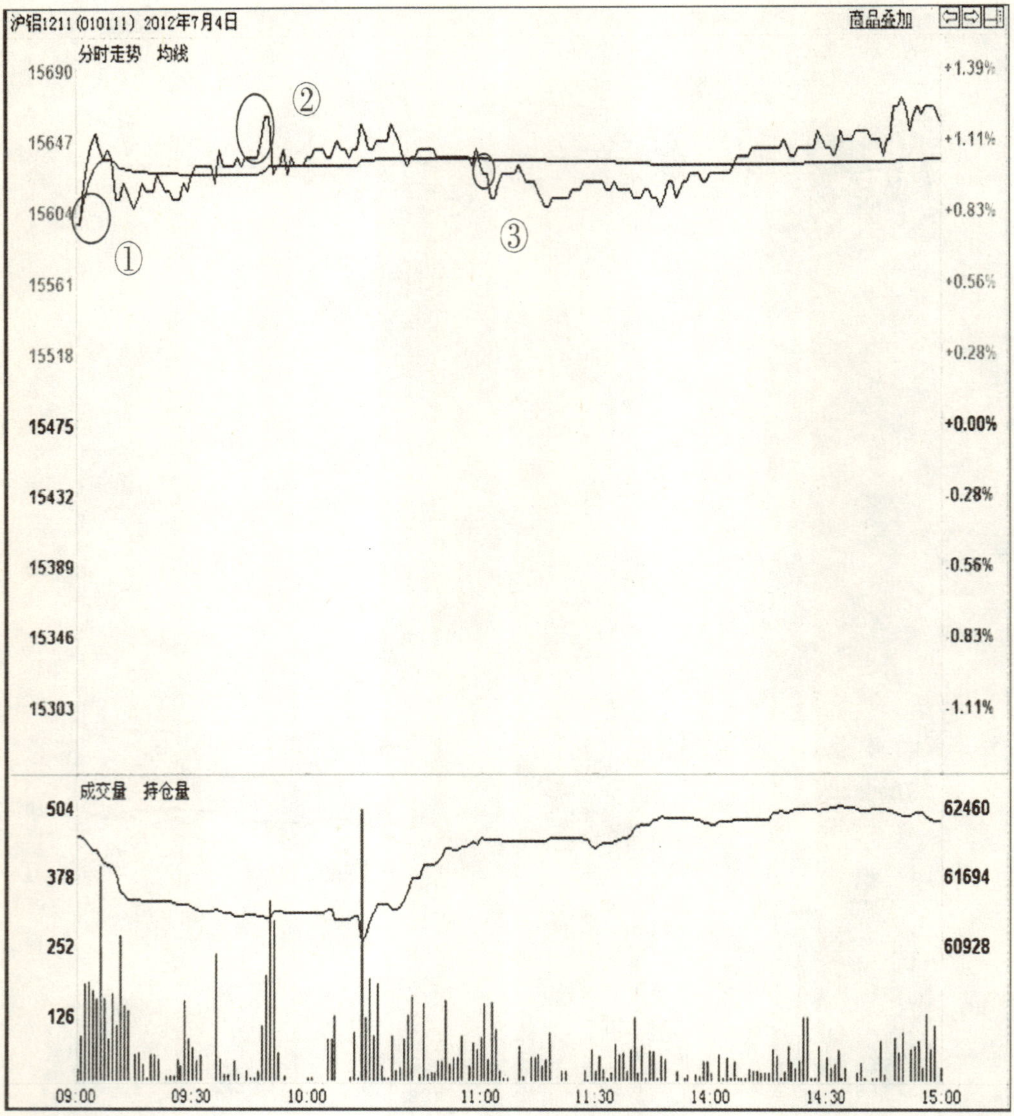

图 78

解说：一蹲：盘口下方单量较少，密度较小，故采取下跳战术。

二跳：顺势加码 118 手，均价在 15630 附近。

三落地：价格跌至 15625 附近时迅速平仓。

沪铝 1211　20120711

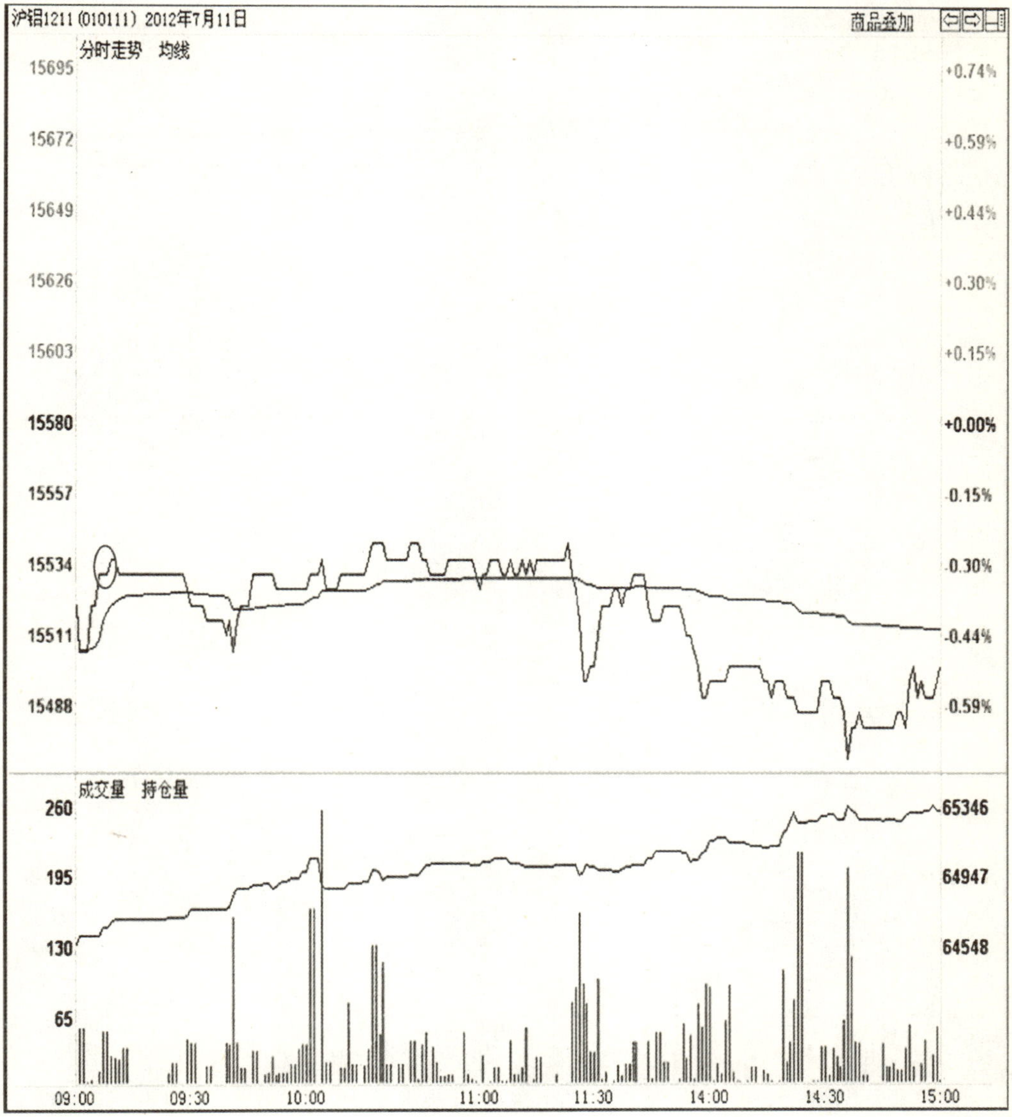

图 79

解说：一蹲：日 K 线处于整理过程之中，上方盘口稀松，采取上跳战术。

二跳：顺势加码 83 手，开仓均价在 15530 附近。

三落地：价格起来以后，在 15535 附近快速获利了结。

沪铝 1211　20120716

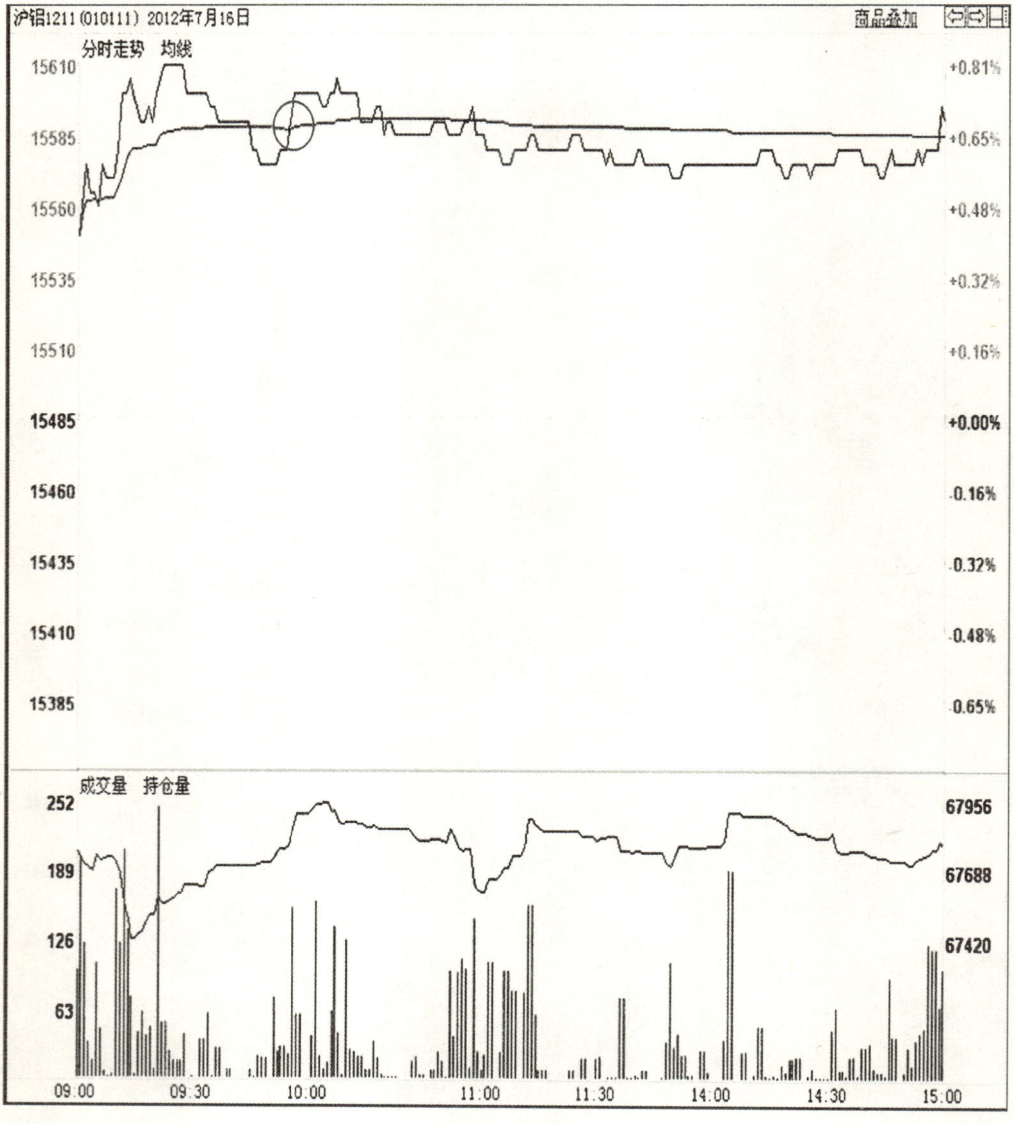

图 80

解说：一蹲：日 K 线处于整理过程之中，上方盘口稀松，采取上跳战术。

二跳：顺势加码 50 手，开仓均价在 15585 附近。

三落地：价格起来以后，在 15590 附近快速获利了结。

十六、锌

锌 1211 K 线走势：在交易发生时段，K 线呈下降趋势，但短期加速下跌，与均线乖离过大，有反弹需求，故根据指标和盘口状况伺机上跳。

图 81

锌 1211　20120627

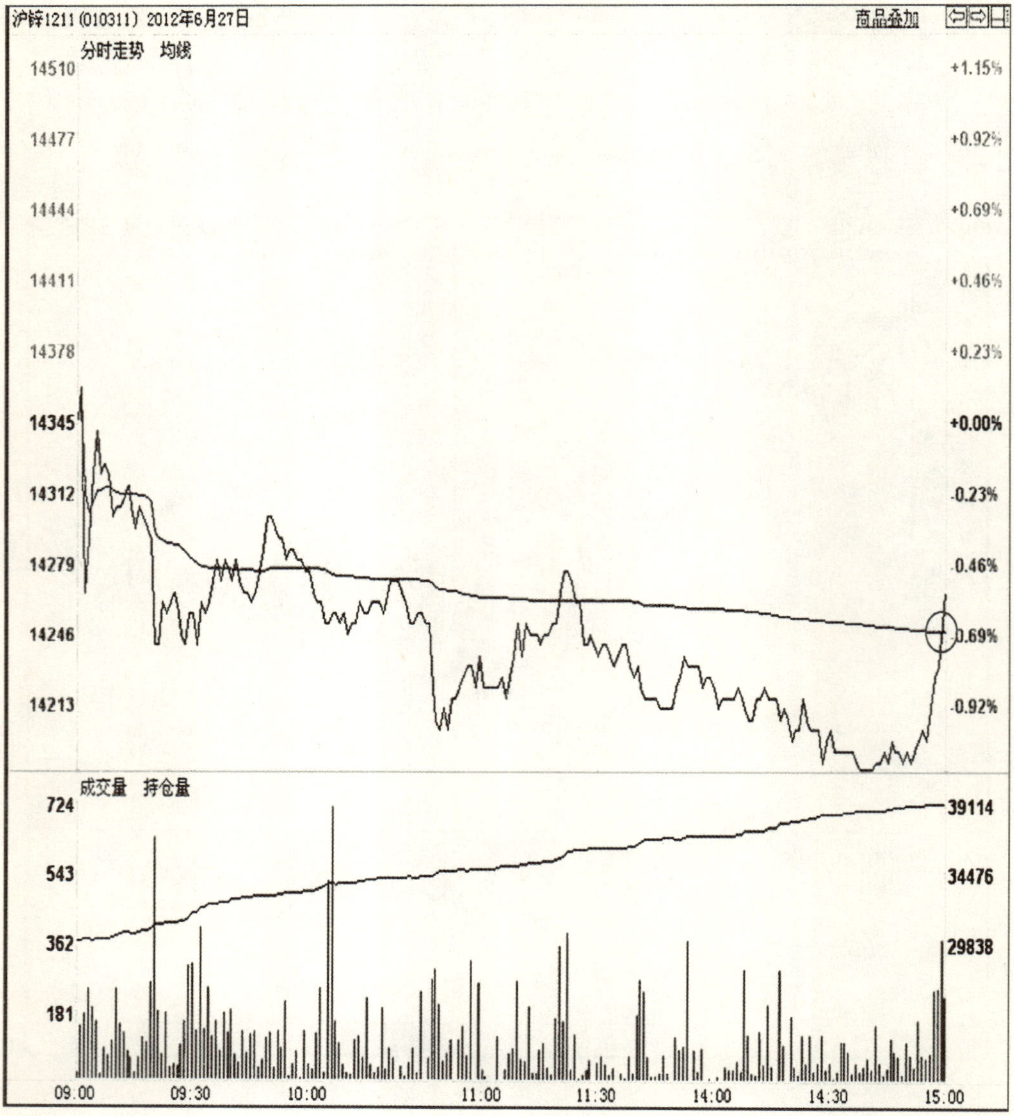

图 82

解说：一蹲：日 K 线超跌反弹，收盘短多，且价格与黄线乖离过大，收盘顺势采取上跳战术。

二跳：买入与顺势加码共计 200 手，开仓均价在 14240 附近。

三落地：价格至 14250 附近时获利平仓。

附录一

交易记录

一、成交明细查询（一）　日期：2012 年 5 月

交易日	交易所	品种	交割期	买卖	开平	投保	成交手数	成交价格	成交额
20120502	郑州	棉一号	1301	卖	开	投	2	21，355. 00	213，550. 00
20120502	郑州	白砂糖	1209	买	平今	投	283	6，545. 00	18，522，350. 00
20120502	郑州	白砂糖	1209	买	平今	投	37	6，555. 00	2，425，350. 00
20120502	郑州	白砂糖	1209	卖	开	投	200	6，551. 00	13，102，000. 00
20120502	郑州	白砂糖	1209	卖	开	投	73	6，555. 00	4，785，150. 00
20120502	郑州	白砂糖	1209	卖	开	投	47	6，556. 00	3，081，320. 00
20120503	郑州	甲醇	1209	买	平今	投	74	3，143. 00	11，629，100. 00
20120503	郑州	甲醇	1209	卖	开	投	24	3，145. 00	3，774，000. 00
20120503	郑州	甲醇	1209	卖	开	投	50	3，146. 00	7，865，000. 00
20120504	大连	玉米	1209	买	平今	投	951	2，421. 00	23，023，710. 00
20120504	大连	玉米	1209	卖	开	投	300	2，421. 00	7，263，000. 00
20120504	大连	玉米	1209	卖	开	投	651	2，422. 00	15，767，220. 00
20120507	上海	铝	1206	买	开	投	90	16，180. 00	7，281，000. 00
20120507	上海	铝	1206	买	开	投	20	16，185. 00	1，618，500. 00
20120507	上海	铝	1206	卖	平今	投	21	16，185. 00	1，699，425. 00
20120507	上海	铝	1206	卖	平今	投	89	16，195. 00	7，206，775. 00
20120508	上海	铝	1208	买	平今	投	59	16，260. 00	4，796，700. 00
20120508	上海	铝	1208	卖	开	投	59	16，265. 00	4，798，175. 00
20120509	上海	铝	1207	买	平今	投	60	16，160. 00	4，848，000. 00
20120509	上海	铝	1207	卖	开	投	60	16，180. 00	4，854，000. 00
20120509	郑州	白砂糖	1209	买	平今	投	100	6，458. 00	6，458，000. 00
20120509	郑州	白砂糖	1209	卖	开	投	100	6，467. 00	6，467，000. 00
20120510	上海	铝	1210	买	平今	投	135	16，195. 00	10，931，625. 00
20120510	上海	铝	1210	买	平今	投	55	16，210. 00	4，457，750. 00
20120510	上海	铝	1210	卖	开	投	60	16，200. 00	4，860，000. 00
20120510	上海	铝	1210	卖	开	投	30	16，205. 00	2，430，750. 00
20120510	上海	铝	1210	卖	开	投	45	16，210. 00	3，647，250. 00
20120510	上海	铝	1210	卖	开	投	55	16，220. 00	4，460，500. 00
20120511	上海	铝	1209	买	平今	投	114	16，125. 00	9，191，250. 00
20120511	上海	铝	1209	卖	开	投	110	16，135. 00	8，874，250. 00
20120511	上海	铝	1209	卖	开	投	4	16，140. 00	322，800. 00
20120511	上海	铝	1210	买	平今	投	40	16，125. 00	3，225，000. 00
20120511	上海	铝	1210	卖	开	投	40	16，135. 00	3，227，000. 00
20120511	大连	豆粕	1209	买	开	投	374	3，345. 00	12，510，300. 00

（续上表）

20120511	大连	豆粕	1209	卖	平今	投	374	3，351．00	12，532，740．00
20120511	郑州	棉一号	1301	买	平今	投	2	20，600．00	206，000．00
20120511	郑州	棉一号	1301	卖	开	投	2	20，595．00	205，950．00
20120511	郑州	棉一号	1301	卖	开	投	2	20，605．00	206，050．00
20120514	上海	铝	1207	买	开	投	59	16，020．00	4，725，900．00
20120514	上海	铝	1207	卖	平今	投	59	16，030．00	4，728，850．00
20120514	上海	铝	1209	买	平今	投	24	16，040．00	1，924，800．00
20120514	上海	铝	1209	卖	开	投	24	16，045．00	1，925，400．00
20120514	上海	铝	1210	买	平今	投	50	16，090．00	4，022，500．00
20120514	上海	铝	1210	卖	开	投	50	16，100．00	4，025，000．00
20120514	大连	玉米	1209	买	平今	投	799	2，396．00	19，144，040．00
20120514	大连	玉米	1209	卖	开	投	799	2，399．00	19，168，010．00
20120515	大连	玉米	1209	买	平今	投	1000	2，386．00	23，860，000．00
20120515	大连	玉米	1209	卖	开	投	935	2，389．00	22，337，150．00
20120515	大连	玉米	1209	卖	开	投	65	2，390．00	1，553，500．00
20120515	郑州	甲醇	1209	买	开	投	20	2，853．00	2，853，000．00
20120515	郑州	甲醇	1209	卖	平今	投	20	2，861．00	2，861，000．00
20120516	上海	铝	1210	买	平今	投	40	15，990．00	3，198，000．00
20120516	上海	铝	1210	卖	开	投	40	15，995．00	3，199，000．00
20120516	大连	玉米	1209	买	平今	投	489	2，380．00	11，638，200．00
20120516	大连	玉米	1209	卖	开	投	489	2，382．00	11，647，980．00
20120516	大连	豆粕	1209	买	平今	投	500	3，253．00	16，265，000．00
20120516	大连	豆粕	1209	卖	开	投	500	3，255．00	16，275，000．00
20120517	大连	豆粕	1209	买	开	投	59	3，259．00	1，922，810．00
20120517	大连	豆粕	1209	买	开	投	941	3，260．00	30，676，600．00
20120517	大连	豆粕	1209	卖	平今	投	1000	3，262．00	32，620，000．00
20120518	上海	铝	1210	买	平今	投	48	16，070．00	3，856，800．00
20120518	上海	铝	1210	卖	开	投	48	16，080．00	3，859，200．00
20120521	上海	铝	1210	买	平今	投	90	16，140．00	7，263，000．00
20120521	上海	铝	1210	卖	开	投	90	16，150．00	7，267，500．00
20120522	上海	铝	1210	买	平今	投	103	16，140．00	8，312，100．00
20120522	上海	铝	1210	卖	开	投	103	16，160．00	8，322，400．00
20120523	郑州	强麦	1301	买	平今	投	705	2，466．00	17，385，300．00
20120523	郑州	强麦	1301	卖	开	投	700	2，468．00	17，276，000．00
20120523	郑州	强麦	1301	卖	开	投	5	2，470．00	123，500．00
20120524	上海	铝	1210	买	平今	投	100	15，985．00	7，992，500．00
20120524	上海	铝	1210	卖	开	投	50	15，985．00	3，996，250．00
20120524	上海	铝	1210	卖	开	投	50	15，995．00	3，998，750．00

（续上表）

20120524	上海	铝	1211	买	平今	投	25	16，010．00	2，001，250．00
20120524	上海	铝	1211	卖	开	投	25	16，030．00	2，003，750．00
20120524	大连	豆粕	1301	买	平今	投	500	3，116．00	15，580，000．00
20120524	大连	豆粕	1301	卖	开	投	486	3，117．00	15，148，620．00
20120524	大连	豆粕	1301	卖	开	投	14	3，118．00	436，520．00
20120524	郑州	强麦	1209	买	开	投	800	2，372．00	18，976，000．00
20120524	郑州	强麦	1209	买	开	投	700	2，373．00	16，611，000．00
20120524	郑州	强麦	1209	卖	平今	投	1500	2，374．00	35，610，000．00
20120524	郑州	强麦	1301	买	平今	投	278	2，452．00	6，816，560．00
20120524	郑州	强麦	1301	卖	开	投	200	2，455．00	4，910，000．00
20120524	郑州	强麦	1301	卖	开	投	78	2，456．00	1，915，680．00
20120525	郑州	棉一号	1301	买	平今	投	20	19，595．00	1，959，500．00
20120525	郑州	棉一号	1301	买	平今	投	280	19，600．00	27，440，000．00
20120525	郑州	棉一号	1301	卖	开	投	231	19，640．00	22，684，200．00
20120525	郑州	棉一号	1301	卖	开	投	69	19，645．00	6，777，525．00
20120528	上海	锌	1208	买	开	投	196	14，850．00	14，553，000．00
20120528	上海	锌	1208	卖	平今	投	196	14，860．00	14，562，800．00
20120528	郑州	棉一号	1301	买	平	投	4	19，540．00	390，800．00
20120528	郑州	棉一号	1301	买	平今	投	316	19，540．00	30，873，200．00
20120528	郑州	棉一号	1301	卖	开	投	4	19，475．00	389，500．00
20120528	郑州	棉一号	1301	卖	开	投	200	19，560．00	19，560，000．00
20120528	郑州	棉一号	1301	卖	开	投	116	19，570．00	11，350，600．00
20120529	郑州	强麦	1301	买	平今	投	400	2，458．00	9，832，000．00
20120529	郑州	强麦	1301	卖	开	投	400	2，460．00	9，840，000．00
20120530	郑州	棉一号	1301	买	平今	投	300	19，470．00	29，205，000．00
20120530	郑州	棉一号	1301	卖	开	投	286	19，500．00	27，885，000．00
20120530	郑州	棉一号	1301	卖	开	投	14	19，505．00	1，365，350．00
20120531	上海	铝	1209	买	开	投	63	15，955．00	5，025，825．00
20120531	上海	铝	1209	买	开	投	20	15，960．00	1，596，000．00
20120531	上海	铝	1209	卖	平今	投	83	15，970．00	6，627，550．00
20120531	郑州	棉一号	1301	卖	开	投	2	19，365．00	193，650．00
20120531	郑州	强麦	1209	买	开	投	81	2，367．00	1，917，270．00
20120531	郑州	强麦	1209	买	开	投	342	2，375．00	8，122，500．00
20120531	郑州	强麦	1209	买	开	投	158	2，376．00	3，754，080．00
20120531	郑州	强麦	1209	卖	平今	投	581	2，381．00	13，833，610．00
							23814	0．00	962，741，920．00

二、成交明细查询（二）　日期：2012 年 6 月

交易日	交易所	品种	交割期	买卖	开平	投保	成交手数	成交价格	成交额
20120601	上海	铝	1209	买	开	投	100	15，960. 00	7，980，000. 00
20120601	上海	铝	1209	卖	平今	投	100	15，970. 00	7，985，000. 00
20120604	上海	铝	1208	买	开	投	64	15，860. 00	5，075，200. 00
20120604	上海	铝	1208	卖	平今	投	64	15，870. 00	5，078，400. 00
20120604	上海	铝	1209	买	开	投	37	15，850. 00	2，932，250. 00
20120604	上海	铝	1209	买	开	投	20	15，855. 00	1，585，500. 00
20120604	上海	铝	1209	买	开	投	80	15，860. 00	6，344，000. 00
20120604	上海	铝	1209	买	开	投	100	15，865. 00	7，932，500. 00
20120604	上海	铝	1209	卖	平今	投	57	15，860. 00	4，520，100. 00
20120604	上海	铝	1209	卖	平今	投	180	15，870. 00	14，283，000. 00
20120604	上海	锌	1209	买	开	投	200	14，640. 00	14，640，000. 00
20120604	上海	锌	1209	卖	平今	投	200	14，660. 00	14，660，000. 00
20120604	郑州	白砂糖	1209	买	开	投	200	6，019. 00	12，038，000. 00
20120604	郑州	白砂糖	1209	买	平今	投	360	6，019. 00	21，668，400. 00
20120604	郑州	白砂糖	1209	卖	开	投	155	6，022. 00	9，334，100. 00
20120604	郑州	白砂糖	1209	卖	开	投	205	6，023. 00	12，347，150. 00
20120604	郑州	白砂糖	1209	卖	平今	投	200	6，024. 00	12，048，000. 00
20120605	上海	铝	1208	买	平今	投	39	15，935. 00	3，107，325. 00
20120605	上海	铝	1208	卖	开	投	39	15，940. 00	3，108，300. 00
20120605	大连	玉米	1209	买	开	投	1000	2，387. 00	23，870，000. 00
20120605	大连	玉米	1209	卖	平今	投	1000	2，403. 00	24，030，000. 00
20120605	大连	聚乙烯	1209	买	开	投	375	9，375. 00	17，578，125. 00
20120605	大连	聚乙烯	1209	卖	平今	投	375	9，385. 00	17，596，875. 00
20120605	郑州	棉一号	1301	买	开	投	7	18，805. 00	658，175. 00
20120605	郑州	棉一号	1301	买	开	投	143	18，810. 00	13，449，150. 00
20120605	郑州	棉一号	1301	卖	平今	投	150	18，820. 00	14，115，000. 00
20120605	郑州	强麦	1209	买	开	投	160	2，421. 00	3，873，600. 00
20120605	郑州	强麦	1209	买	开	投	500	2，423. 00	12，115，000. 00
20120605	郑州	强麦	1209	卖	平今	投	660	2，425. 00	16，005，000. 00
20120606	上海	铝	1210	买	开	投	19	15，895. 00	1，510，025. 00
20120606	上海	铝	1210	卖	平今	投	19	15，900. 00	1，510，500. 00
20120606	郑州	白砂糖	1209	买	开	投	387	6，023. 00	23，309，010. 00
20120606	郑州	白砂糖	1209	卖	平今	投	387	6，027. 00	23，324，490. 00
20120607	上海	铝	1209	买	平今	投	163	15，905. 00	12，962，575. 00

（续上表）

20120607	上海	铝	1209	买	平今	投	9	15，920．00	716，400．00
20120607	上海	铝	1209	卖	开	投	172	15，925．00	13，695，500．00
20120607	郑州	白砂糖	1209	买	开	投	150	6，106．00	9，159，000．00
20120607	郑州	白砂糖	1209	卖	平今	投	150	6，108．00	9，162，000．00
20120608	上海	铝	1209	买	平今	投	86	15，855．00	6，817，650．00
20120608	上海	铝	1209	卖	开	投	86	15，860．00	6，819，800．00
20120608	上海	螺纹钢	1210	买	平今	投	400	4，122．00	16，488，000．00
20120608	上海	螺纹钢	1210	卖	开	投	98	4，126．00	4，043，480．00
20120608	上海	螺纹钢	1210	卖	开	投	302	4，127．00	12，463，540．00
20120608	郑州	棉一号	1301	买	平	投	2	19，160．00	191，600．00
20120608	郑州	白砂糖	1209	买	开	投	55	6，028．00	3，315，400．00
20120608	郑州	白砂糖	1209	买	开	投	150	6，032．00	9，048，000．00
20120608	郑州	白砂糖	1209	卖	平今	投	205	6，035．00	12，371，750．00
20120608	郑州	白砂糖	1301	买	开	投	258	5，776．00	14，902，080．00
20120608	郑州	白砂糖	1301	买	开	投	42	5，777．00	2，426，340．00
20120608	郑州	白砂糖	1301	买	开	投	300	5，787．00	17，361，000．00
20120608	郑州	白砂糖	1301	卖	平今	投	300	5，779．00	17，337，000．00
20120608	郑州	白砂糖	1301	卖	平今	投	300	5，789．00	17，367，000．00
20120611	上海	铝	1209	买	平今	投	42	15，910．00	3，341，100．00
20120611	上海	铝	1209	卖	开	投	42	15，915．00	3，342，150．00
20120611	上海	铝	1210	买	开	投	40	15，920．00	3，184，000．00
20120611	上海	铝	1210	卖	平今	投	40	15，930．00	3，186，000．00
20120611	上海	锌	1208	买	开	投	50	14，850．00	3，712，500．00
20120611	上海	锌	1208	买	开	投	180	14，880．00	13，392，000．00
20120611	上海	锌	1208	卖	平今	投	50	14，855．00	3，713，750．00
20120611	上海	锌	1208	卖	平今	投	180	14，890．00	13，401，000．00
20120611	上海	锌	1209	买	平今	投	150	14，905．00	11，178，750．00
20120611	上海	锌	1209	卖	开	投	150	14，910．00	11，182，500．00
20120612	上海	螺纹钢	1210	买	开	投	400	4，089．00	16，356，000．00
20120612	上海	螺纹钢	1210	卖	平今	投	400	4，090．00	16，360，000．00
20120612	大连	豆粕	1209	买	平今	投	700	3，384．00	23，688，000．00
20120612	大连	豆粕	1209	买	平今	投	1000	3，385．00	33，850，000．00
20120612	大连	豆粕	1209	卖	开	投	500	3，385．00	16，925，000．00
20120612	大连	豆粕	1209	卖	开	投	700	3，386．00	23，702，000．00
20120612	大连	豆粕	1209	卖	开	投	500	3，387．00	16，935，000．00
20120612	大连	豆粕	1301	买	平今	投	1000	3，283．00	32，830，000．00
20120612	大连	豆粕	1301	卖	开	投	500	3，284．00	16，420，000．00
20120612	大连	豆粕	1301	卖	开	投	500	3，285．00	16，425，000．00

（续上表）

20120613	上海	铝	1210	买	平今	投	27	15，865．00	2，141，775．00
20120613	上海	铝	1210	买	平今	投	100	15，875．00	7，937，500．00
20120613	上海	铝	1210	卖	开	投	9	15，865．00	713，925．00
20120613	上海	铝	1210	卖	开	投	18	15，870．00	1，428，300．00
20120613	上海	铝	1210	卖	开	投	100	15，880．00	7，940，000．00
20120613	上海	铝	1211	买	平今	投	91	15，860．00	7，216，300．00
20120613	上海	铝	1211	买	平今	投	9	15，870．00	714，150．00
20120613	上海	铝	1211	卖	开	投	50	15，870．00	3，967，500．00
20120613	上海	铝	1211	卖	开	投	50	15，875．00	3，968，750．00
20120613	郑州	强麦	1209	买	开	投	400	2，433．00	9，732，000．00
20120613	郑州	强麦	1209	买	开	投	200	2，436．00	4，872，000．00
20120613	郑州	强麦	1209	卖	平今	投	400	2，435．00	9，740，000．00
20120613	郑州	强麦	1209	卖	平今	投	200	2，437．00	4，874，000．00
20120614	上海	铝	1210	买	平今	投	50	15，860．00	3，965，000．00
20120614	上海	铝	1210	卖	开	投	50	15，865．00	3，966，250．00
20120614	大连	豆粕	1301	买	平今	投	135	3，236．00	4，368，600．00
20120614	大连	豆粕	1301	买	平今	投	636	3，240．00	20，606，400．00
20120614	大连	豆粕	1301	卖	开	投	568	3，243．00	18，420，240．00
20120614	大连	豆粕	1301	卖	开	投	203	3，247．00	6，591，410．00
20120614	郑州	棉一号	1301	买	平今	投	400	18，915．00	37，830，000．00
20120614	郑州	棉一号	1301	卖	开	投	364	18，930．00	34，452，600．00
20120614	郑州	棉一号	1301	卖	开	投	13	18，935．00	1，230，775．00
20120614	郑州	棉一号	1301	卖	开	投	23	18，940．00	2，178，100．00
20120618	上海	锌	1210	买	平今	投	12	14，995．00	899，700．00
20120618	上海	锌	1210	卖	开	投	12	15，000．00	900，000．00
20120618	郑州	白砂糖	1209	买	开	投	21	5，950．00	1，249，500．00
20120618	郑州	白砂糖	1209	买	开	投	2	5，952．00	119，040．00
20120618	郑州	白砂糖	1209	买	开	投	477	5，953．00	28，395，810．00
20120618	郑州	白砂糖	1209	卖	平今	投	500	5，956．00	29，780，000．00
20120618	郑州	白砂糖	1301	买	开	投	300	5，733．00	17，199，000．00
20120618	郑州	白砂糖	1301	卖	平今	投	300	5，734．00	17，202，000．00
20120619	上海	铝	1210	买	平今	投	180	15，740．00	14，166，000．00
20120619	上海	铝	1210	卖	开	投	180	15，750．00	14，175，000．00
20120619	上海	铝	1211	买	平今	投	150	15，780．00	11，835，000．00
20120619	上海	铝	1211	卖	开	投	150	15，790．00	11，842，500．00
20120619	大连	豆粕	1301	买	平今	投	400	3，345．00	13，380，000．00
20120619	大连	豆粕	1301	卖	开	投	400	3，347．00	13，388，000．00
20120620	上海	铝	1211	买	平今	投	100	15，655．00	7，827，500．00

（续上表）

20120620	上海	铝	1211	买	平今	投	150	15，725．00	11，793，750．00
20120620	上海	铝	1211	卖	开	投	100	15，670．00	7，835，000．00
20120620	上海	铝	1211	卖	开	投	150	15，735．00	11，801，250．00
20120620	上海	螺纹钢	1210	买	开	投	400	4，132．00	16，528，000．00
20120620	上海	螺纹钢	1210	买	开	投	500	4，134．00	20，670，000．00
20120620	上海	螺纹钢	1210	卖	平今	投	900	4，134．00	37，206，000．00
20120620	郑州	白砂糖	1209	买	开	投	188	5，822．00	10，945，360．00
20120620	郑州	白砂糖	1209	买	开	投	100	5，838．00	5，838，000．00
20120620	郑州	白砂糖	1209	卖	平今	投	188	5，824．00	10，949，120．00
20120620	郑州	白砂糖	1209	卖	平今	投	100	5，840．00	5，840，000．00
20120621	上海	铝	1211	买	平今	投	100	15，650．00	7，825，000．00
20120621	上海	铝	1211	卖	开	投	100	15，660．00	7，830，000．00
20120621	大连	聚氯乙烯	1209	买	平今	投	300	6，440．00	9，660，000．00
20120621	大连	聚氯乙烯	1209	卖	开	投	262	6，450．00	8，449，500．00
20120621	大连	聚氯乙烯	1209	卖	开	投	38	6，455．00	1，226，450．00
20120621	郑州	白砂糖	1209	买	开	投	117	5，826．00	6，816，420．00
20120621	郑州	白砂糖	1209	买	开	投	100	5，827．00	5，827，000．00
20120621	郑州	白砂糖	1209	卖	平今	投	217	5，829．00	12，648，930．00
20120621	郑州	强麦	1209	买	开	投	200	2，438．00	4，876，000．00
20120621	郑州	强麦	1209	卖	平今	投	200	2，439．00	4，878，000．00
20120625	上海	铝	1211	买	平今	投	80	15，585．00	6，234，000．00
20120625	上海	铝	1211	卖	开	投	50	15，590．00	3，897，500．00
20120625	上海	铝	1211	卖	开	投	30	15，595．00	2，339，250．00
20120625	大连	玉米	1301	买	开	投	800	2，345．00	18，760，000．00
20120625	大连	玉米	1301	卖	平今	投	800	2，347．00	18，776，000．00
20120625	大连	豆粕	1209	买	开	投	94	3，483．00	3，274，020．00
20120625	大连	豆粕	1209	买	开	投	200	3，488．00	6，976，000．00
20120625	大连	豆粕	1209	买	开	投	200	3，490．00	6，980，000．00
20120625	大连	豆粕	1209	卖	平今	投	94	3，486．00	3，276，840．00
20120625	大连	豆粕	1209	卖	平今	投	400	3，490．00	13，960，000．00
20120625	郑州	棉一号	1301	卖	开	投	2	19，160．00	191，600．00
20120625	郑州	强麦	1301	买	平今	投	657	2，530．00	16，622，100．00
20120625	郑州	强麦	1301	买	平今	投	173	2，532．00	4，380，360．00
20120625	郑州	强麦	1301	买	平今	投	600	2，543．00	15，258，000．00
20120625	郑州	强麦	1301	卖	开	投	830	2，531．00	21，007，300．00
20120625	郑州	强麦	1301	卖	开	投	600	2，544．00	15，264，000．00
20120626	上海	铝	1211	买	平今	投	400	15，075．00	30，150，000．00
20120626	上海	铝	1211	卖	开	投	100	15，080．00	7，540，000．00

（续上表）

20120626	上海	铝	1211	卖	开	投	100	15，085．00	7，542，500．00
20120626	上海	铝	1211	卖	开	投	100	15，090．00	7，545，000．00
20120626	上海	铝	1211	卖	开	投	100	15，095．00	7，547，500．00
20120626	上海	铝	1212	买	平今	投	60	15，460．00	4，638，000．00
20120626	上海	铝	1212	卖	开	投	60	15，465．00	4，639，500．00
20120626	大连	玉米	1301	买	开	投	600	2，362．00	14，172，000．00
20120626	大连	玉米	1301	卖	平今	投	600	2，364．00	14，184，000．00
20120626	郑州	强麦	1209	买	开	投	45	2，449．00	1，102，050．00
20120626	郑州	强麦	1209	买	开	投	1355	2，450．00	33，197，500．00
20120626	郑州	强麦	1209	卖	平今	投	1400	2，455．00	34，370，000．00
20120626	郑州	强麦	1301	买	平今	投	650	2，554．00	16，601，000．00
20120626	郑州	强麦	1301	买	平今	投	100	2，558．00	2，558，000．00
20120626	郑州	强麦	1301	买	平今	投	300	2，559．00	7，677，000．00
20120626	郑州	强麦	1301	买	平今	投	1000	2，560．00	25，600，000．00
20120626	郑州	强麦	1301	卖	开	投	500	2，539．00	12，695，000．00
20120626	郑州	强麦	1301	卖	开	投	300	2，541．00	7，623，000．00
20120626	郑州	强麦	1301	卖	开	投	366	2，545．00	9，314，700．00
20120626	郑州	强麦	1301	卖	开	投	234	2，546．00	5，957，640．00
20120626	郑州	强麦	1301	卖	开	投	650	2，556．00	16，614，000．00
20120627	上海	铝	1210	买	开	投	51	14，950．00	3，812，250．00
20120627	上海	铝	1210	买	开	投	100	15，080．00	7，540，000．00
20120627	上海	铝	1210	买	开	投	100	15，085．00	7，542，500．00
20120627	上海	铝	1210	卖	平今	投	51	14，965．00	3，816，075．00
20120627	上海	铝	1210	卖	平今	投	200	15，090．00	15，090，000．00
20120627	上海	锌	1211	买	平今	投	200	14，240．00	14，240，000．00
20120627	上海	锌	1211	卖	开	投	200	14，250．00	14，250，000．00
20120627	郑州	棉一号	1305	买	平今	投	181	18，950．00	17，149，750．00
20120627	郑州	棉一号	1305	卖	开	投	100	18，960．00	9，480，000．00
20120627	郑州	棉一号	1305	卖	开	投	32	18，965．00	3，034，400．00
20120627	郑州	棉一号	1305	卖	开	投	49	18，970．00	4，647，650．00
20120627	郑州	白砂糖	1209	买	平今	投	103	5，970．00	6，149，100．00
20120627	郑州	白砂糖	1209	买	平今	投	200	5，974．00	11，948，000．00
20120627	郑州	白砂糖	1209	卖	开	投	100	5，971．00	5，971，000．00
20120627	郑州	白砂糖	1209	卖	开	投	3	5，972．00	179，160．00
20120627	郑州	白砂糖	1209	卖	开	投	200	5，976．00	11，952，000．00
20120627	郑州	强麦	1209	买	开	投	300	2，395．00	7，185，000．00
20120627	郑州	强麦	1209	买	开	投	300	2，408．00	7，224，000．00
20120627	郑州	强麦	1209	买	开	投	200	2，412．00	4，824，000．00

（续上表）

20120627	郑州	强麦	1209	买	开	投	100	2，413.00	2，413，000.00
20120627	郑州	强麦	1209	买	开	投	100	2，414.00	2，414，000.00
20120627	郑州	强麦	1209	卖	平今	投	300	2，397.00	7，191，000.00
20120627	郑州	强麦	1209	卖	平今	投	98	2，409.00	2，360，820.00
20120627	郑州	强麦	1209	卖	平今	投	202	2，410.00	4，868，200.00
20120627	郑州	强麦	1209	卖	平今	投	200	2，414.00	4，828，000.00
20120627	郑州	强麦	1209	卖	平今	投	200	2，415.00	4，830，000.00
20120627	郑州	强麦	1301	买	开	投	300	2，515.00	7，545，000.00
20120627	郑州	强麦	1301	买	开	投	200	2，516.00	5，032，000.00
20120627	郑州	强麦	1301	卖	平今	投	300	2，516.00	7，548，000.00
20120627	郑州	强麦	1301	卖	平今	投	200	2，517.00	5，034，000.00
20120628	郑州	白砂糖	1301	买	开	投	200	5，774.00	11，548，000.00
20120628	郑州	白砂糖	1301	卖	平今	投	200	5，776.00	11，552，000.00
20120628	郑州	强麦	1209	买	开	投	3	2，381.00	71，430.00
20120628	郑州	强麦	1209	卖	平今	投	2	2，382.00	47，640.00
20120628	郑州	强麦	1209	卖	平今	投	1	2，383.00	23，830.00
20120628	郑州	强麦	1301	买	开	投	500	2，483.00	12，415，000.00
20120628	郑州	强麦	1301	买	开	投	67	2，485.00	1，664，950.00
20120628	郑州	强麦	1301	买	开	投	1	2，488.00	24，880.00
20120628	郑州	强麦	1301	买	开	投	699	2，489.00	17，398，110.00
20120628	郑州	强麦	1301	卖	平今	投	1267	2，488.00	31，522，960.00
20120629	上海	铝	1211	买	开	投	104	15，290.00	7，950，800.00
20120629	上海	铝	1211	买	开	投	11	15，295.00	841，225.00
20120629	上海	铝	1211	买	开	投	20	15，320.00	1，532，000.00
20120629	上海	铝	1211	卖	平今	投	54	15，295.00	4，129，650.00
20120629	上海	铝	1211	卖	平今	投	50	15，300.00	3，825，000.00
20120629	上海	铝	1211	卖	平今	投	11	15，315.00	842，325.00
20120629	上海	铝	1211	卖	平今	投	20	15，325.00	1，532，500.00
20120629	上海	锌	1209	买	开	投	74	14，355.00	5，311，350.00
20120629	上海	锌	1209	卖	平今	投	74	14，370.00	5，316，900.00
20120629	上海	锌	1210	买	开	投	200	14，355.00	14，355，000.00
20120629	上海	锌	1210	买	开	投	200	14，380.00	14，380，000.00
20120629	上海	锌	1210	卖	平今	投	200	14，365.00	14，365，000.00
20120629	上海	锌	1210	卖	平今	投	200	14，385.00	14，385，000.00
20120629	大连	聚乙烯	1301	买	开	投	40	9，590.00	1，918，000.00
20120629	大连	聚乙烯	1301	买	开	投	25	9，595.00	1，199，375.00
20120629	大连	聚乙烯	1301	买	开	投	300	9，600.00	14，400，000.00
20120629	大连	聚乙烯	1301	卖	平今	投	365	9，610.00	17，538，250.00

（续上表）

20120629	大连	豆粕	1301	买	开	投	1000	3，444.00	34，440，000.00
20120629	大连	豆粕	1301	卖	平今	投	1000	3，445.00	34，450，000.00
20120629	郑州	白砂糖	1305	买	开	投	200	5，724.00	11，448，000.00
20120629	郑州	白砂糖	1305	卖	平今	投	200	5，727.00	11，454，000.00
20120629	郑州	PTA	1209	买	开	投	400	7，280.00	14，560，000.00
20120629	郑州	PTA	1209	买	开	投	200	7，282.00	7，282，000.00
20120629	郑州	PTA	1209	买	开	投	200	7，288.00	7，288，000.00
20120629	郑州	PTA	1209	卖	平今	投	268	7，286.00	9，763，240.00
20120629	郑州	PTA	1209	卖	平今	投	429	7，294.00	15，645，630.00
20120629	郑州	PTA	1209	卖	平今	投	103	7，296.00	3，757，440.00
20120629	郑州	强麦	1209	买	开	投	213	2，375.00	5，058，750.00
20120629	郑州	强麦	1209	卖	平今	投	213	2，380.00	5，069，400.00
							58438	0.00	2，428，915，345.00

三、成交明细查询（三）　日期：2012年7月

交易日	交易所	品种	交割期	买卖	开平	投保	成交手数	成交价格	成交额
20120702	大连	聚氯乙烯	1209	买	平今	投	200	6，400．00	6，400，000．00
20120702	大连	聚氯乙烯	1209	买	平今	投	242	6，415．00	7，762，150．00
20120702	大连	聚氯乙烯	1209	卖	开	投	200	6，410．00	6，410，000．00
20120702	大连	聚氯乙烯	1209	卖	开	投	172	6，430．00	5，529，800．00
20120702	大连	聚氯乙烯	1209	卖	开	投	70	6，435．00	2，252，250．00
20120702	大连	豆油	1301	买	开	投	400	9，660．00	38，640，000．00
20120702	大连	豆油	1301	卖	平今	投	400	9，664．00	38，656，000．00
20120702	郑州	强麦	1209	买	开	投	124	2，385．00	2，957，400．00
20120702	郑州	强麦	1209	买	开	投	176	2，386．00	4，199，360．00
20120702	郑州	强麦	1209	卖	平今	投	300	2，388．00	7，164，000．00
20120703	上海	铝	1210	买	平今	投	195	15，440．00	15，054，000．00
20120703	上海	铝	1210	卖	开	投	195	15，450．00	15，063，750．00
20120703	大连	豆粕	1209	买	平今	投	417	3，460．00	14，428，200．00
20120703	大连	豆粕	1209	卖	开	投	100	3，463．00	3，463，000．00
20120703	大连	豆粕	1209	卖	开	投	200	3，464．00	6，928，000．00
20120703	大连	豆粕	1209	卖	开	投	117	3，465．00	4，054，050．00
20120703	大连	聚氯乙烯	1209	买	平今	投	271	6，530．00	8，848，150．00
20120703	大连	聚氯乙烯	1209	卖	开	投	196	6，540．00	6，409，200．00
20120703	大连	聚氯乙烯	1209	卖	开	投	75	6，550．00	2，456，250．00
20120703	大连	聚氯乙烯	1301	买	平今	投	200	6，625．00	6，625，000．00
20120703	大连	聚氯乙烯	1301	买	平今	投	600	6，630．00	19，890，000．00
20120703	大连	聚氯乙烯	1301	卖	开	投	400	6，635．00	13，270，000．00
20120703	大连	聚氯乙烯	1301	卖	开	投	400	6，640．00	13，280，000．00
20120704	上海	铝	1210	买	开	投	160	15，595．00	12，476，000．00
20120704	上海	铝	1210	买	平今	投	118	15，625．00	9，218，750．00
20120704	上海	铝	1210	卖	开	投	118	15，630．00	9，221，700．00
20120704	上海	铝	1210	卖	平今	投	160	15，605．00	12，484，000．00
20120704	上海	铝	1211	买	开	投	36	15，635．00	2，814，300．00
20120704	上海	铝	1211	买	开	投	10	15，640．00	782，000．00
20120704	上海	铝	1211	买	开	投	50	15，645．00	3，911，250．00
20120704	上海	铝	1211	卖	平今	投	96	15，660．00	7，516，800．00
20120704	上海	螺纹钢	1301	买	平今	投	315	4，045．00	12，741，750．00
20120704	上海	螺纹钢	1301	卖	开	投	66	4，046．00	2，670，360．00
20120704	上海	螺纹钢	1301	卖	开	投	249	4，047．00	10，077，030．00

（续上表）

20120704	大连	豆粕	1209	买	开	投	75	3，507.00	2，630，250.00
20120704	大连	豆粕	1209	买	开	投	45	3，508.00	1，578，600.00
20120704	大连	豆粕	1209	买	开	投	200	3，509.00	7，018，000.00
20120704	大连	豆粕	1209	买	开	投	243	3，514.00	8，539，020.00
20120704	大连	豆粕	1209	卖	平今	投	320	3，510.00	11，232，000.00
20120704	大连	豆粕	1209	卖	平今	投	243	3，515.00	8，541，450.00
20120704	大连	豆油	1209	买	开	投	100	9，510.00	9，510，000.00
20120704	大连	豆油	1209	买	开	投	100	9，514.00	9，514，000.00
20120704	大连	豆油	1209	卖	平今	投	200	9，516.00	19，032，000.00
20120705	上海	铝	1210	买	平今	投	100	15，730.00	7，865，000.00
20120705	上海	铝	1210	卖	开	投	100	15，740.00	7，870，000.00
20120705	大连	聚氯乙烯	1209	买	开	投	120	6，520.00	3，912，000.00
20120705	大连	聚氯乙烯	1209	买	开	投	76	6，525.00	2，479，500.00
20120705	大连	聚氯乙烯	1209	买	开	投	18	6，535.00	588，150.00
20120705	大连	聚氯乙烯	1209	买	开	投	502	6，550.00	16，440，500.00
20120705	大连	聚氯乙烯	1209	卖	平今	投	214	6，545.00	7，003，150.00
20120705	大连	聚氯乙烯	1209	卖	平今	投	300	6，555.00	9，832，500.00
20120705	大连	聚氯乙烯	1209	卖	平今	投	202	6，560.00	6，625，600.00
20120705	大连	聚氯乙烯	1301	买	开	投	54	6，665.00	1，799，550.00
20120705	大连	聚氯乙烯	1301	买	开	投	108	6，670.00	3，601，800.00
20120705	大连	聚氯乙烯	1301	卖	平今	投	162	6，685.00	5，414，850.00
20120706	上海	铝	1210	买	平今	投	70	15，615.00	5，465，250.00
20120706	上海	铝	1210	卖	开	投	70	15，620.00	5，467，000.00
20120706	大连	聚氯乙烯	1301	买	开	投	3	6，665.00	99，975.00
20120706	大连	聚氯乙烯	1301	买	开	投	208	6，670.00	6，936，800.00
20120706	大连	聚氯乙烯	1301	买	开	投	522	6，675.00	17，421，750.00
20120706	大连	聚氯乙烯	1301	卖	平今	投	57	6，675.00	1，902，375.00
20120706	大连	聚氯乙烯	1301	卖	平今	投	554	6，680.00	18，503，600.00
20120706	大连	聚氯乙烯	1301	卖	平今	投	122	6，685.00	4，077，850.00
20120706	郑州	棉一号	1305	买	平今	投	85	19，440.00	8，262，000.00
20120706	郑州	棉一号	1305	卖	开	投	54	19，450.00	5，251，500.00
20120706	郑州	棉一号	1305	卖	开	投	31	19，455.00	3，015，525.00
20120709	上海	黄金	1212	买	开	投	26	326.69	8，493，940.00
20120709	上海	黄金	1212	买	开	投	30	326.76	9，802，800.00
20120709	上海	黄金	1212	卖	平今	投	56	326.90	18，306，400.00
20120709	大连	豆粕	1209	买	平今	投	400	3，757.00	15，028，000.00
20120709	大连	豆粕	1209	卖	开	投	400	3，760.00	15，040，000.00
20120709	郑州	PTA	1209	买	平今	投	400	7，566.00	15，132，000.00

（续上表）

20120709	郑州	PTA	1209	买	平今	投	600	7，600. 00	22，800，000. 00
20120709	郑州	PTA	1209	卖	开	投	400	7，568. 00	15，136，000. 00
20120709	郑州	PTA	1209	卖	开	投	300	7，604. 00	11，406，000. 00
20120709	郑州	PTA	1209	卖	开	投	300	7，606. 00	11，409，000. 00
20120710	大连	黄大豆	1305	买	平今	投	429	4，781. 00	20，510，490. 00
20120710	大连	黄大豆	1305	卖	开	投	308	4，790. 00	14，753，200. 00
20120710	大连	黄大豆	1305	卖	开	投	121	4，791. 00	5，797，110. 00
20120711	上海	铝	1211	买	开	投	83	15，530. 00	6，444，950. 00
20120711	上海	铝	1211	卖	平今	投	83	15，535. 00	6，447，025. 00
20120711	上海	铝	1212	买	平今	投	10	15，525. 00	776，250. 00
20120711	上海	铝	1212	卖	开	投	10	15，530. 00	776，500. 00
20120711	大连	黄大豆	1301	买	开	投	67	4，668. 00	3，127，560. 00
20120711	大连	黄大豆	1301	买	开	投	264	4，669. 00	12，326，160. 00
20120711	大连	黄大豆	1301	买	开	投	269	4，670. 00	12，562，300. 00
20120711	大连	黄大豆	1301	买	平今	投	365	4，755. 00	17，355，750. 00
20120711	大连	黄大豆	1301	买	平今	投	12	4，764. 00	571，680. 00
20120711	大连	黄大豆	1301	买	平今	投	6	4，765. 00	285，900. 00
20120711	大连	黄大豆	1301	卖	开	投	232	4，757. 00	11，036，240. 00
20120711	大连	黄大豆	1301	卖	开	投	133	4，763. 00	6，334，790. 00
20120711	大连	黄大豆	1301	卖	开	投	18	4，774. 00	859，320. 00
20120711	大连	黄大豆	1301	卖	平今	投	500	4，673. 00	23，365，000. 00
20120711	大连	黄大豆	1301	卖	平今	投	100	4，676. 00	4，676，000. 00
20120712	郑州	强麦	1301	买	开	投	199	2，511. 00	4，996，890. 00
20120712	郑州	强麦	1301	买	开	投	994	2，512. 00	24，969，280. 00
20120712	郑州	强麦	1301	买	平今	投	15	2，516. 00	377，400. 00
20120712	郑州	强麦	1301	卖	开	投	15	2，516. 00	377，400. 00
20120712	郑州	强麦	1301	卖	平今	投	33	2，511. 00	828，630. 00
20120712	郑州	强麦	1301	卖	平今	投	1160	2，515. 00	29，174，000. 00
20120713	上海	铝	1212	买	平今	投	24	15，475. 00	1，857，000. 00
20120713	上海	铝	1212	卖	开	投	24	15，480. 00	1，857，600. 00
20120713	郑州	强麦	1305	买	平今	投	400	2，596. 00	10，384，000. 00
20120713	郑州	强麦	1305	卖	开	投	300	2，597. 00	7，791，000. 00
20120713	郑州	强麦	1305	卖	开	投	100	2，598. 00	2，598，000. 00
20120716	上海	铝	1211	买	开	投	50	15，585. 00	3，896，250. 00
20120716	上海	铝	1211	卖	平今	投	50	15，590. 00	3，897，500. 00
20120716	郑州	菜籽油	1301	买	平今	投	288	10，376. 00	14，941，440. 00
20120716	郑州	菜籽油	1301	买	平今	投	268	10，394. 00	13，927，960. 00
20120716	郑州	菜籽油	1301	卖	开	投	150	10，382. 00	7，786，500. 00

（续上表）

20120716	郑州	菜籽油	1301	卖	开	投	100	10，384. 00	5，192，000. 00
20120716	郑州	菜籽油	1301	卖	开	投	20	10，386. 00	1，038，600. 00
20120716	郑州	菜籽油	1301	卖	开	投	36	10，388. 00	1，869，840. 00
20120716	郑州	菜籽油	1301	卖	开	投	100	10，394. 00	5，197，000. 00
20120716	郑州	菜籽油	1301	卖	开	投	116	10，402. 00	6，033，160. 00
20120716	郑州	菜籽油	1301	卖	开	投	32	10，404. 00	1，664，640. 00
20120716	郑州	菜籽油	1301	卖	开	投	2	10，406. 00	104，060. 00
20120716	郑州	PTA	1301	买	平今	投	713	7，788. 00	27，764，220. 00
20120716	郑州	PTA	1301	买	平今	投	87	7，790. 00	3，388，650. 00
20120716	郑州	PTA	1301	卖	开	投	300	7，788. 00	11，682，000. 00
20120716	郑州	PTA	1301	卖	开	投	500	7，790. 00	19，475，000. 00
20120716	郑州	强麦	1301	买	平今	投	441	2，549. 00	11，241，090. 00
20120716	郑州	强麦	1301	卖	开	投	210	2，552. 00	5，359，200. 00
20120716	郑州	强麦	1301	卖	开	投	231	2，553. 00	5，897，430. 00
20120717	大连	黄大豆	1301	买	平今	投	300	4，759. 00	14，277，000. 00
20120717	大连	黄大豆	1301	卖	开	投	278	4，764. 00	13，243，920. 00
20120717	大连	黄大豆	1301	卖	开	投	22	4，765. 00	1，048，300. 00
20120717	大连	黄大豆	1305	买	开	投	489	4，832. 00	23，628，480. 00
20120717	大连	黄大豆	1305	买	开	投	7	4，833. 00	338，310. 00
20120717	大连	黄大豆	1305	卖	平今	投	496	4，834. 00	23，976，640. 00
20120717	郑州	甲醇	1209	买	平今	投	20	2，830. 00	2，830，000. 00
20120717	郑州	甲醇	1209	卖	开	投	16	2，832. 00	2，265，600. 00
20120717	郑州	甲醇	1209	卖	开	投	4	2，833. 00	566，600. 00
20120718	郑州	强麦	1301	买	开	投	88	2，511. 00	2，209，680. 00
20120718	郑州	强麦	1301	买	开	投	300	2，512. 00	7，536，000. 00
20120718	郑州	强麦	1301	买	开	投	200	2，514. 00	5，028，000. 00
20120718	郑州	强麦	1301	卖	平今	投	588	2，515. 00	14，788，200. 00
							27974	0. 00	1，198，950，880. 00

附录二

七分之一操作系统

第一节　总论

100 多年前，俄国大文豪列夫·托尔斯泰挥笔写道："幸福的家庭都是相似的，不幸的家庭却各有各的不幸"，而在投资领域，我们也可以把这句话引申为："幸福的投资者都是相似的，而不幸的投资者则各有各的不幸"。何谓幸福？那就是拥有一套自己的操作方法，看起来简明扼要，用起来得心应手，而不是靠头脑发热，随心所欲。

一、什么是七分之一操作系统

1/7 操作系统是按照"1/7 操作系统"的原理、原则和方法进行资本运作的一种操作系统。它适用于股票、国债、期货（金融期货和商品期货）、外汇等博弈资本运作领域。

用直白的语言挂一漏万地解释一下：1/7 操作系统是一种预警、建仓和平仓的办法。将总资金划分为建仓资金和防守资金两部分，激进型的投资者建仓资金可以多一些，防守资金可以少一些；保守型的投资者建仓资金可以少一些，防守资金可以多一些。如多头建仓（基于建仓资金）可分三步完成：第一步建 1/7 仓量，第二步建 2/7 仓量，第三步建 4/7 仓量，平仓则按"进三退一"的原则灵活掌握。由于每次建仓是按照 1/7、2/7、4/7 这样一个等比数列进行，仓位的重心在下方，具体说是在 0.382 的黄金分割位附近，这样，即使前次建仓失误，只要有一次弱反弹也有机会平仓出局。举个例子：郑糖连续（见图 1）在 2008 年 12 月 19 日以 3050 买入 10 手，随后价格下跌，再以 2880 的价格在 2008 年 12 月 30 日买入 20 手；2009 年 1 月 2 日左右以 2840 的价格买入 40 手，建仓完毕，三次建仓成本价为 2881.4。2009 年 2 月 3 日糖价升至 3250，若按保证金 10% 计算，此时收益率为 128%，随时可以获利平仓。假如当初在 2008 年 12 月 19 日以 3050 的价格一次买入 70 手，收益率为 65.6%。由此可见 1/7 操作系统的优越性：进可攻，退可守。

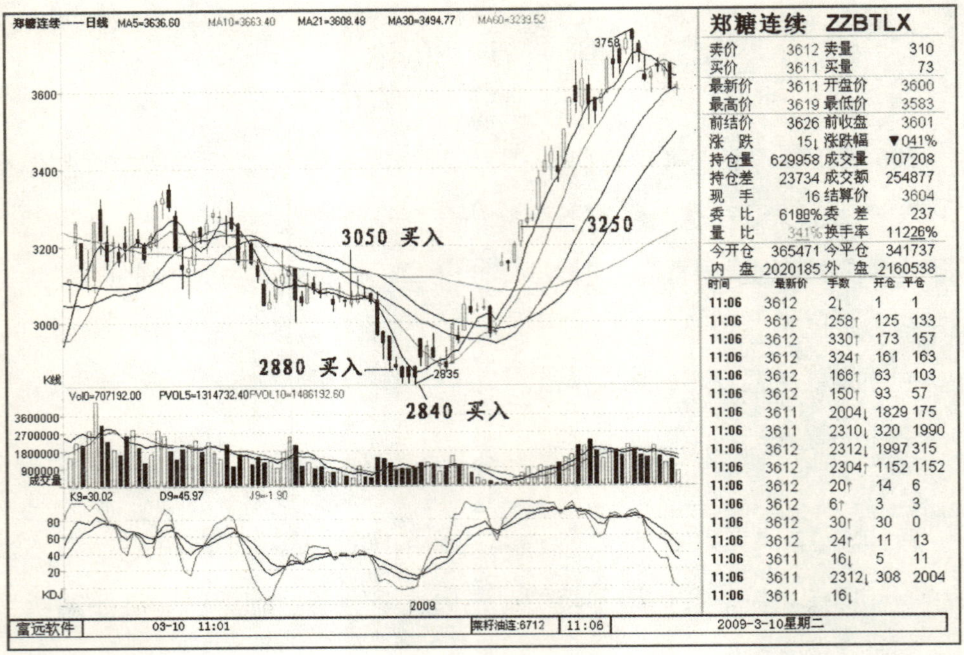

图 1

二、七分之一操作系统包括哪些系统

“1/7 操作系统”包括预警系统、选择系统、建仓系统、平仓系统、纠错系统、延伸与压缩系统六个子系统，我们运用“1/7 操作系统”时要把它们作为一个整体考虑，千万不能断章取义。

三、七分之一操作系统的论断

1. 任何个人的判断都是无效的，因为信息总是不完整的。要依靠系统而不要依据个人判断操作。

2. 市场总会走过头，机会都诞生在市场走过头的时候。

3. 行情创造指标，而指标却不能创造行情。

4. 没有一个好的操作系统，必然不会站在 1/7 成功者行列。

5. 一个正确的操作模式都可以描述为一个非对称性 1/7 哑铃结构。

6. 没有纠错系统的操作，就犹如开着一辆没有刹车的汽车，后果可想而知。

7. 投资不是投机，股票不是彩票。

8. 要经常相反地运用相反理论。

四、七分之一操作系统有何特点

1. 科学：运用数学、物理学及至生物学、心理学若干科学定律，包括波浪、江恩、四维空间等科学。

2. 简明实用，不故弄玄虚，具有超强的实用性。

五、关于神奇数字“7”与“1”

1. 关于7：

（1）在天文学中，有七曜（即太阳、月亮和金、木、水、火、土），也称七政和七元。另外，七曜还指北斗七星。

（2）音乐七音阶 。

（3）每周七天 。

（4）江恩周期7或7的倍数。

（5）波浪理论5浪或c浪的失败。

（6）物种繁衍的自然结构1+2+4=7。

（7）在物理学的光学中，赤、橙、黄、绿、青、蓝、紫七色。

（8）十以内最大的素数 。

2. 关于1：

（1）道生一，一生二，二生三，三生万物。

（2）天人合一 。

六、七分之一操作系统创造了哪些第一

1. 第一次把基本面、技术面、消息面、战略战术面、心理面和灵感面有机地结合起来。

2. 第一次把西方资金管理与市场运行结合起来。

3. 第一次把很多不相容的技术经典结合起来。

第二节　预警系统

一、七分之一雷达

在开始介绍预警系统前，先介绍一个重要的工具——七分之一雷达，它可以用于整个操作系统始终。把道氏理论、波浪理论、江恩理论、周期理论、相反理论等史无前例地结合起来形成的 1/7 雷达，对预警、建仓、平仓、纠错具有开创性作用。具体地说，由波浪理论的八浪与江恩角的交点构成建仓或平仓最原始的依据，加上周期理论对其进行调整，再加上仓位控制，便构成 1/7 雷达。

1. 确定大势所趋。由大势确定主要操作方向，一般来说，牛市不做空，熊市不做多。图 2 为 2007 年上证综指截图，在主支撑线上方可认为是牛市，60 日支撑线也可认为是主支撑线。图 3 为 2007—2008 年上证综指截图，在主压力线下方可认为是熊市，由此粗略寻找买卖点。图 4 为图 2、图 3 的全貌，可见由主支撑线粗略判断牛市熊市是有效的。

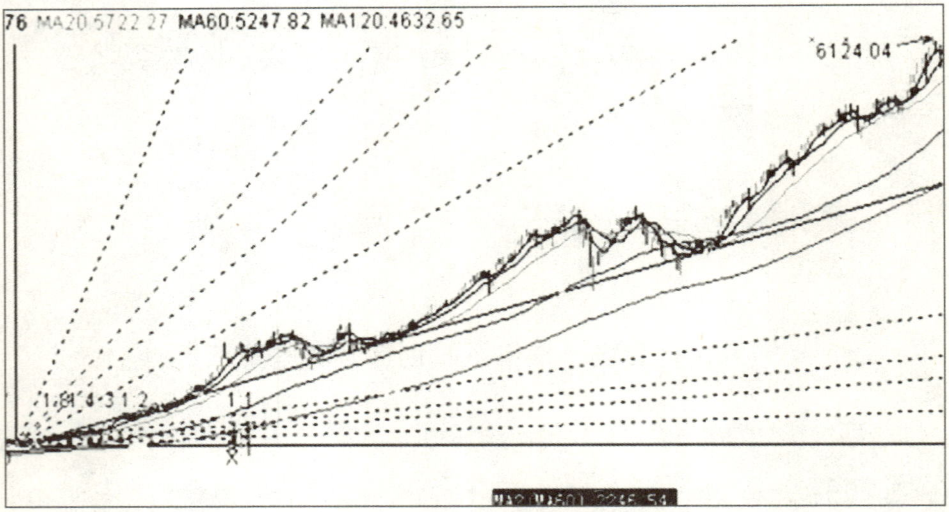

图 2

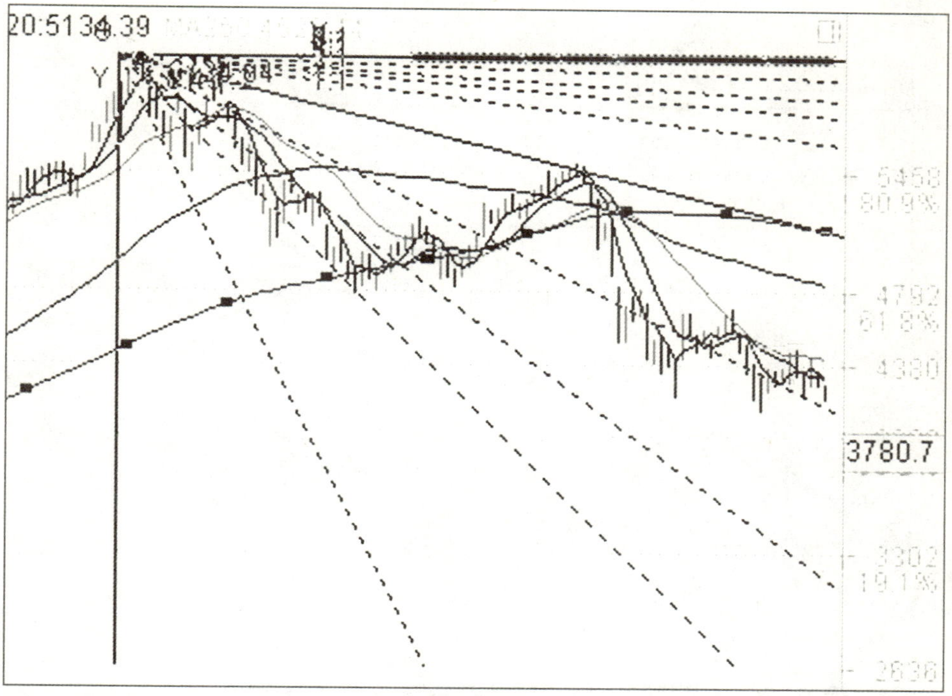

图 3

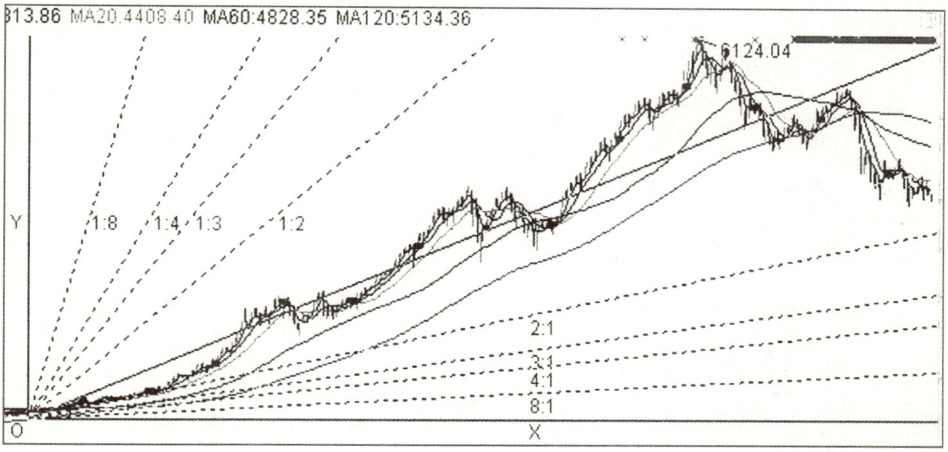

图 4

2．在一波向上或者向下行情后出现箱体震荡，突破箱体后行情往往向突破方向发展。图5为沪深300指数2008年上半年突破时的截图，走势刚刚向下突破高位箱体震荡区域，预示着行情可能向下发展。图6为沪深300指数 2008—2009 年的截图，印证了这一观点。

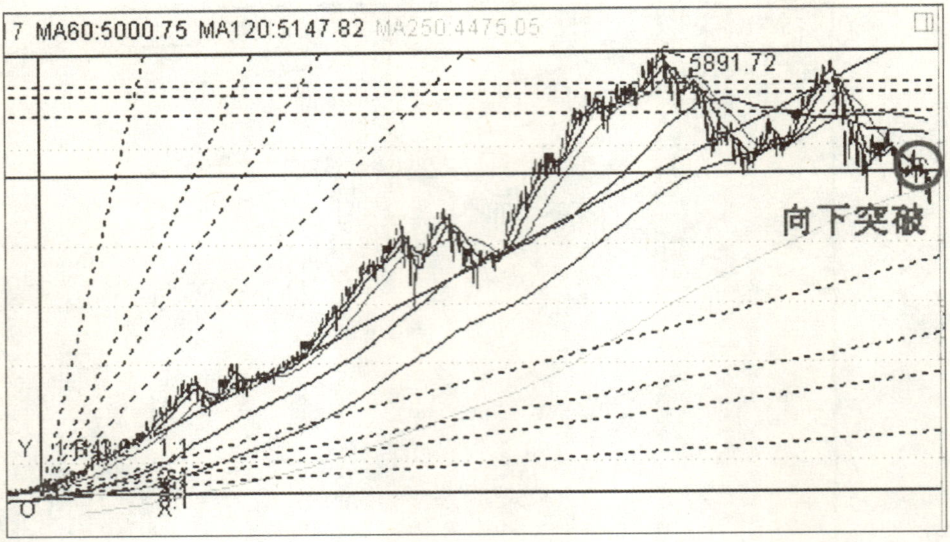

图 5

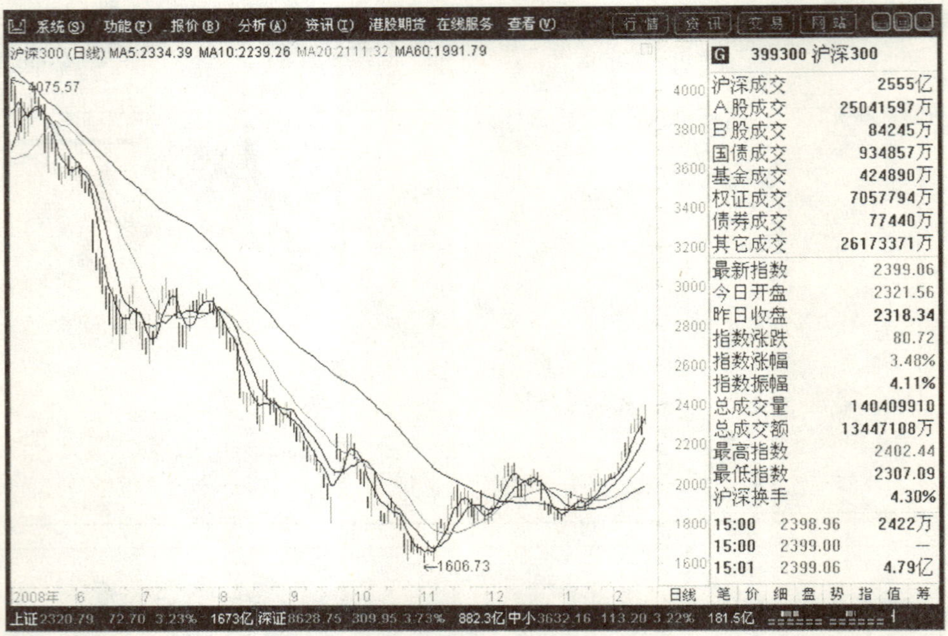

图 6

另例：大商所黄豆 0805 走势见图 7，突破底部箱体后迎来一波大的向上行情。

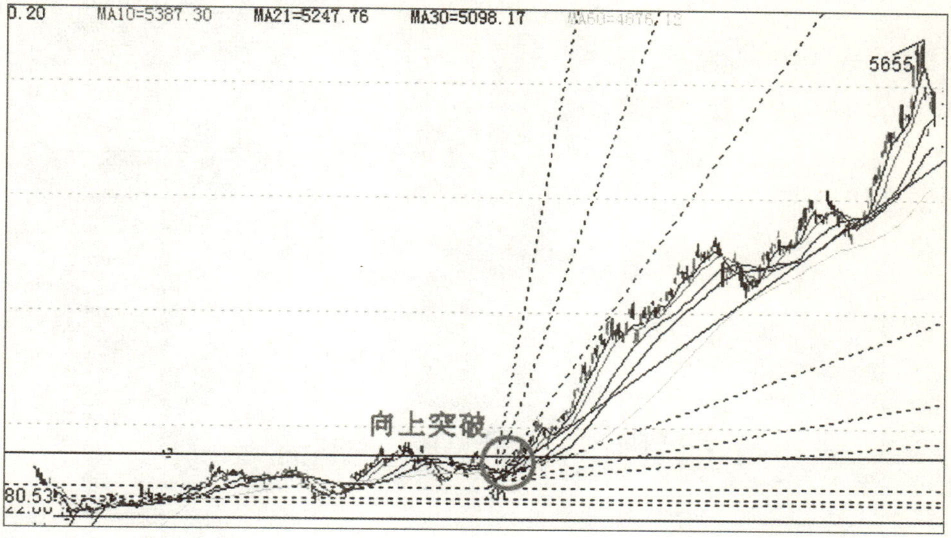

图 7

3. 宝塔线与 kdj 指标的结合。

图 8 为 2005—2007 年沪深 300 周线。宝塔线双底宝塔柱绿变红，红的部分更大或在第二天出现大红柱上升动力更强 j 值偏低，是买入信号。

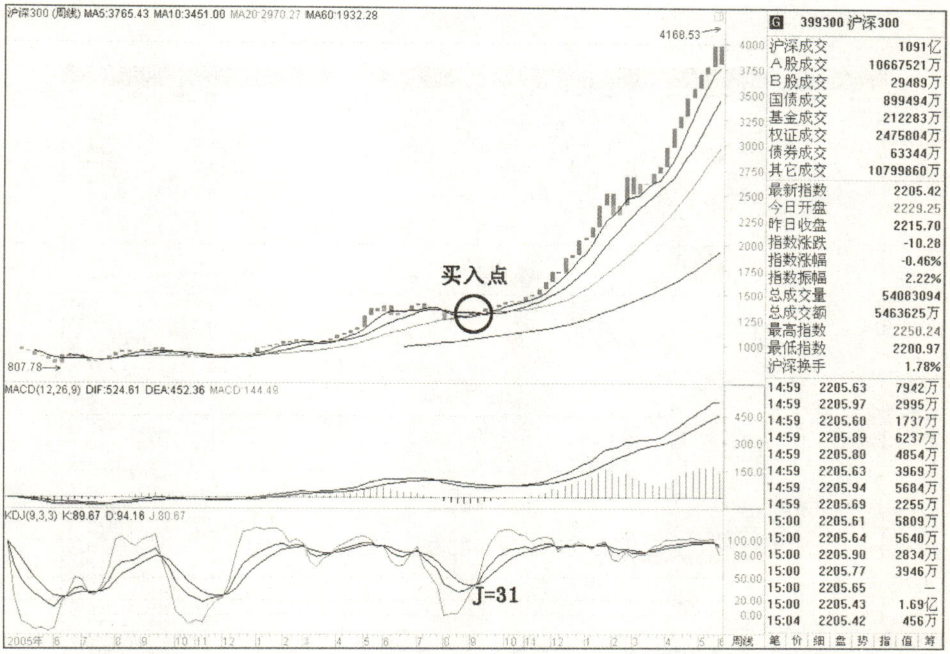

图 8

图 9 为 2007—2008 年初沪深 300 周线，当时指数高位直逼 6000 点，上证指数已经到达 6000 多的高点，但是此时宝塔线双头宝塔柱红变绿，j 值偏高（80 以上），是卖出信号。

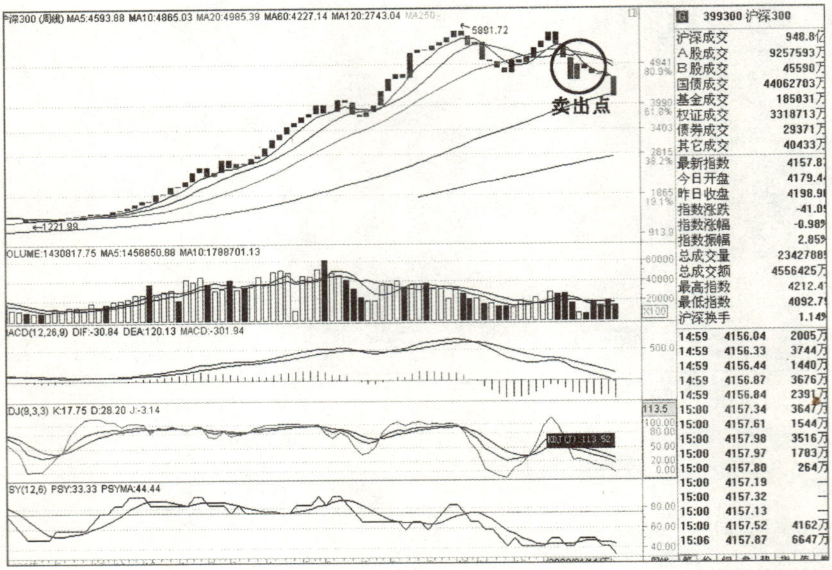

图 9

图 10 为一年后的走势，最低跌到 1606 的低点。

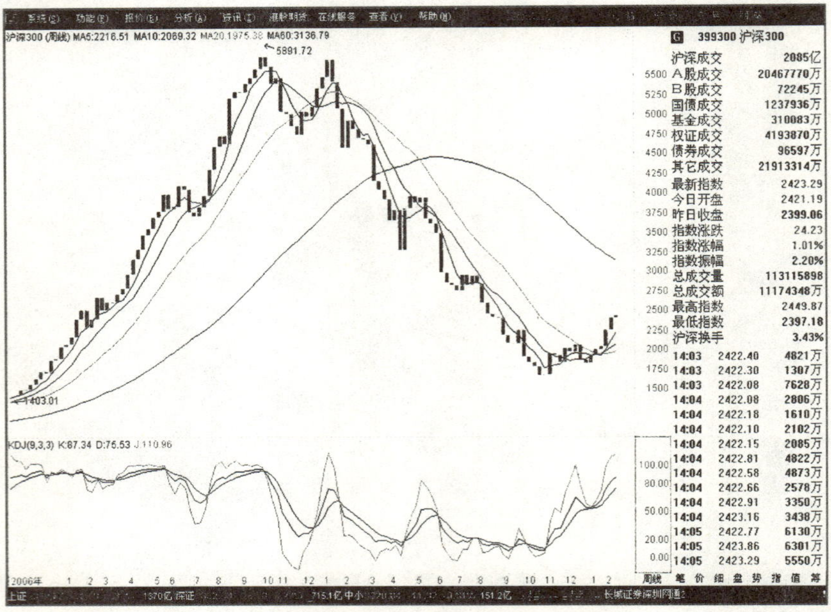

图 10

二、预警理论

江恩周期 7 或 7 的倍数。

江恩认为一个市场的顶点至底点约为 7 年，而 7 年的倍数如 14 年亦会成为市场的关键位置。江恩认为理论中 7 是一个含特殊意义的重要数字，关于此点在后面的内容还要谈到，所得的七个数将构成可能扭转趋势的拐点。其中（见图 11）：1/7 是 51. 4，2/7 是 102. 8，……

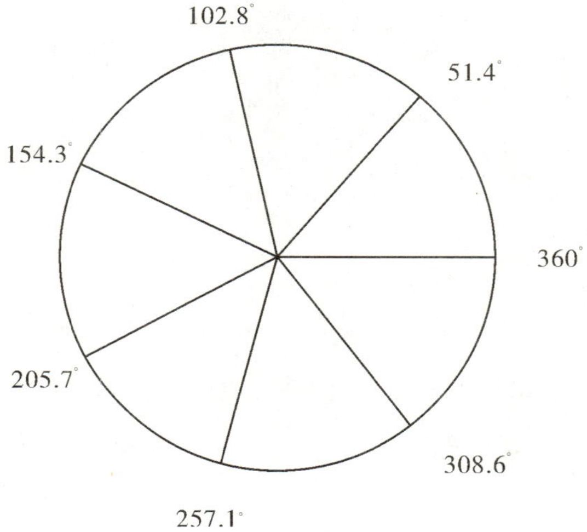

图 11

熟悉深圳股市的老股民都知道：深圳综指 1991 年的最低点是 45 点，1996 年的最低点是 104 点，分别是两轮大牛市的起点；而 1993 年的牛市最高点是 368 点——上述几个点位，是不是和江恩指出的几个数字颇为接近？无独有偶：1921 年美国新一轮牛市是从 60 多点起步，并于 1929 年攀至 386 点的高峰，然后又崩盘跌至 1932 年的 40 点的深渊……其中的高低点亦与深证综指的点位相差无几，尽在江恩的框架之中。

美元指数走势亦是如此，自从 2001 年的高点到 2008 年的低点也正好经过了 7 年的周期（见图 12）。

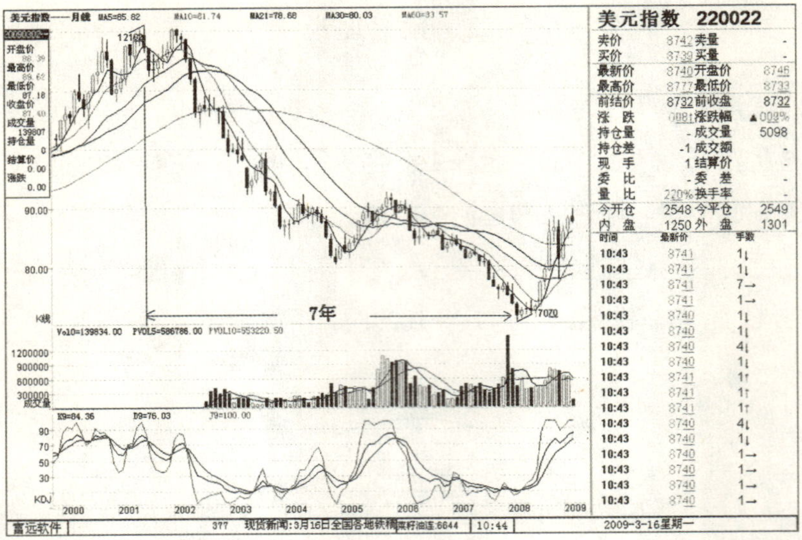

图 12

1．7 年循环的内容。

江恩对 7 年循环相当看重，7 年内共有 84 个月（见图 13），他认为：若由一个市场重要顶部或底部起，7 年后可能再次出现一次顶部或底部。此外 7 年的 1/2 或 1/4，即 42 个月或 21 个月，亦是投资者需要留意的市场转向时间，这两个时间大致为 42～44 个月及 21～23 个月不等。在某些市况下，市场会在 10～11 个月转势，这段时间为 7 年的 1/8。

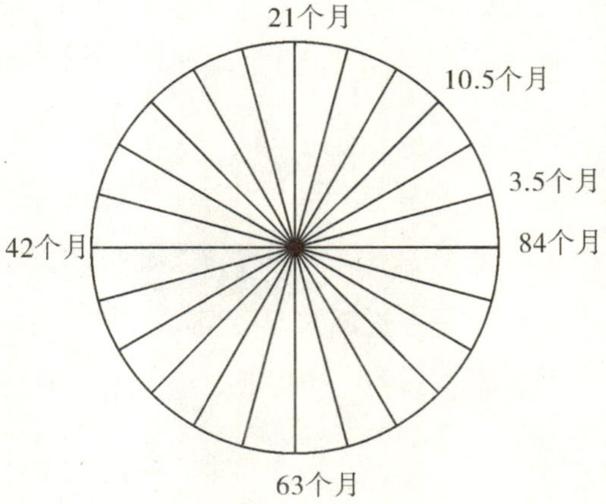

图 13

此外，江恩研究发现，在一些市场的熊市循环中，跌势通常会运行 7 年（见图 14）。由上一个循环的底部计算，3 年后会出现下一个底部，即第二个底部。

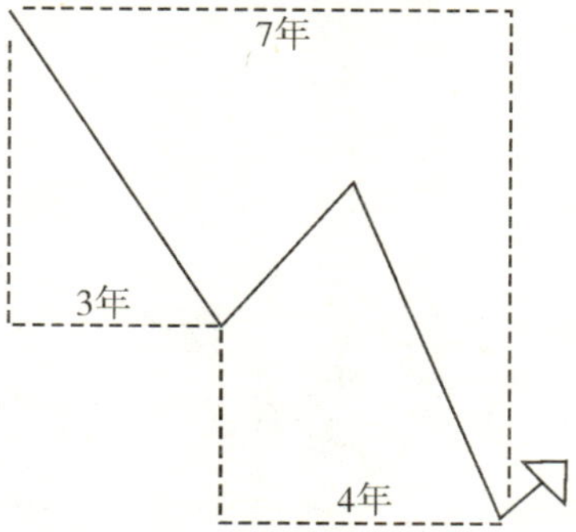

图 14

我们已经知道，康克狄夫长波周期理论认为，世界经济的盛衰周期为 54 年（约在 60 年之内）。显然这是着眼于长期的循环，但据现代不少经济专家研究，美国以至世界经济亦很大程度上受到一些次一级的周期影响，这个经济中期循环约为 7 ~ 8 年。由此说来，一个 54 ~ 60 年的长周期中会出现 7 ~ 8 个中期循环。

经济中期循环的原因主要是利率及信贷周期的影响。与 54 ~ 60 年的长波周期比较，这一中期循环并非由科技发展所推动，也不会引发国际间的军事冲突，而纯粹由资金的供求关系而产生。

以美国经济周期而论，由 20 世纪 60 年代以来的国内生产总值观察，大致上以 7 ~ 8 年的时间循环运行，而导致衰退值的时间也大致一样。

美国自 20 世纪 60 年代以来的几次经济衰退时间为：1961 年、1969 年、1975 年、1982 年、1990 年等（见图 15）。

中国经济周期。

我国自 1949 年建国以来，计算较长的经济产值资料是以社会总产值做统计。虽然此数据与现在西方惯用的国内生产总值相比未计算服务产值，但是在过去数十年中国服务型产业发展相当缓慢，占国内生产总值甚小，因此“社会总产值”应为一个可靠的经济发展指标。

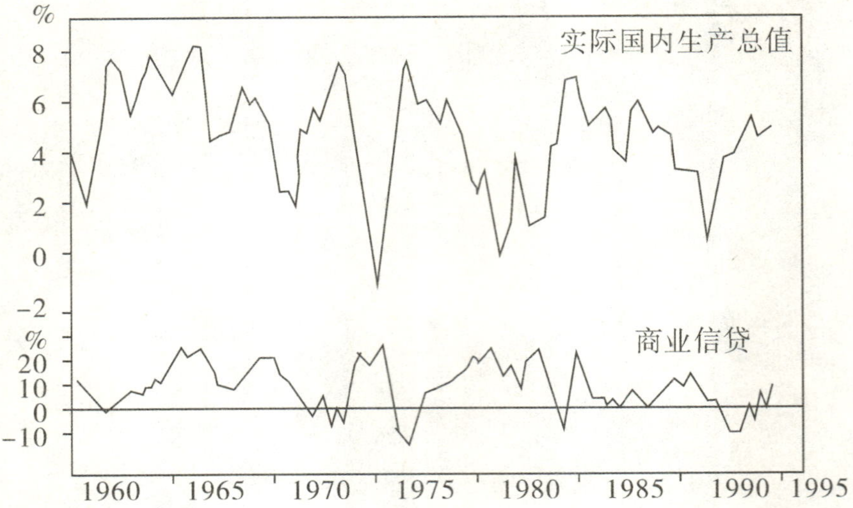

图 15

从中国经济周期分析，经济大致上以 7 ~ 8 年出现一次循环低潮。根据《中国经济年鉴》的数据显示，中国社会总产值的循环低点分别出现于 1961 年、1968 年、1975 年、1982 年以及 1990 年（见图 16）。至于最近一次循环低位应定在 1997 年附近，但由于国内经济自 1993 年以来实施宏观经济调控使经济由过热的现象转向经济紧缩，使周期的时间略为拉长。不过，由于近年来经济情形渐趋好转，1998 年以来国内生产总值已稳守在 7% ~ 8% 的增长水平之上，7 ~ 8 年循环仍然是值得参考的。

社会总产值增长率

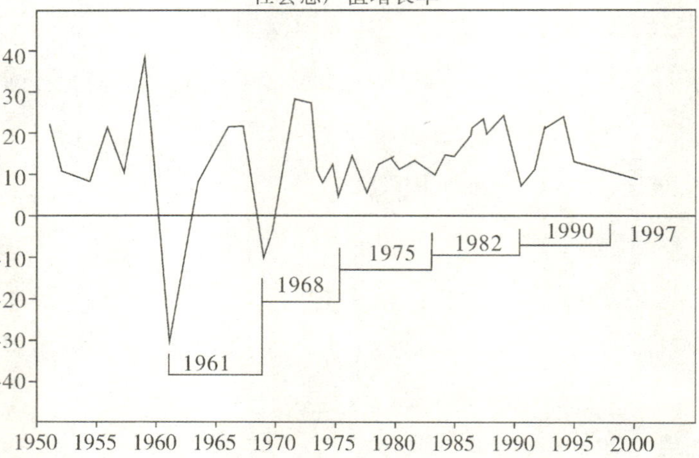

图 16

2. 7 年循环的次级结构。

按照江恩对 7 年循环的阐述，认为由一个市场的重要的顶点或底点起，7 年后将会又是一个顶点或底点（见图 17）。笔者翻阅了大量的市场资料，发现这一模式有其相当多的例证，而内部的次级结构亦甚有趣味。

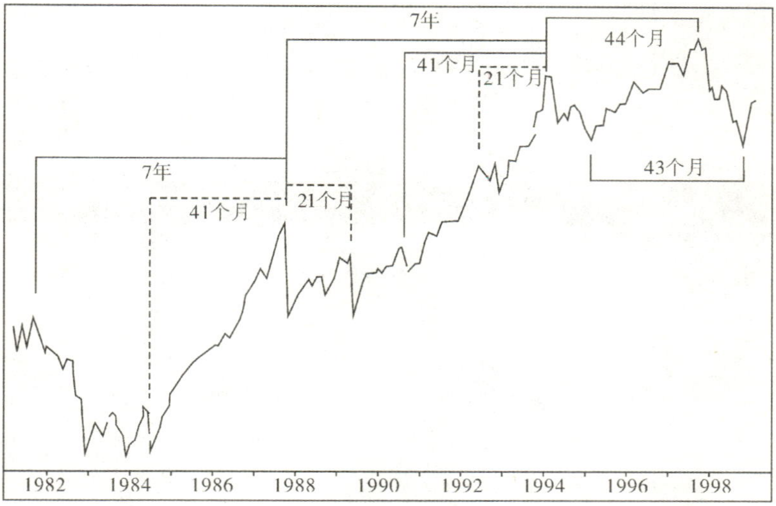

图 17

江恩对 7 年的另一项研究认为，在熊市循环中通常以 7 年来完成，其结构则是先跌 3 年形成一个底，然后由此再跌 4 年完成第二个底部。这一结构正好用来印证中国 B 股市场的面貌（见图 18）。

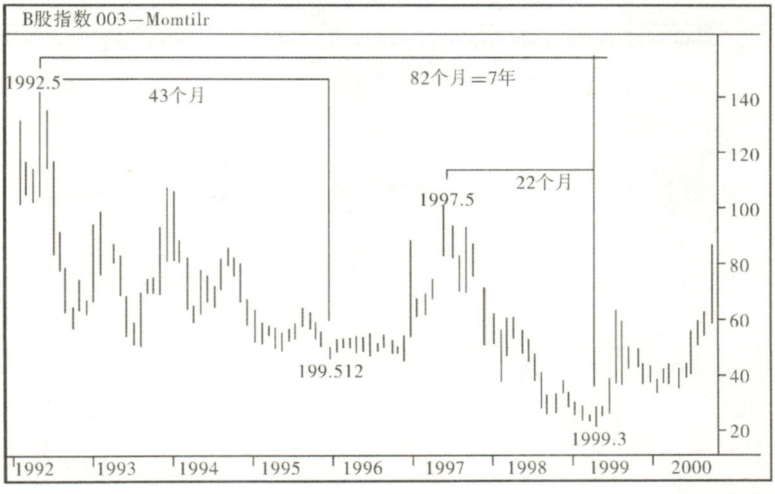

图 18

三、买入预警

根据预警理论，结合大盘和个股图形，最终由1/7雷达发出买入预警信号。买入预警又可分为以下三类：

1．短线买入预警。

图19为郑糖0909在2008年底2009年初日线，图中两个圈内均为买入信号。

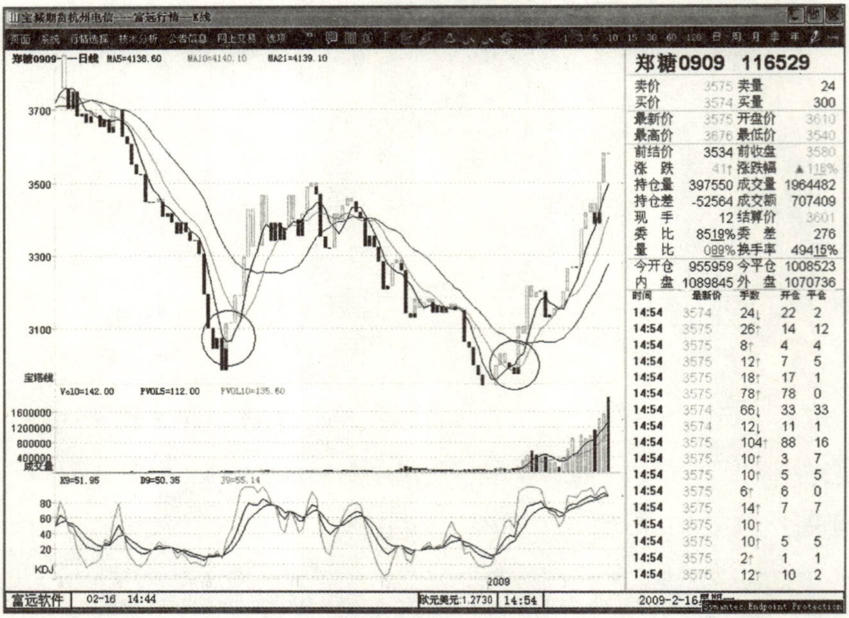

图19

2．中线买入预警。

图20为黄豆0909日线在2008年底2009年初走势，图中圈内发出了中线买入信号。

3．长线买入预警。

图21为上证综指2004—2007年周线，图中圈内均为长线买入信号点。

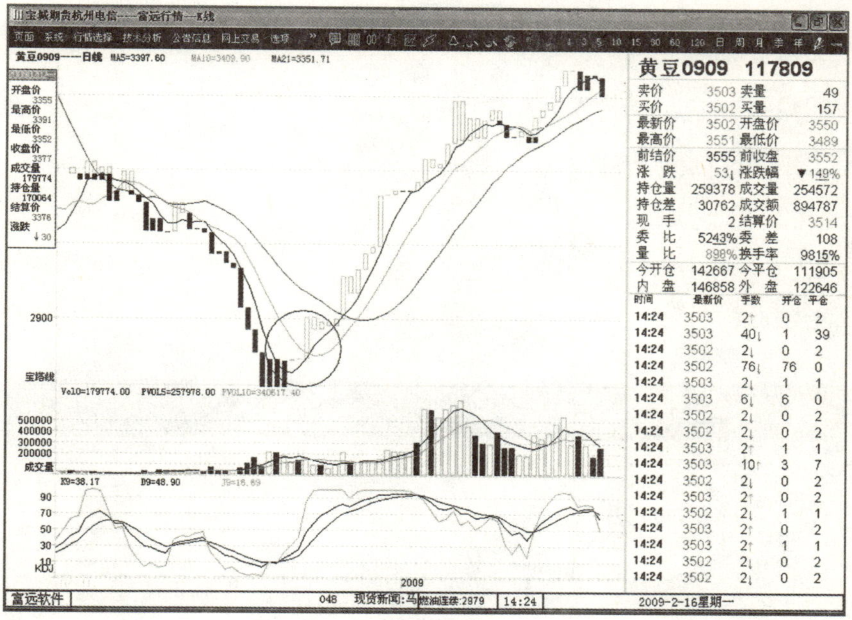

图 20

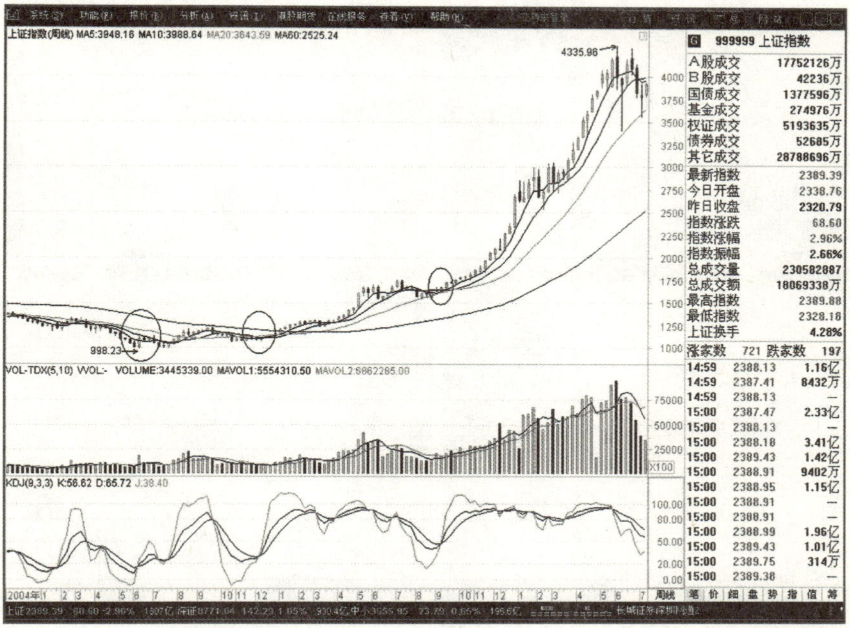

图 21

四、卖出预警

根据预警理论，结合大盘和个股图形，最终由1/7雷达发出卖出预警信号。卖出预警又可分为：

1．短线卖出预警。

图22为沪金0906在1月5日到1月6日的5分钟线，图中圈内发出卖出短线信号。

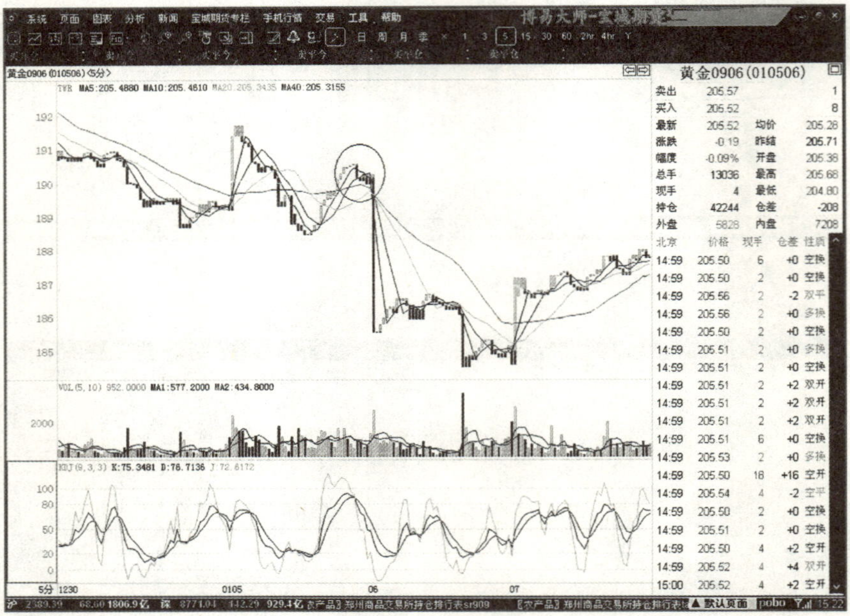

图22

2．中线卖出预警。

图23为郑糖0909在2008年下半年的日线图，图中圈处发出了中线卖出信号。

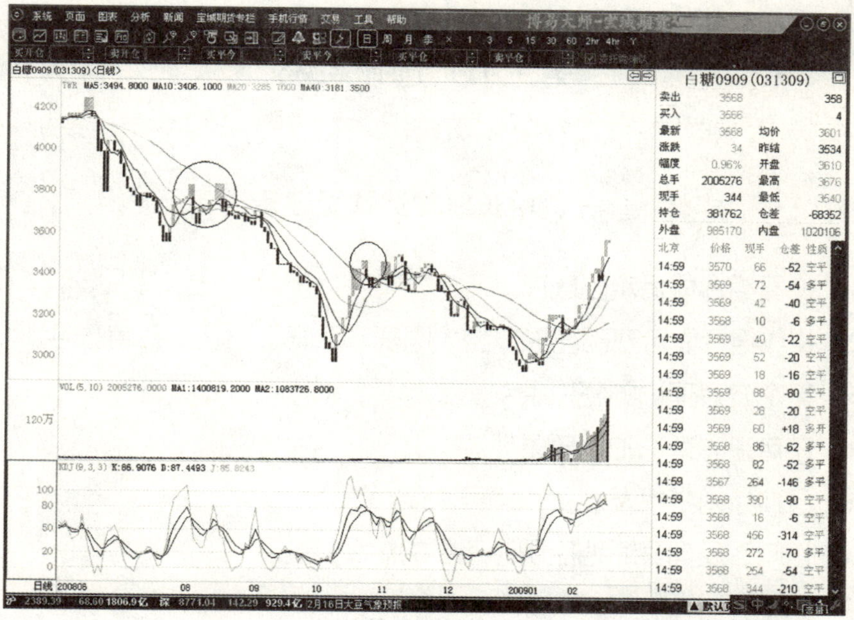

图 23

3．长线卖出预警。

图24为沪燃料油0905在2008年的周线，图中圈内发出了长线卖出信号。

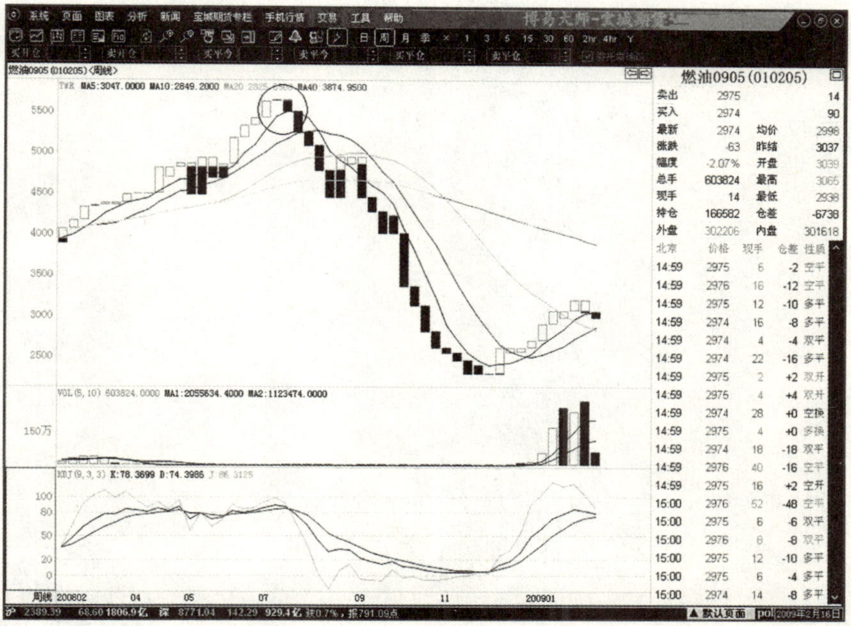

图 24

第三节　选择系统

一、中长线雷达选股理论

1. 价量组合显示走出底部。
2. K 线组合显示底部图形，如大圆底、双底、三底、头肩底等。
3. 符定波浪理论的底部条件。
4. 符定江恩理论的底部条件。
5. 各种技术指标发出买入信号。
6. 正向、反向灵活地应用心理学的规律。

二、短线选股条件

1. 短线指标大部分发出买入信号。
2. 短线 K 线组合显示有短线机会，如旗形、三角形、圆底、头肩底。
3. 突发利空或利多，而价量显示有短线机会。

三、七分之一操作系统 K 线

1. 双头。

双头见图 25。

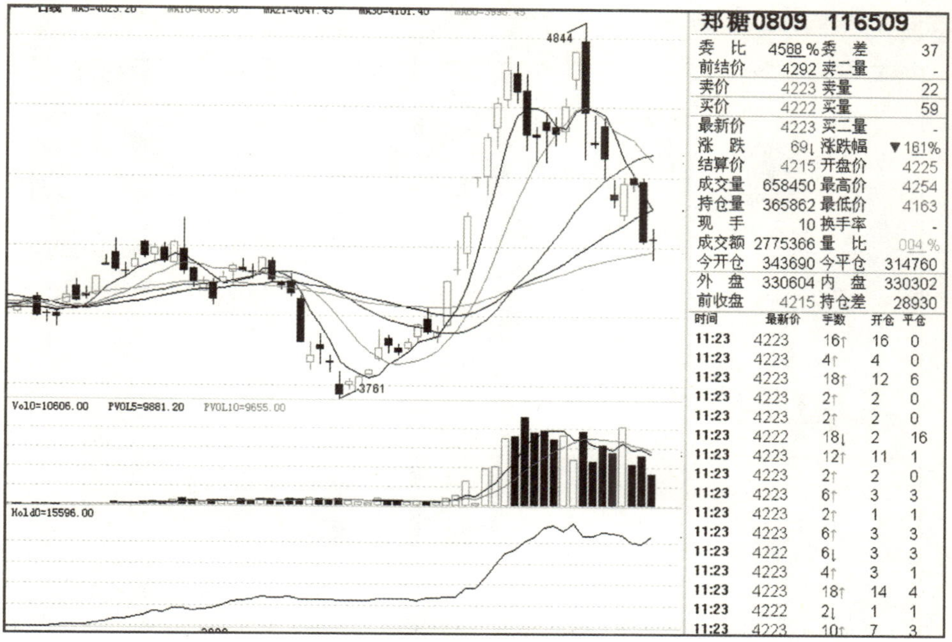

图 25

一年后郑糖的走势，见图26。

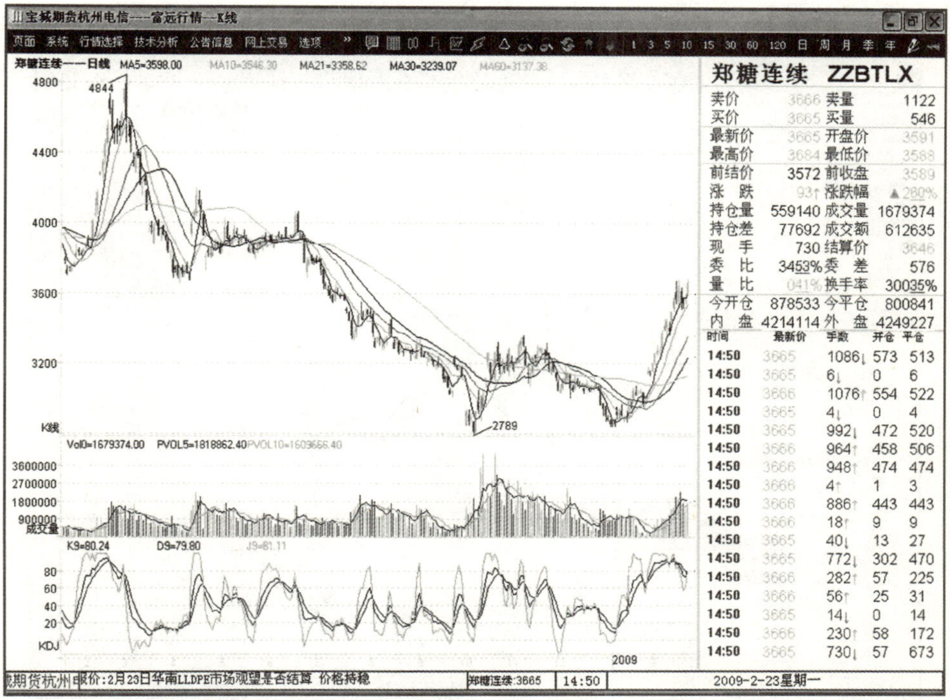

图 26

2. 头肩顶，见图27。

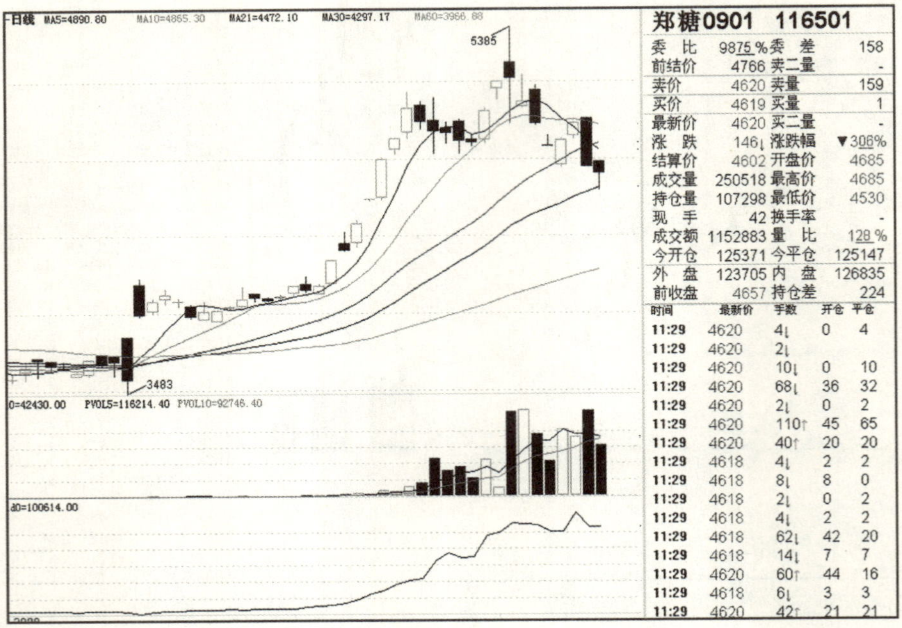

图 27

一年后一月份郑糖的走势，见图28。

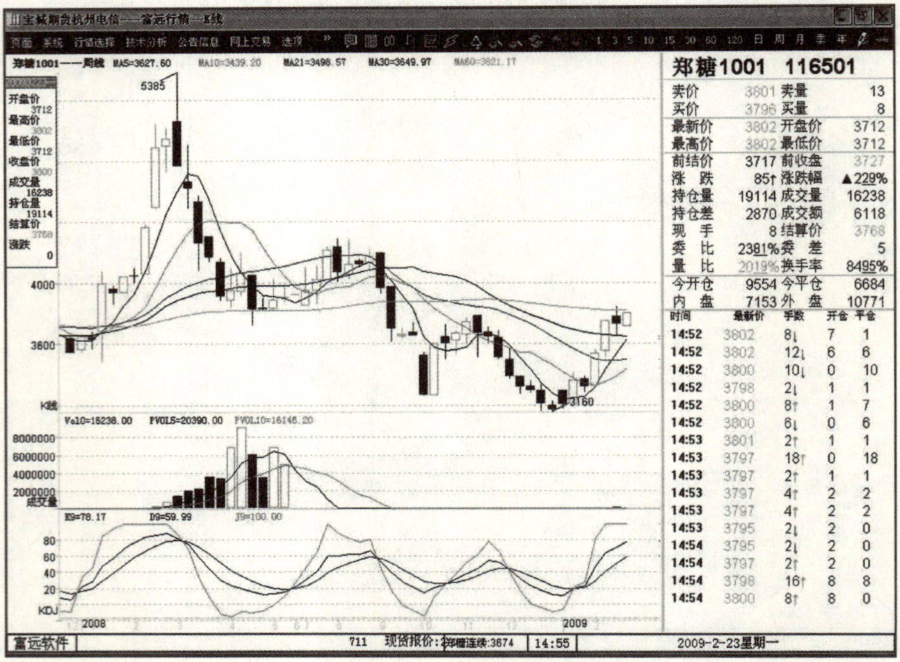

图 28

3. 箱形震荡，见图29。

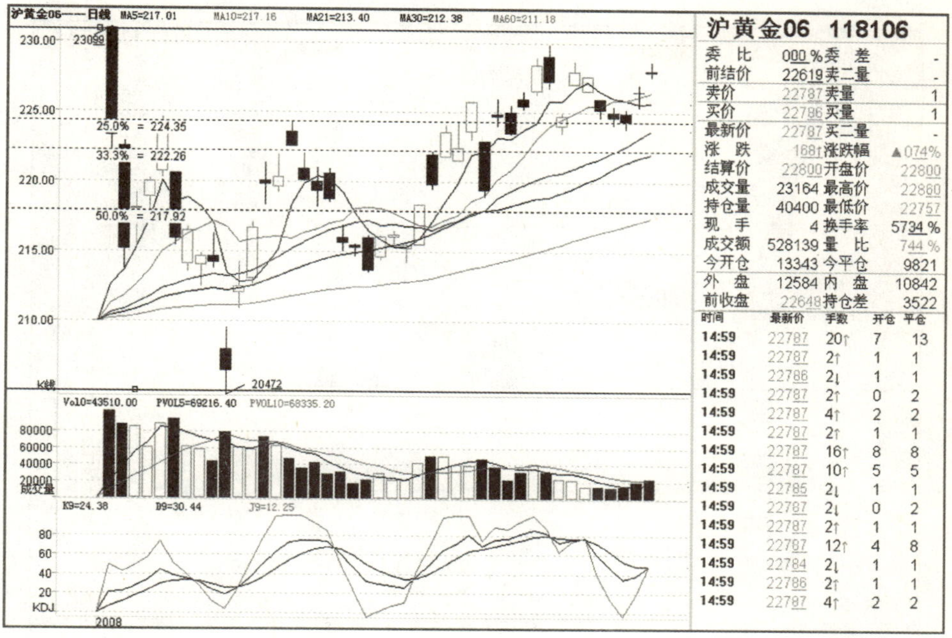

图 29

顶部箱形，见图30。

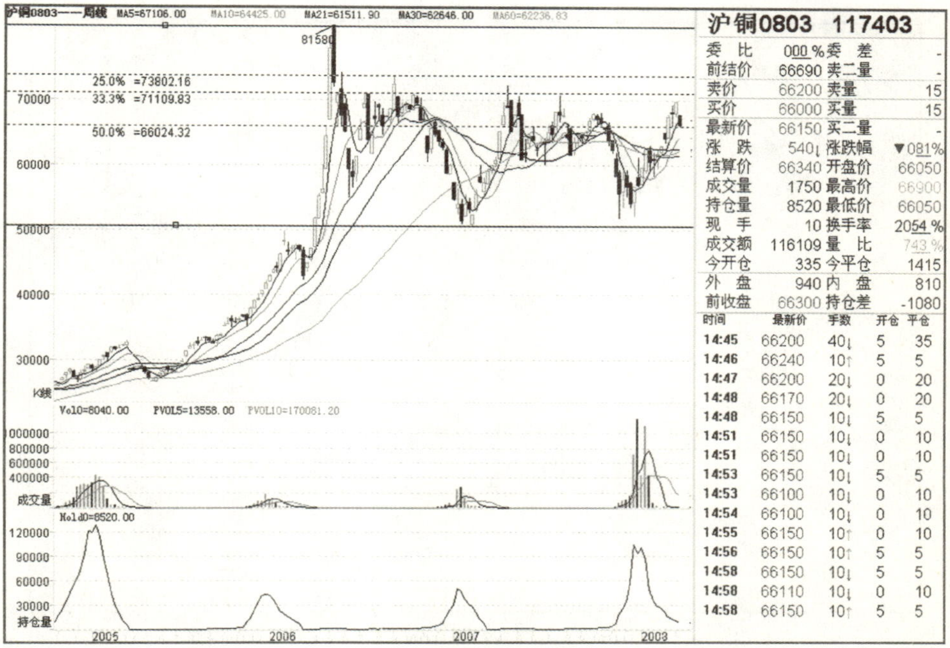

图 30

底部箱形，见图31。

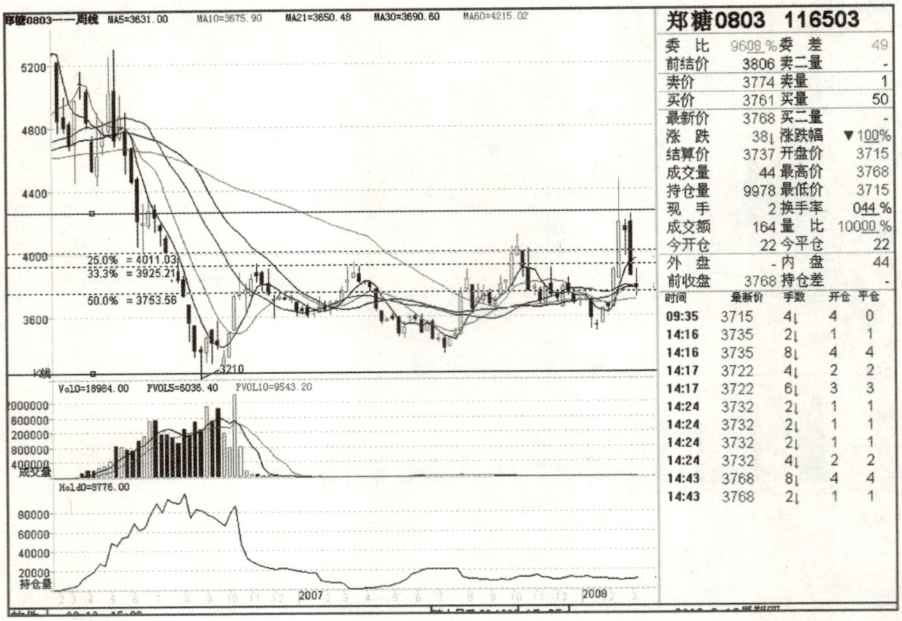

图31

4．下降通道，见图32。

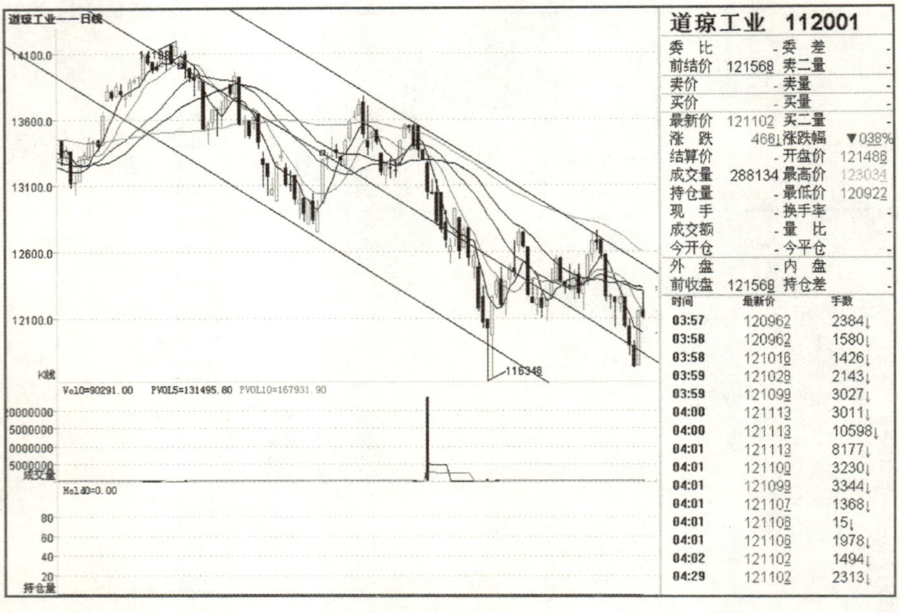

图32

一年后的道指走势，下降通道往下突破后引发一轮急跌，见图33。

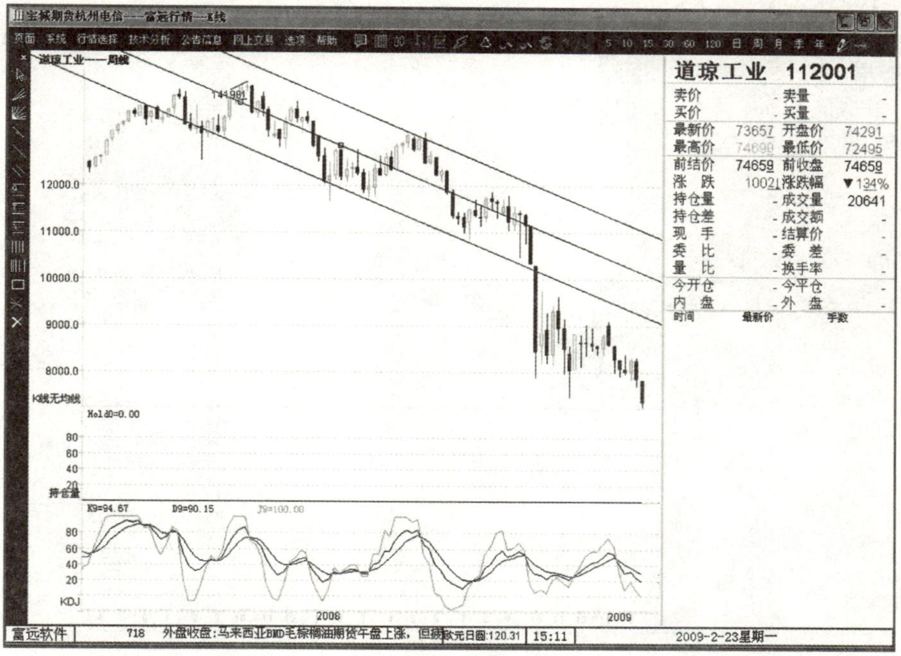

图33

5．反压线，见图34。

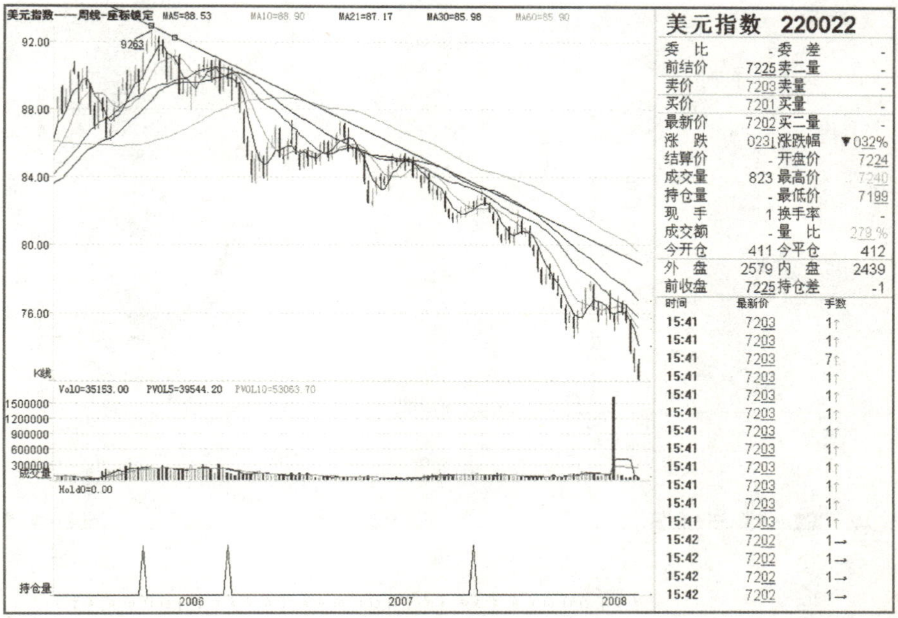

图34

头肩底，见图35。

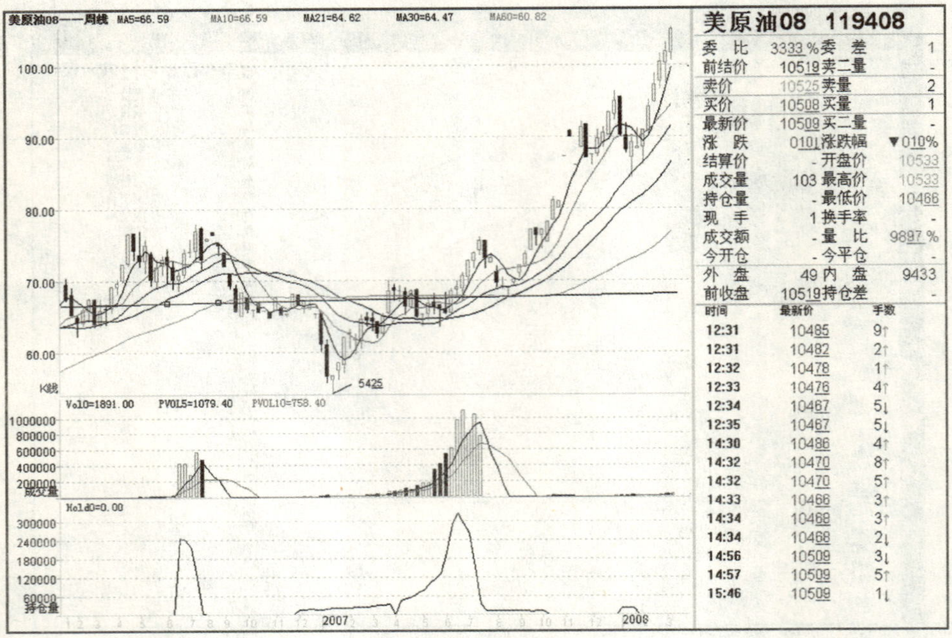

图35

圆弧顶，见图36。

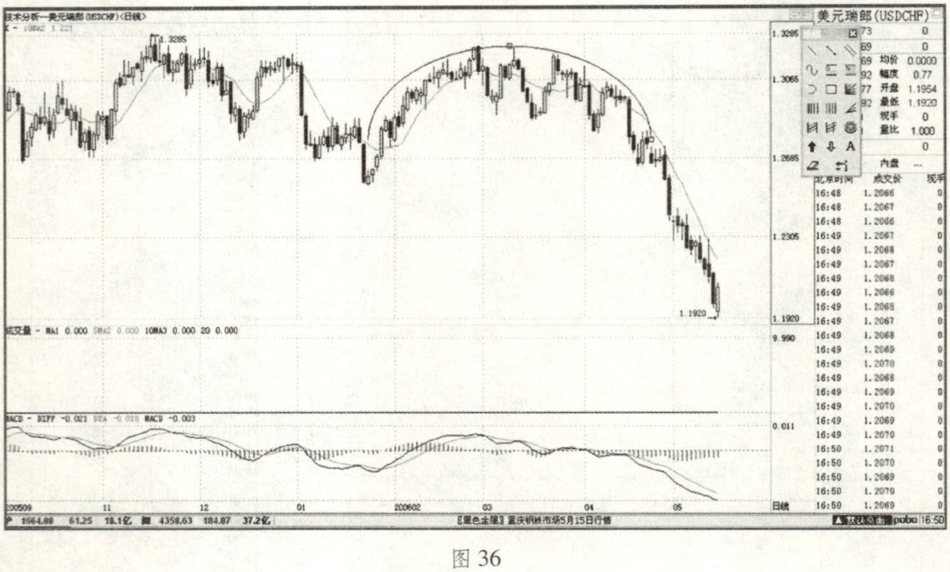

图36

圆弧底，见图37。

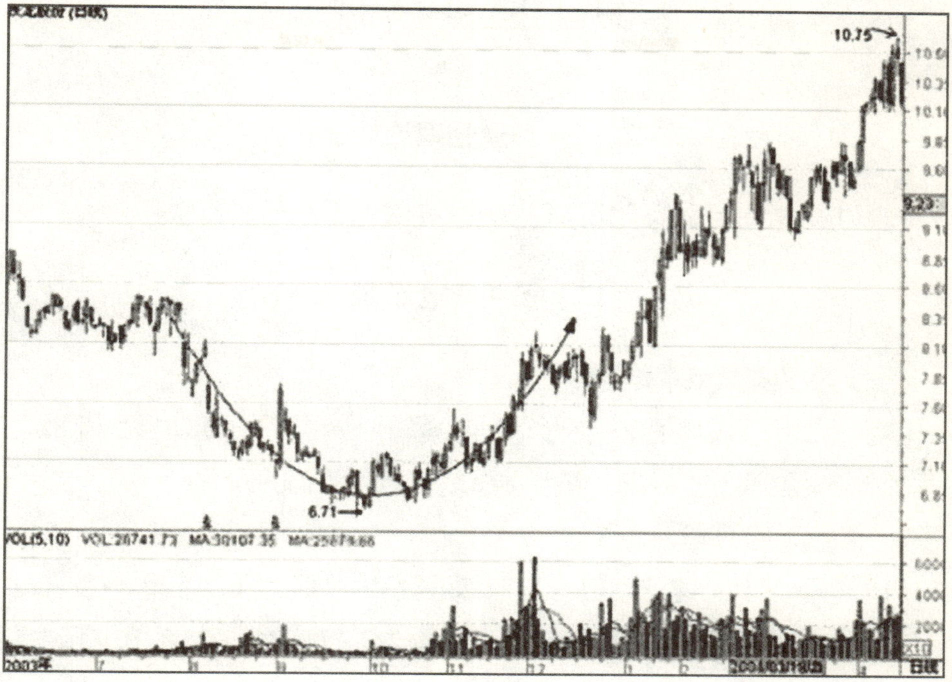

图37

四、七分之一操作系统技术指标

略。

第四节　建仓系统

一、建仓理论

按照1/7雷达给出的建仓点和按照1/7建仓系统理论建仓。

二、多头建仓系统

（一）多头摊低成本建仓系统。

本系统适用于股票等非杠杆类品种，运用于杠杆系统则建仓比例和建仓时间都要做相应变动，在此只讲述摊低成本建仓系统的理论。

1. 长线（如图38）：

（1）首次建仓：建总仓位的1/7，如建仓后价格上升，不追。

（2）当价格下跌5%左右时，二次建仓2/7，使总仓位达3/7，如建仓后价格上升，不追。

（3）当价格再下跌5%时，三次建仓4/7，使总仓位达7/7，建仓完毕。

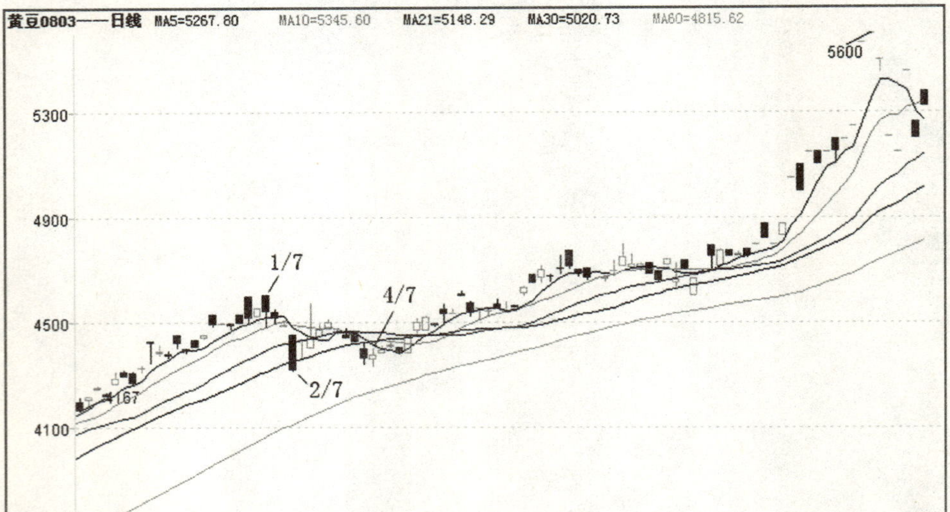

图38

2．中线（如图39）：

（1）首次建仓：建总仓位的1/7，如建仓后价格上升，不追。

（2）当价格下跌4%时，二次建仓2/7，使总仓位达3/7，价格上升，则不追。

（3）当价格再下跌4%时，三次建仓4/7，使总仓位达7/7，建仓完毕。

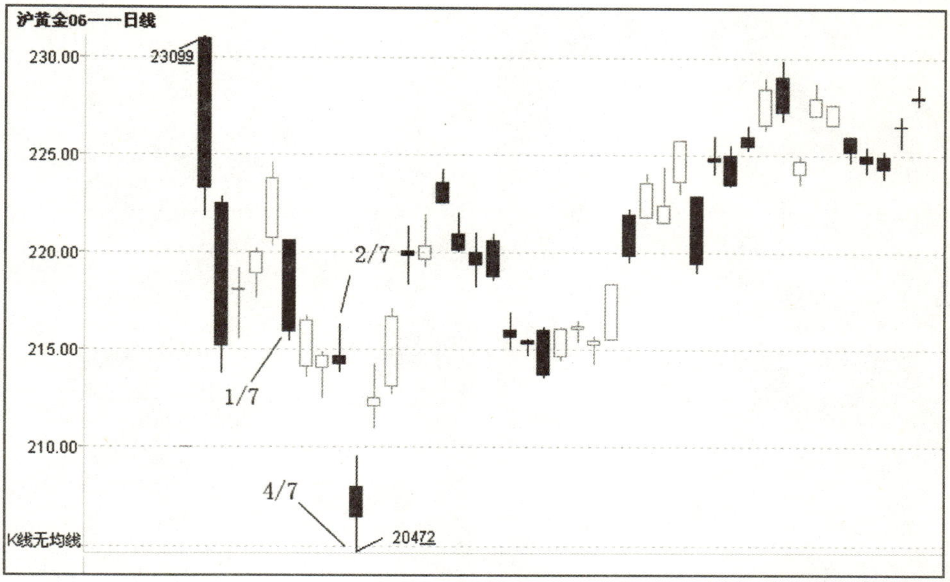

图39

3．短线（如图40）：

（1）首次建仓：建总仓位的1/7，如建仓后价格上升，不追。

（2）当价格下跌3%时，二次建仓2/7，使总仓位达3/7，价格上升，则不追。

（3）当价格再下跌3%时，三次建仓4/7，使总仓位达7/7，建仓完毕。

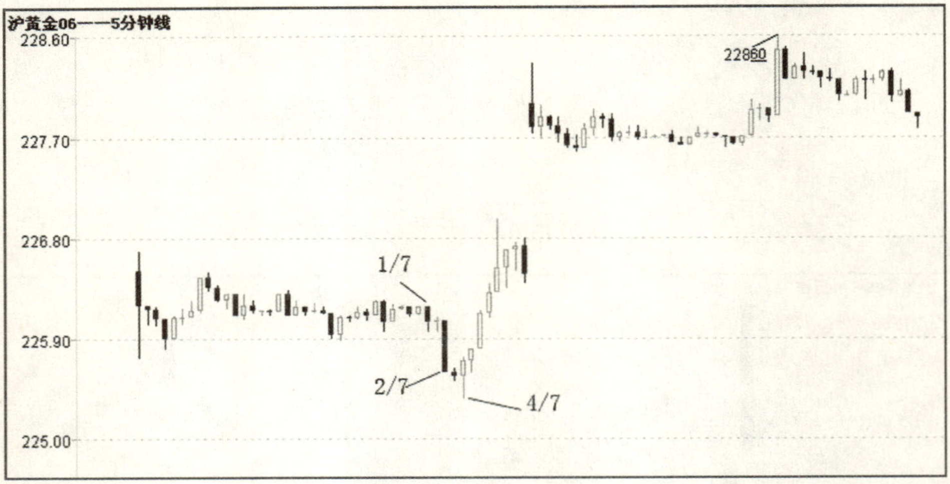

图 40

（二）多头追击建仓系统。

追击建仓分为大追击和小追击。大追击首次建仓 4/7，第二次建仓 2/7，第三次建仓 1/7。小追击首次建仓 1/7，第二次建仓 1/14，第三次建仓 1/28。下例为大追击。

1．长线（见图41）：在长期的复合型底部确立以后一旦形成加速上扬则追击建仓。

（1）首次建仓：建总仓位的 4/7。

（2）当第一次建仓回抽受支撑在支撑点二次建仓 2/7，使总仓位达 6/7。

（3）当价格证实加速上扬时第三次建仓 1/7，使总仓位达 7/7，建仓完毕。

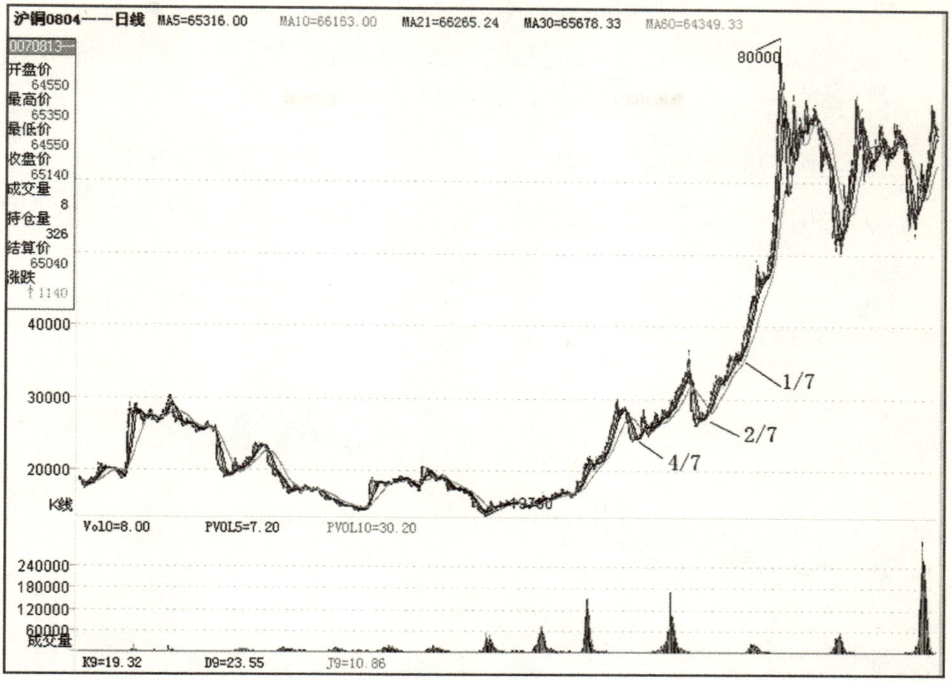

图 41

2. 中线：在一个中期底部形成并伴有瞬间消息刺激。

（1）首次建仓：建总仓位的4/7。

（2）当第一次建仓回抽受支撑在支撑点二次建仓2/7，使总仓位达6/7。

（3）当价格证实加速上扬时第三次建仓1/7，使总仓位达7/7，建仓完毕。

3. 短线：当天有突发性消息刺激且前期价格在底部运行，可作T+0操作。

（1）首次建仓：建总仓位的4/7。

（2）当第一次建仓回抽受支撑在支撑点二次建仓2/7，使总仓位达6/7。

（3）当价格证实加速上扬时第三次建仓1/7，使总仓位达7/7，建仓完毕。

三、空头建仓系统

能够沽空的品种基本都为杠杆类品种，所以摊平系统不适用，一般采取追击建仓，同样也分为大追击和小追击。以大追击为例。

1. 长线（见图42）：在长期的复合型顶部形成以后有突发性利空消息。

（1）首次建仓：建总仓位的4/7。

（2）当价格反弹至局部高点时二次建仓2/7，使总仓位达6/7。

（3）当价格再次反弹至局部高点时第三次建仓1/7，使总仓位达7/7，建仓完毕。

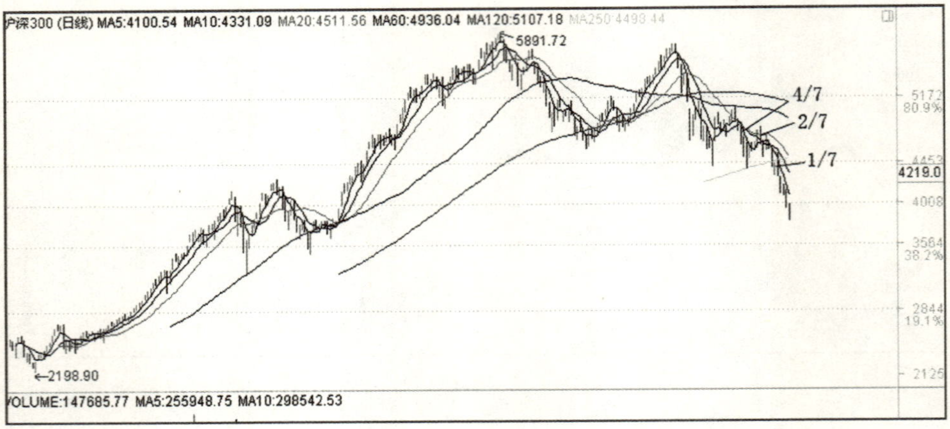

图42

2. 中线（见图43）：中期顶部形成以后有突发性利空消息。

（1）首次建仓：建总仓位的4/7。

（2）当价格反弹至局部高点时二次建仓2/7，使总仓位达6/7。

（3）当价格再次反弹至局部高点时第三次建仓1/7，使总仓位达7/7，建仓完毕。

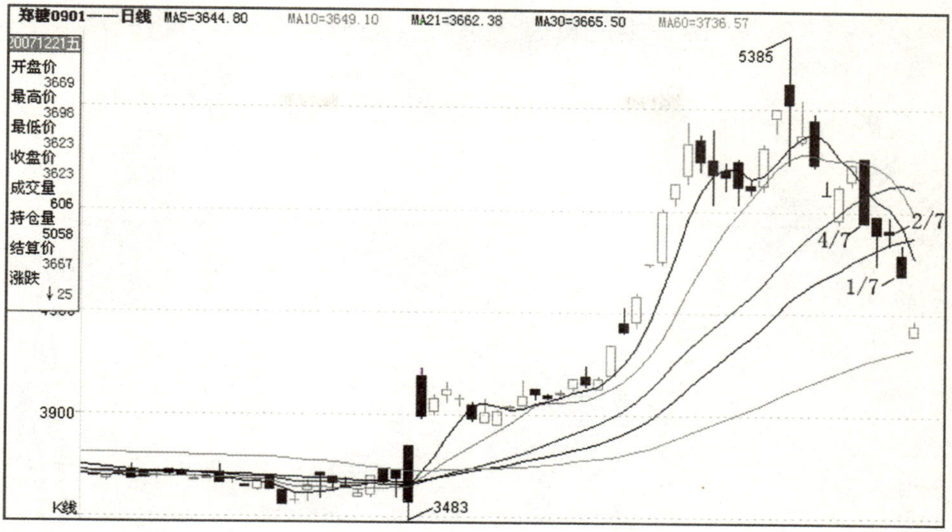

图 43

3. 短线（见图 44）：在头部区域且有突发性利空消息可进行 T + 0 交易。

（1）首次建仓：建总仓位的 4/7。

（2）当价格反弹至局部高点时二次建仓 2/7，使总仓位达 6/7。

（3）当价格再次反弹至局部高点时第三次建仓 1/7，使总仓位达 7/7，建仓完毕。

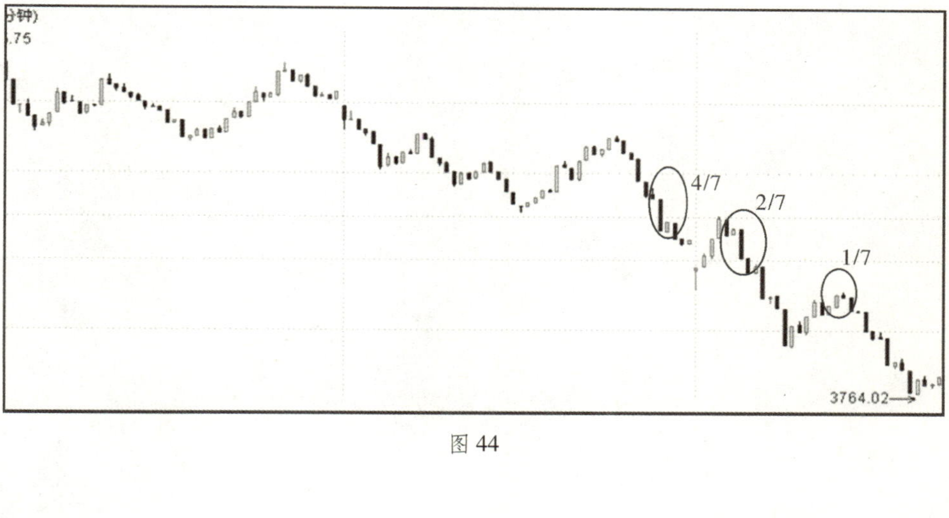

图 44

四、牛皮市建仓系统（箱形震荡）

不论长中短线，都按高抛低吸原则（见图 45），资金管理参照建仓系统。

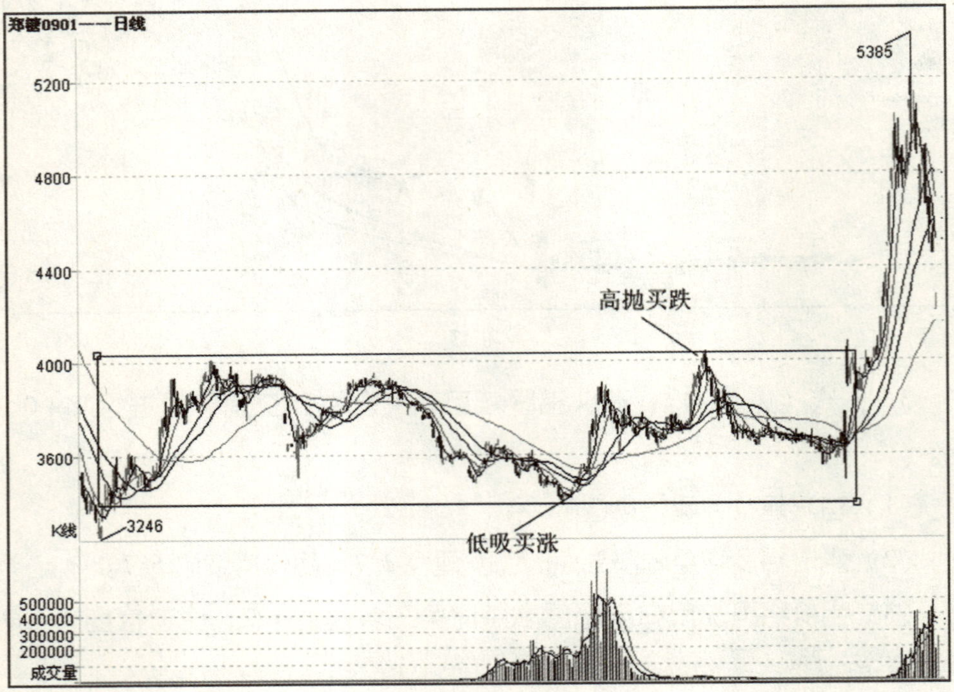

图 45

第五节　平仓系统

一、多头平仓系统

下述系统为在正常市场状态下的一般性原则。

（一）摊高收益平仓系统。

1. 长线（见图46）：

（1）当价格上升到建仓价格（加权平均价）以上3 0%时，平仓1/7。如首次平仓后，价格下跌7%，则全部平仓。

（2）当价格继续又上升7%时，再平仓2/7，如下跌7%，全部出局。

（3）当价格继续又上升7%时，再平仓4/7，全部出局。若达不到7%，全部平仓出局。

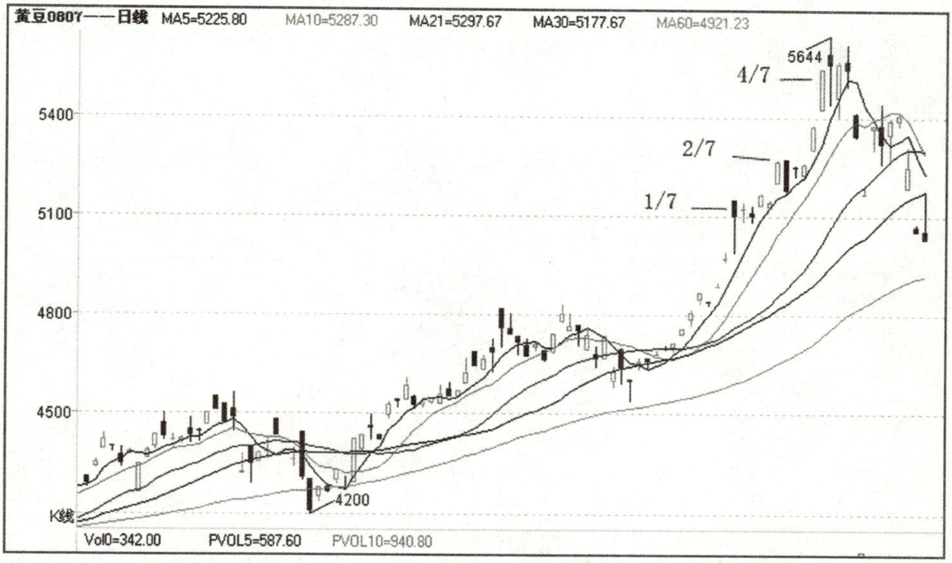

图46

2. 中线（见图47）：

（1）当价格上升到建仓价格（加权平均价）20%以上时，平仓1/7，如首次平仓后，价格下跌7%，则全部平仓。

（2）当价格继续又上升5%时，再平仓2/7，如下跌5%，全部出局。

（3）当价格继续又上升5%时，再平仓4/7，如下降5%，全部出局。

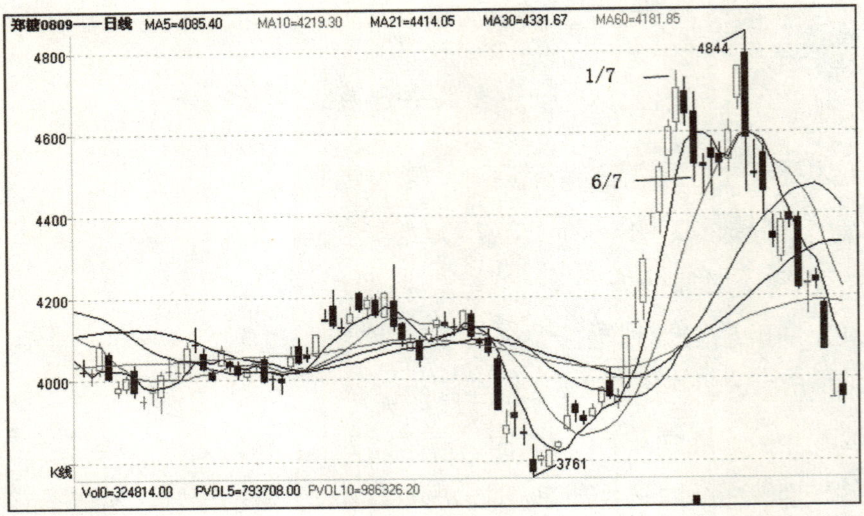

图47

3．短线（见图48）：

（1）当价格上升到建仓价格（加权平均价）时，平仓1/7，回撤，全部出局。

（2）如价格继续上升时，再平仓2/7，如下跌，全部出局。

（3）当价格继续又上升时，再平仓4/7，若下跌，亦全部平仓出局。

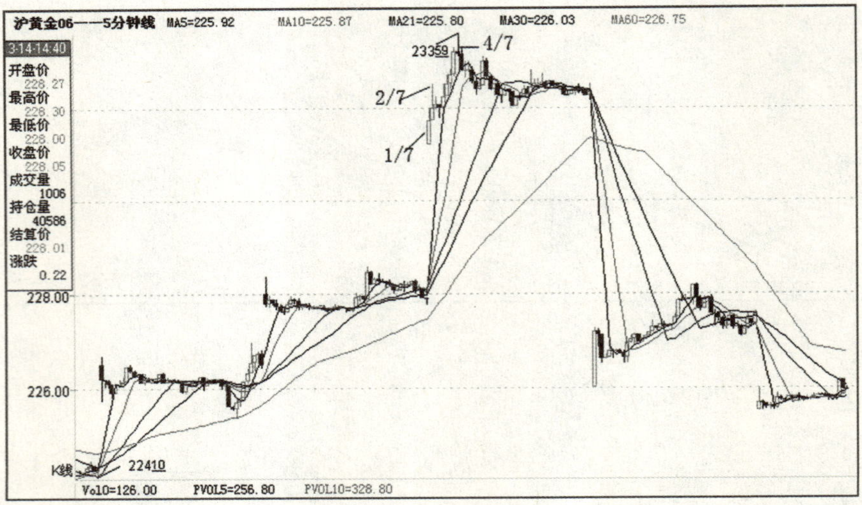

图48

（二）追击型平仓系统。

与追击型建仓系统的理论类似情况下可采取追击型平仓系统。第一次平仓 4/7，第二次平仓 2/7，第三次平仓 1/7。

长线（见图 49）：

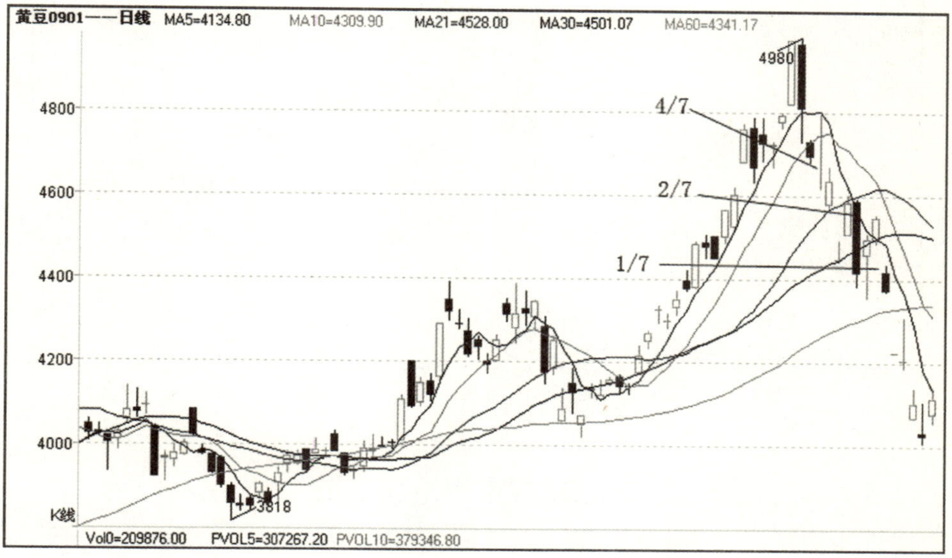

图 49

中线（见图 50）：

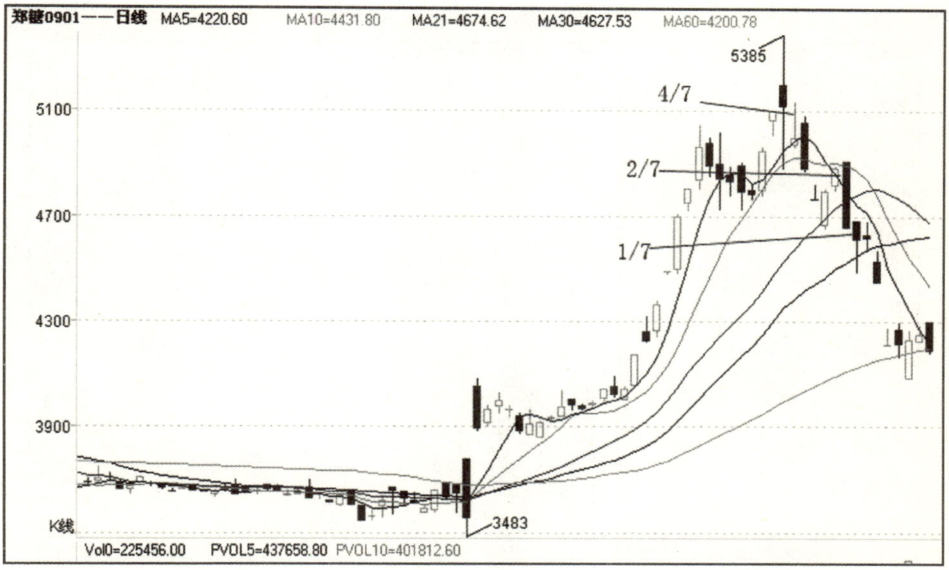

图 50

短线（见图51）：

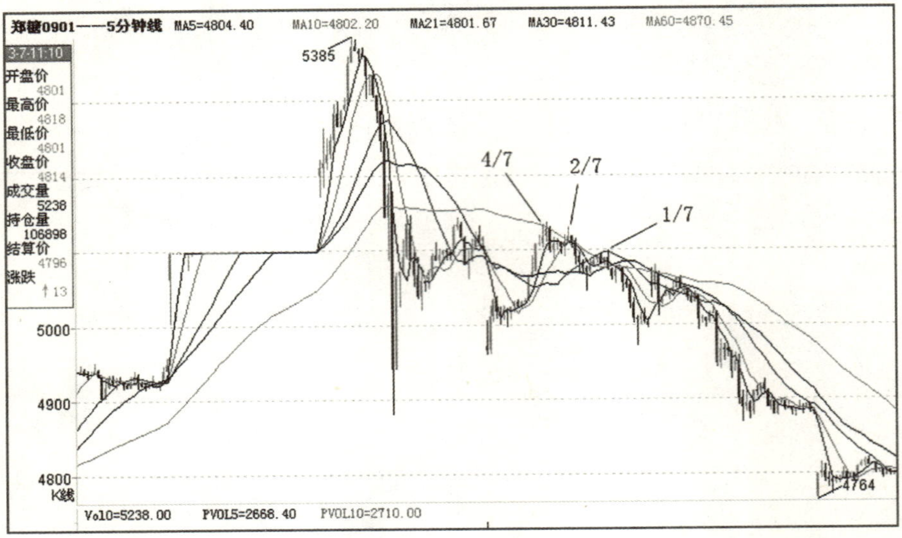

图51

二、空方市场平仓系统

本节所述系统与上节原理相同，操作方向相反。注意区分摊平平仓和追击型平仓。

1. 长线（见图52）：

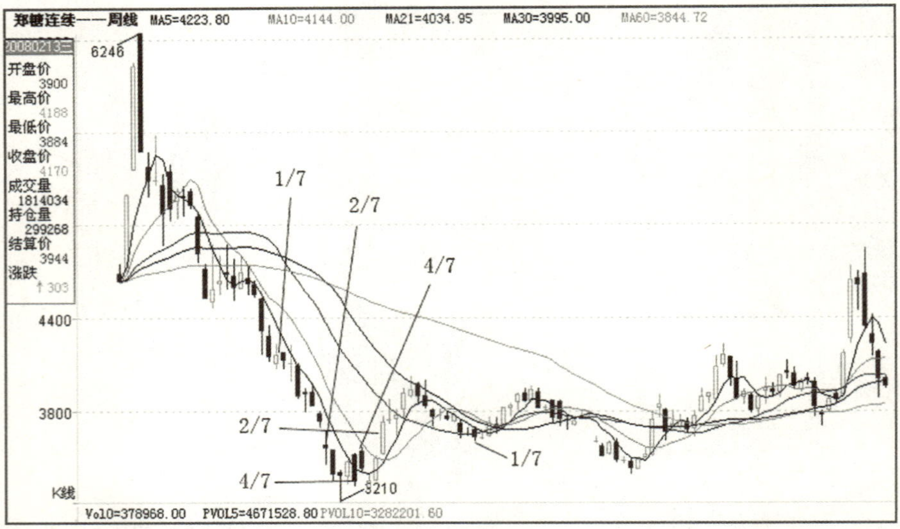

图52

2. 中线（见图53）：

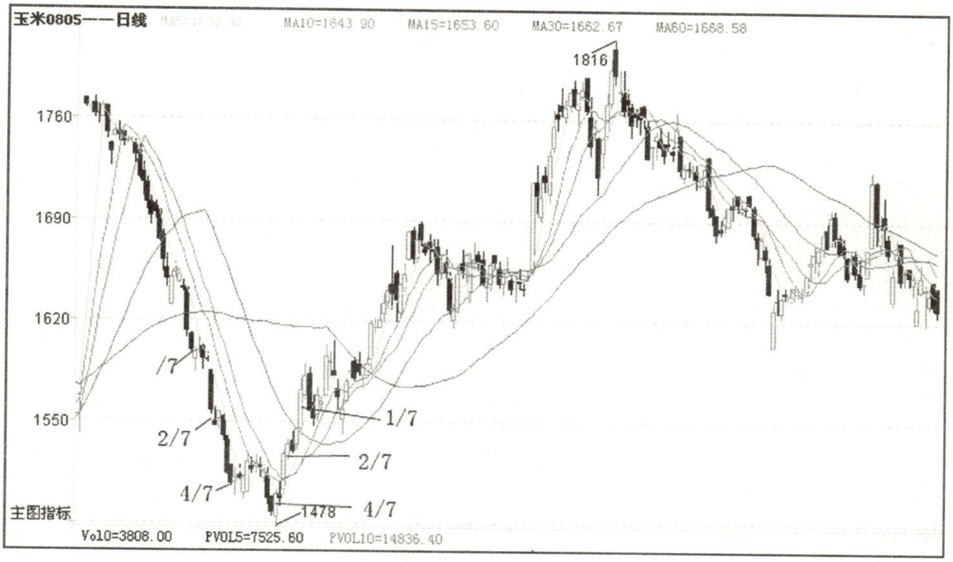

图53

3. 短线（见图54）：

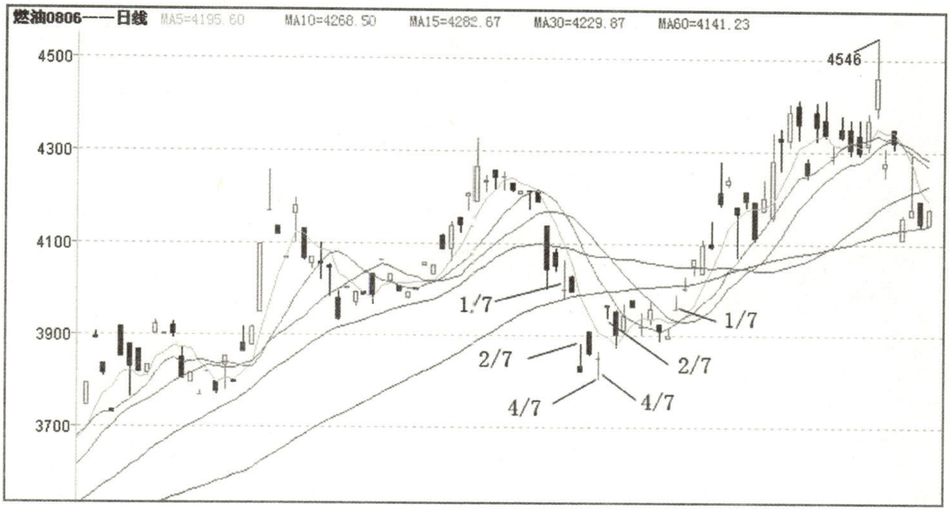

图54

三、牛皮市平仓系统

参照中短线平仓系统。

第六节　延伸与压缩

一、延伸

延伸理论。在多头行情中如果多头行情存在的基本面、技术面、消息面都没有发生根本性变化，所建立头寸将以持仓为主，在平仓过程中应启用延伸系统。也就是说第二次于第三次的平仓间隔从空间和时间加以延伸。在空头行情中类似。

例一：沪深300 延伸平仓（见图55）。

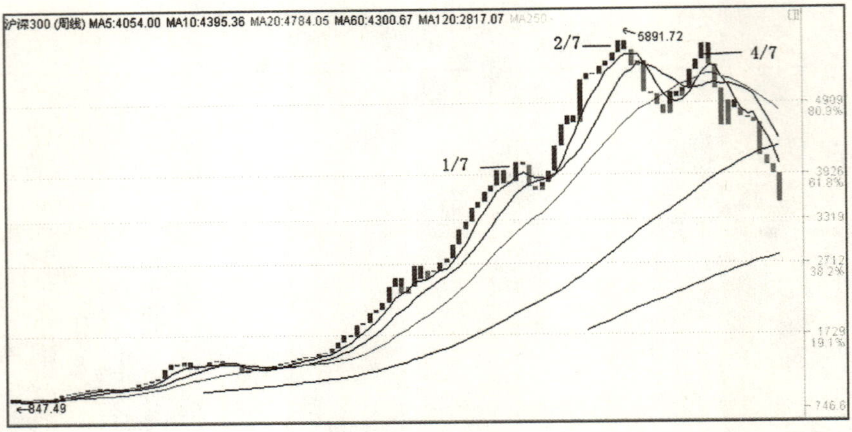

图 55

例二：沪深300 追击型建仓（见图56）。

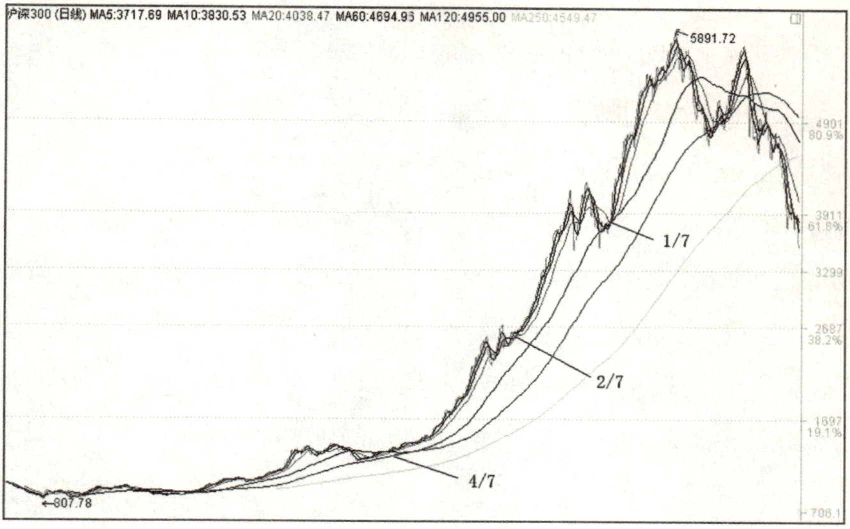

图 56

例三：上证摊平型建仓（见图57）。

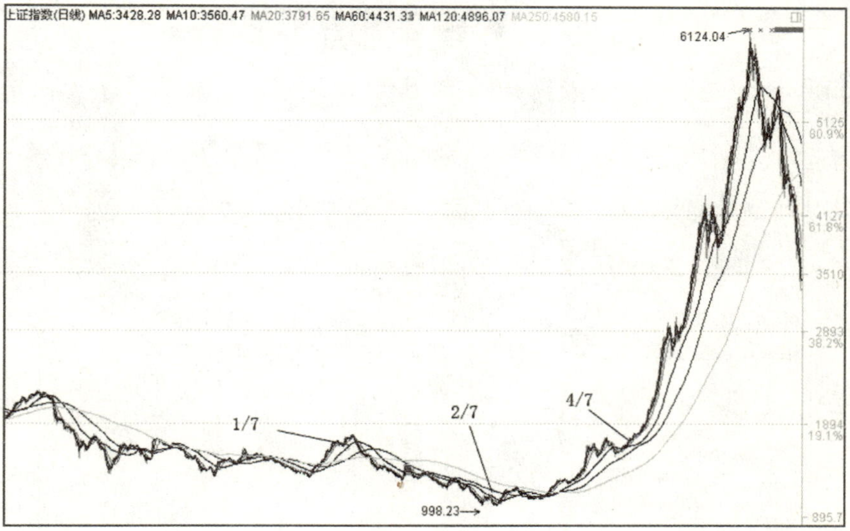

图 57

2009年后以来所有商品行情我们如果能有效利用，我们的操作效果会非常理想。比方说看多铜，当时就应在高位40000附近买入，但实际情况不是这样，延伸系统讲的是在建仓的过程中或者是在出货的过程中它有一个逐步的时间跨度和价位上的距离。延伸系统主要是基于一个周期性的考虑，如果考虑一个大的运行周期，就要从月图或者年图考虑周期，而有时候我们考虑一周或者几天的周期，建仓就要从一周或者几天的角度去延伸自己的建仓。听起来有点枯燥和拗口，我们举一个例子大家就明白了。铜从20000点涨到40000点很多朋友在建仓时也是做了多单的，但是没能挣到多少钱，每次做多单都被洗出来，什么原因呢？这就是没有掌握到建仓的技巧。延伸系统从时间上来说如果我们每周建一次仓就能有效回避中间的回调，我们讲过7天是一个很重要的周期，从时间上来说对建仓进行了延伸。另外从空间上的延伸，比如我们从40000点开始建仓，下调到38000，到33000都从价格上进行延伸建仓，那么从最近一周大幅反弹我们仍能获得不错的收益。这就是一个时间上的延伸和空间上的延伸。各位投资者千万不要小看这种延伸的技巧，但细节的技巧能够决定成败，如果没有延伸的技巧，我们的操作往往会显得机械，有的时候还会显得粗鲁，结果可能天壤之别。

二、压缩

压缩理论。在长期底部盘整之后在重大消息的刺激之下爆发性向上突破，建仓的时间和空间大大压缩以免贻误战机。在空头行情中类似。同样，如遇突发性消息，持仓与平仓的时间与空间也需要大大压缩。

例一：郑糖。2008年年初处于盘整状态，由于春季暴雪，甘蔗大面积冻坏，市场出现短期爆发性上扬，采取压缩性建仓（见图58）。

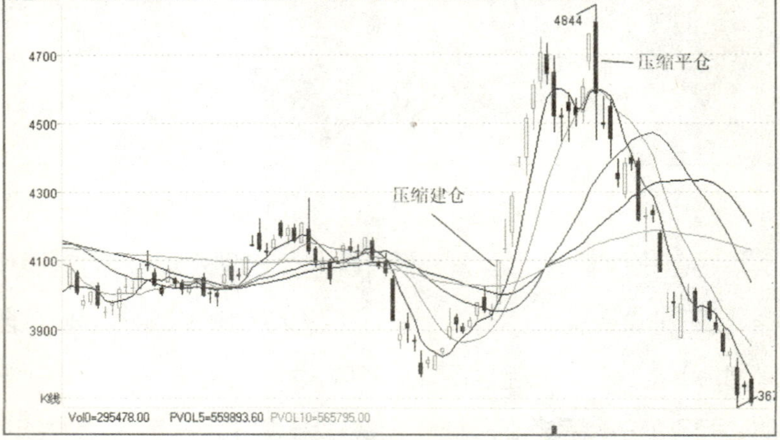

图58

例二：美黄豆连。市场传闻贝尔斯登、雷曼公司农产品头寸被强行平仓（见图59）。

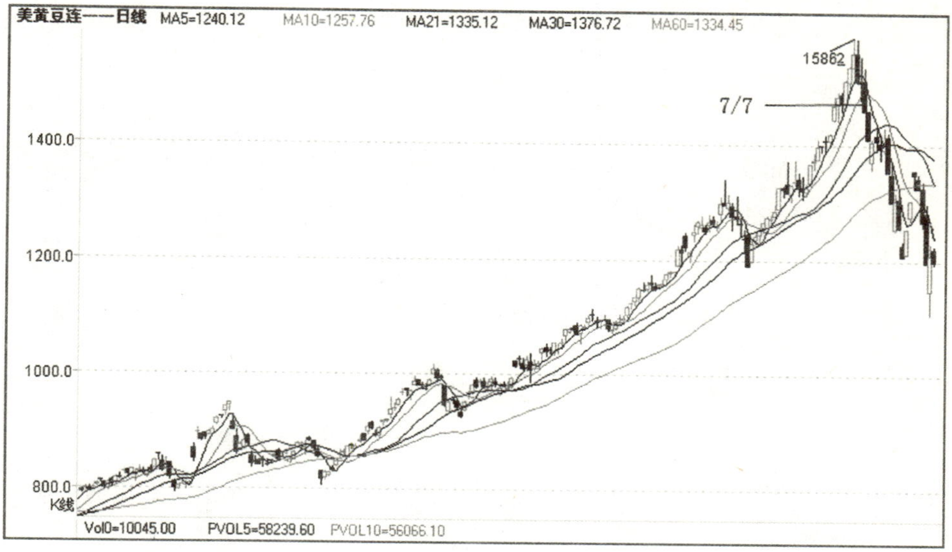

图59

我们可以看到近期，特别是最近4～5个月以来行情逐浪滚动前进，用到压缩系统的机会还没真正到来。目前除在经济危机的第一周期的末端，还没到萧条，也没到复苏，更没到高涨，所以现在一些突发性的利多消息还并不明显，还不需要在某一点位全仓瞬间压缩建仓，将来随着经济的逐步好转会有这种机会。比如2008年10月大跳水如果建仓的话必须采取压缩建仓，在第一个或者第二、第三个停板打开的时候迅速进行空头建仓，不需要再等，再等就没有机会。同样现在行情从底部慢慢向上，如果遇到突发性的利多也要采取压缩多头建仓。

第七节　纠错系统

一、牛市纠错系统

期货等杠杆交易品种在首次建仓4/7多仓后行情下挫出现浮亏，此时不采取摊平继续建仓，而应采取止损果断出局（见图60）。

股票若三次建仓后价格继续下滑至均价的7%（或自订的止损位）应止损出局。

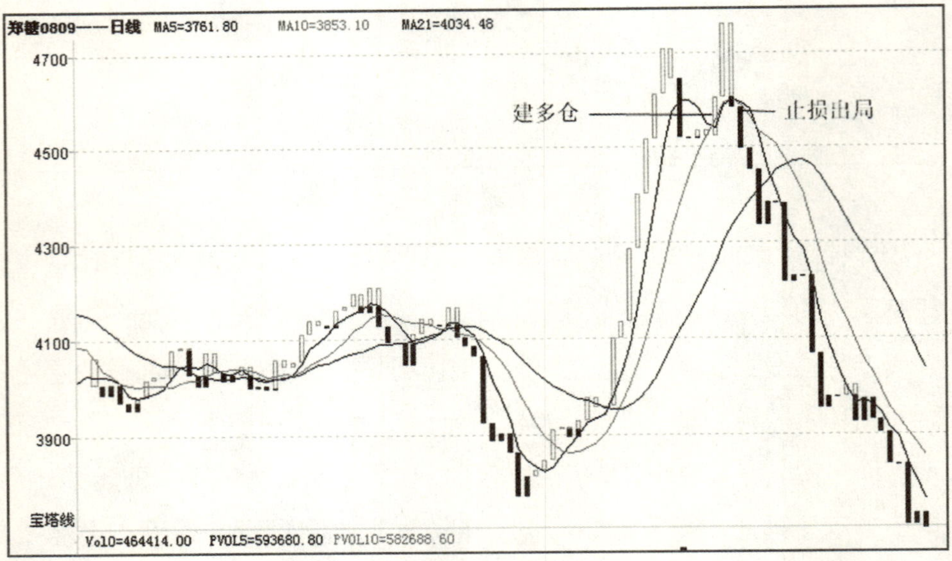

图60

二、熊市纠错系统

期货等杠杆交易品种在首次建仓4/7空仓后行情上扬出现浮亏，此时不采取摊平继续建仓，而应采取止损果断出局（见图61）。

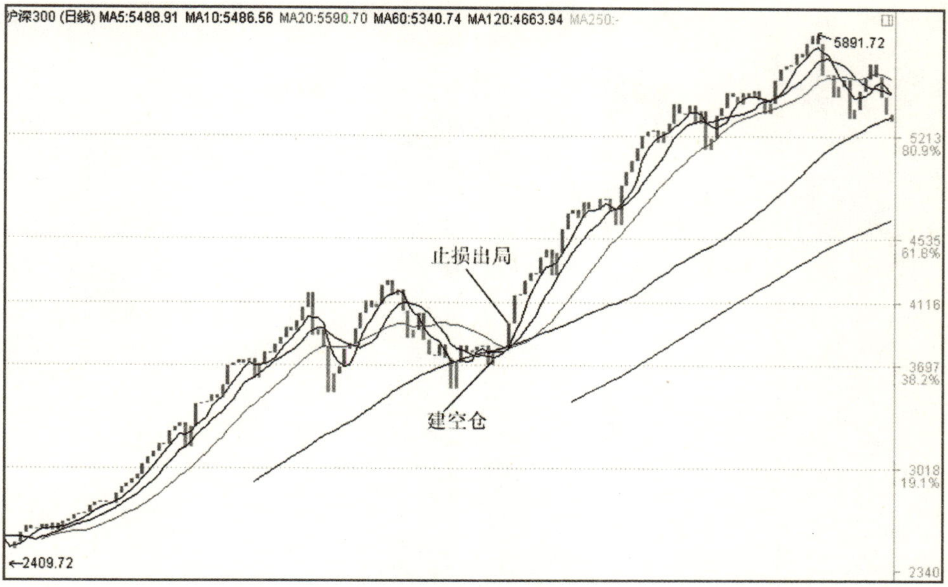
沪深300 (日线) MA5:5488.91 MA10:5486.56 MA20:5590.70 MA60:5340.74 MA120:4663.94 MA250:-
5891.72
5213
80.9%
止损出局
4535
61.8%
4116
3697
38.2%
建空仓
3018
19.1%
←2409.72
2340

图 61

附录三

电台行情分析

一、七分之一操作系统（一）

近期的期货行情可以说跟我们之前的分析是差不多的，仍然处于一个盘整和蓄势的阶段。除了郑州交易所的糖近期走出了比较明显的上升通道之外，其他绝大部分品种还是处在箱形震荡的阶段。上一周我们反复强调在期货市场行情不是非常明确的情况之下，建议大家静心地研究一下期货的操作技巧，达到一种期货的境界。

托尔斯泰曾经讲过一句话，幸福的家庭都是相似的，而不幸的家庭则各有各的不幸，我们也可以延伸为，幸福的期民都是相似的，不幸的期民也各有各的不幸。为什么很多投资者觉得期货难做呢？我觉得根本的原因不在于判断的问题，而在于没有一套好的操作办法。因此我认为，在行情不太剧烈或者方向不太明确的情况下，我们有必要研究一下期货的操作方法，这样能有助于大家对行情的把握。

以前我们曾经零星地提到过七分之一操作系统，这是本人通过长期的研究和摸索总结出来的一套对股票、期货等投资领域有相当的指导意义的操作系统。这套系统其实并不复杂，通俗易懂。简单来讲，我们把该系统分为预警、选择、建仓、平仓、纠错、延伸与压缩六套子系统。具体来说，我们在投资期货之前，必须对具体的品种的点位及趋势进行判断，对它目前所处的状态进行评估，这叫预警系统；对品种的选择也就是选择系统，选择好品种之后，建仓必须要有策略或者战术的部署，这是建仓系统；平仓系统自然就是离场时候的获利平仓系统；纠错系统则是在我们的建仓发生错误之后，对已经发生的错误进行纠正；在时间和空间发生变化的时候，我们必须随机应变，这也就是延伸与压缩系统。

很多投资者往往没有考虑到一些比较系统的问题，只凭一时冲动，于是下进去的单子一旦发生方向性的错误，处理起来就显得非常的慌乱，以至于结果往往很不如人意。由于七分之一操作系统相对来说比较长，我们今天先重点讲讲预警系统，因为我觉得该系统对目前的行情判断非常有作用。而预警系统是根据60日均线、宝塔线、KDJ的组合，以及持仓量与成交量的配合来进行一个综合的判断。基于七分之一预警系统给我们的一个提示，我认为现在中国乃至全世界的期货市场上的绝大部分品种都已经进入了一个相对的底部区域。预警系统就是提醒我们在下单之前必须对行情有一个总体的把握和微观的处理。

其实七分之一操作系统里有很多跟一般人的判断不一样的东西，它有自己的思想和论断。比如说，很多投资者觉得判断是比操作更重要的，我认为个人的判断基本上都是无效的，因为个人接收到的信息总是不完整的，因此判断相对处在一个非常次要的位置。很多行情能够创造一些指标，而指标往往不能创造行情，所以若根据指标去判断行情，有时候并不能取代系统化的操作，而且很多投资者一旦操作之后，没有一个止损的纠错机制，就像开车没有刹车，后果是可想而知的。因此我觉得有必要把这些系统的观念组织成一套系统，让我们的期货境界上升到一个更高的台阶，这样对以后长期的期货投资而言肯定是善莫大焉的。

二、七分之一操作系统（二）

上周我们跟大家说过，根据七分之一操作系统的预警系统，我们可以非常明确地说，目前几乎所有的期货品种，无论是国内还是国外，都处于一个绝对的历史性底部。我们也跟大家提供了非常明确的操作办法，小跌小买，大跌大买，坚决抄底，不做空。我们得出这样一个结论主要是基于七分之一预警系统的实际运用。上周我们已经简单介绍了一下七分之一操作系统的预警系统，今天有必要再详细地阐述一下，为什么我会用七分之一这个数字，而不是六分之一或八分之一呢？这里面有一些简单的原因。七这个数字在我们的生活中有很多的应用，比如说太阳系中的日月金木水火土称作七元，每周有七天，音阶也有七个。七是一个很重要的周期，熟悉江恩理论的投资者应该知道七或七的倍数在该理论中有绝对重要的地位；波浪理论，5 浪或 C 浪的失败也刚好是七；一千零一夜，也刚好是七的 143 倍；物种繁衍的自然结构，也就是 1 +2 +4，也刚好等于七；等等，不一而足。七在自然世界中有很多的神秘之处。

通过对日线，周线和月线的预警和长期的观察，我们得出这样一个结论，在2009 年，所有的品种我们都不提倡做空，坚决地逢低买入。关于7 的具体运用，大家可以看看郑州交易所的糖，从2006 年的1 月份开始，经过刚好7 个月的下挫之后，从6200 点的高位跌到了底部，这七个月的运行是一个大的熊市。在横盘相当长的时间之后，从2008 年6 月份开始，又一次运行了一个真正的下降通道，这段时间也正好是 7 个月。从糖的走势中我们可以看到，为什么 7 这个数字或者说周期在我们的预测当中会起到这么重要的作用，这也就是为什么前段时间我们反复跟大家讲，糖的底部已经初步出现，上升通道已经形成。

或许会有很多人认为，这是不是只是凑巧而已，只是一个偶然现象。那么我们可以看一下任意的一个品种，以上海交易所的铜为例，它在去年经过了一轮非常大的暴挫后，幅度之大几乎达到了空前绝后的程度。不妨数一数它下跌了几个月呢？我们会惊奇地发现也是整整七个月，从2008年7月份开始，一直到2009年的1月份，形成了一个历史性的底部，也就是22000点。我们还可以看看其他所有的品种，情况基本上也都是大同小异的。当然我们也要强调一下，不要做一个教条主义者。不要把七当成一个教条的概念，通过很多周期的互相验证，我们可以得到一个基本的概念，在期货运行之中，我们一定要牢记“七”这个概念。再看看上海交易所的铝，经过长期的横盘之后，在2008年的7月份开始了真正的一轮下挫，也是刚好一路跌到2009年的1月份，正好七个月的时间。可见“7”这个周期，确实应该引起我们足够的重视。

三、七分之一操作系统（三）

上周我们跟大家讲了七分之一操作系统的预警系统，根据该系统的理论，我们反复跟大家预言在经过了七个月的大幅下挫之后，我们认定前期形成的底部将是一个历史性的大底。而这几周以来，甚至是年后以来，市场的运行跟我们的判断可以说是基本吻合的。

有些投资者好奇说小跌小买大跌大买究竟应该怎么样确定，这个问题则牵涉到了我们七分之一操作系统的建仓理论，也就是建仓系统。关于这个系统，可以分为两类，一是多头建仓，一是空头建仓，当然还有一个特殊的情况就是盘整市，而盘整时候的高抛低吸说到底也就是多头跟空头。今天我们主要讲一下多头的建仓系统，因为它跟目前的行情非常的吻合。

我们曾经说过年后不做空，要坚决逢低买入，那么多头建仓要遵循哪些原则呢？我认为多头建仓实际上要解决两个问题，一个是时间间隔，一个是空间间隔。所谓时间间隔就是第一笔建仓跟第二笔建仓之间相隔的时间距离，是几小时、几天还是几周。而空间间隔则是指两次建仓之间的价格和幅度的差距。当我们把时间间隔和空间间隔全部解决完了之后，建仓系统就有了一个比较清晰的轮廓和良好的操作状态。

我们先讲一讲时间间隔的问题。如果我们打算建一个长线的仓，七分之一操作系统则认为，就期货而言，我们还是以天数作为基本的依据。举个简单的例子，我们可以看看近期上海交易所的铜期货的走势，它呈现出一个比较好的多头上攻的态势。以 0906 的铜为例，我们可以看到 K 线图上表现出了一个非常好的节奏，大家如果仔细看一下，会发现它跟 7 有非常重要的关联。它每次的上涨都是以七天为一个周期。如果大家掌握了这样一个前进的节奏，那么我们建仓就非常的容易了。在上涨了七天之后，我们就应该对自己的仓位进行一次清理；而在下跌了七天之后，则可以进行初步的建仓。建仓的间隔基本上都是以七天为一个周期。

上海的铜走势非常的清晰，因此在时间间隔方面我们就可以得到一个明确的把握，而不至于犯太大的错误。当然在这里我们要强调一点，建仓间隔并不是一成不变的，也不是死搬教条，我们应该根据具体的情况进行分析。总体来说必须遵守这样一个原则：我们必须要有时间间隔的概念。很多投资者对时间间隔没有正确的把握，喜欢在瞬间建很满的仓位，直接就达到半仓或者满仓，因此很多人明明看准了方向，但是由于建仓没有建好，最后的结果就是导致亏损。因此我们固然需要判断方向，但是不能把它当成最重要的环节，好的建仓系统比正确的判断更加重要。

四、七分之一操作系统（四）

上周我们简单讲了一下七分之一操作系统的建仓系统，其中主要包括时间间隔和空间间隔，很多投资者问说为什么建仓会牵扯到这两个间隔的问题，这是因为每个品种的运行都有时间的周期和空间的距离。上次我们主要讲的是时间方面的间隔，尤其是举了上海的铜铝的例子，具体说明了建仓应保持七天的时间间隔。有人说，他们对这个底部的判断是准确的，但是在这一波的上扬中没有能够有效地把握住节奏，在点位方面抓得不太满意，导致了没有实现任何的盈利。这个情况就牵扯到了建仓的空间间隔的问题，也就是第一笔跟第二笔以及第三笔建仓之间的点位的距离。关于这个距离，每个品种都有自身的运行特点和规律，因此不可以一概而论。大致上来讲，所有品种的空间间隔方面都有一些比较常数化的数据和回撤，也就是我们经常听到的0.382、0.618或1/2、1/3等等，这些可以作为我们每一笔建仓的时候空间间隔上具体的数量化的把握。

具体到每一个品种，比如说上海交易所的铜铝，之前我们反复提醒过大家可以做买铜沽铝的套单，这主要是基于在铜铝的比价上，铜的价格偏低，而铝的价格偏高。尤其是库存的因素，使得铝价显得特别疲软。如果在建仓的时候方法掌握不够得当的话，套单同样也得不到应有的效果，或者说会失败。这正是因为空间间隔没有把握好。我们可以举个简单的例子，如果要建0906的铜和铝的套单，在第一笔建仓的时候，我们可以在30000点买入第一手铜，同时在12000沽出两手铝。如果之后铜价上涨，以4月2日为例，铜涨了730点，到了34000点，那么你可以买进第二笔，而铝的价格比前一天有小幅的下挫，也可以沽出第二笔。这样一来，第二笔建仓跟第一笔之间就拉开了距离。如果说之后铜价下挫而铝价上扬的话，你也可以进行第三笔建仓。

时间间隔主要是基于每个品种运行的波动性，所以我们在操作的时候，不管是下单边还是套利，都必须树立一个区域性建仓的概念。所谓区域性建仓，就是指我们建仓的范围是一个区域，而不是某个具体的点位。众所周知，任何价格的运行轨迹都可以归集为一条曲线，而这条曲线上有无数个点，如果我们在其中一个点位上就把所有的仓全部建完，那么也就意味着我们希望这个点位就是最理想的，比如说建多仓就希望刚好在最低点买入，而建空仓则祈祷在最高点全部抛空。而实际情况是如何的呢？由于这条曲线上有无数个点，挑中最理想点位的概率则变成了无穷大分之一，接近于零。因此这种做法在理论上是不成立的，实践的时候也是做不到的。所以，无论我们是要建空仓还是多仓，都要建立一个区域性的概念，这个概念也正是我们七分之一操作系统所强调的空间间隔。要在一个区域内分步建仓，确立了这样一个概念之后，在建铜铝套单的时候，按照 1、2、4 的步骤分次建仓，就显得更加的稳妥。对于单边的震荡上行的行情，尤其适合采取适当的空间和时间间隔来操作。因此我们近期仍然建议大家做买铜沽铝的套单，比例在 1∶2到 1∶3 之间，时间间隔大概保持在 5～7 天，而空间间隔方面，铜应该在 500～1000 点之间，而铝则掌握在 100～200 点之间，按照比例同时进行反向建仓。

五、七分之一操作系统（五）

年后我们不厌其烦地跟大家说过，七分之一操作系统的预警系统显示，这是一个非常难得的历史性底部。今天我们就不重复讲论证了，我们要讲一讲在这样一个大的底部应该要如何建仓。

其实我们已经反复强调过，既然确认这是一个底部，那就应该要开始建仓了，可是有些投资者说他们确实建仓了，不过在中途又被震荡出来了，屡次建，屡次被市场洗出。这个问题一方面说明了对底部的认识不够充分，另一方面则表明了建仓的方式和一些系统的问题还是没有得到解决。今天我们主要讲一下七分之一操作系统里的建仓系统，这个系统大致上可分为两种，一是牛市建仓系统，一是熊市建仓系统。现在我们以牛市建仓系统为例进行一下详细的解说。

牛市建仓系统大概可分为三种状态：

第一种是正常建仓系统，也就是在一个区域里面，首先建 1/7 的仓，然后再建 2/7 和 4/7。这就是一二四的正常建仓系统。当然我们都知道做期货是不能满仓的，因此我们最好是留一半左右的资金来进行防守；

第二种则是在建仓之后，价格没有上涨反而下挫的情况，这时候应该怎么办呢？我们可以进行追击，而追击的首要前提就是你的方向判断必须是准确的。追击又可分为大追击和小追击。大追击是指第一笔建 4/7 的仓，之后发现价格继续上扬，你所有判断的依据都还存在，于是你可以建第二笔，也就是 2/7，这时候的价格当然要比第一笔建仓要高了。之后价格再继续上涨，判断依据继续有效的话，则可以再建 1/7，这样整个仓就完成了。而小追击则是指首先建 1/7 的仓，之后发现价格确实上涨，所有依据仍然存在，那时候就可以继续建第二笔和第三笔仓，也就是分别再建 2/7 和 4/7。在期货市场上，追击是会经常发生的，主要是在所有依据还都有效且价格朝着有利方向发展的情况之下，为了扩大战果，必须进行追击；

第三种则是在建仓之后出现了回档或者失误，这时候就需要移动止损，也就是说，建仓了之后并不是要永远持仓的，因为所谓的底部是建立在判断的基础之上，而我们说过判断并不是最重要的，纪律才应该摆在第一位。所以发现失误之后，必须要设好止损点。这个问题我们会在之后的纠错系统中详细讲解。现在主要还是强调一下正常的建仓或者说追击性建仓的问题。我们可以举例说明，就拿我反复提到的上海的铜来说，因为它的底部特征明显，回调幅度巨大，上升节奏明确，在前期的上升三角形突破之后，近一周连续上扬，如果大家按照我所讲的买铜沽铝进行操作，则可以得到巨大的收获，原因就是铜价一直在不断的上涨，而铝则只有小幅的上扬。所以我们对铜仍然可以采取追击性建仓，按照四二一的比例，因为这样的比例对形成三角形的建仓部位是非常有利的。

很多投资者问说，到现在为止，铜是应该获利出局还是继续持有，这个问题又牵扯到了我们之后会说到的平仓系统。就目前的建仓而言，我们还是要强调一下，所谓建仓，实际上是一个布局的阶段，很多人在这个阶段就把原有的筹码在市场的洗牌中弄丢了，稍有回调或震荡就自行离场，这是完全不必要的。既然我们在预警系统里发现了这个底部，那就应该在回档的时候反复吸纳，并且按照仓位控制原则进行分步建仓，而不应该在盘中随便被洗出来，否则我们的建仓就会发生混乱。总而言之，我还是要建议大家牢记我反复提到的四句话：小跌小买，大跌大买，不跌不买，绝不做空。

六、七分之一哑铃式套利

最近一周的行情应该说变化比较大，而在这个变化的过程中，有些投资者出现了一定程度的损失，主要表现为对涨跌的具体把握比较凌乱。其实投资有四个四要点：第一要点是顺势而为，第二要点是掌握仓位，第三要点是信心，而第四要点当然就是在操作失误之后要注意止损。

年后我们反复跟大家讲，今年是一个技术市，总体来说是震荡向上的行情，因此我们应该逢低买入，小跌小买，大跌大买，不跌不买。言下之意则是，今年是一个"慢牛"的行情，不可以追高。

近期的行情在很多投资者看来是无法把握的，比如说上海的铜铝。其实到目前为止，可以说上升通道还没有被破坏，逢低买入的格局没有发生实质性的变化。从近期的一些宏观经济数据来看，2009 年 1 到 3 月份我们国家新增贷款的数量比去年全年还要多，流动性泛滥目前已初成定局。在这种情况之下，各商品要想有一个大的跌幅是不太现实的，而且最近伦敦金属交易所的铜库存每天还在减少，随着中国四万亿经济刺激方案对内需的拉动，铜要大幅下挫的可能性已经是非常小了。而从技术面来看，周线有一定的调整压力，周线和宝塔线出现了一些卖出信号，但是也并没有破坏整个上升的趋势。所以我认为近期铜的走势非常简单，仍然是小跌小买，大跌大买，不跌不买，不要追高。有些投资者会觉得自己把握不好，会有一些风险，实际上这是一个持仓信心的问题。我们反复强调，除了趋势的判断之外，也要注意仓位的控制。在我看来，今年的持仓尤其是近期持仓不宜过重，应该保持七分之一或七分之三的仓位。仓位轻的时候，你才能有信心，而如果仓位太重的话，稍有回调，信心就会受到严重的挫折。

还有一点就是近期的操作技巧的问题。很多人喜欢做单边的操作，认为单边的收益是非常大的。其实这是一个误区。确实，我们都知道一定程度上单边交易可以提高即时的收益，但是一味地做单边，风险也是非常大的。因此我反复提倡套利交易的模式，比如说铜铝套利，或者说铜铝锌三者之间的连环套利，这在今年的很长时间内都是可以反复套用的。

若行情是单边上扬或是单边下挫，那么只要看准了方向，且入场的点位也比较适当的话，单边重仓的操作确实是有很大收益的，但是如果中间有任何一个环节掌握不够妥当的话，比如说方向判断错误，或者介入的点位不够好，或者仓位太重，无法承担任何的震荡，等等，那单边的损失就是非常大的。所以说在近期的操作过程之中，由于很多品种涨幅偏大，像铜的价格就差不多翻了一倍，铝的涨幅也达到了百分之二三十，这样一来，震荡会逐步地加剧，如果控制不好仓位，掌握不了有利的操作方法的话，投资是很容易发生损失的。在这种情况下，套利就是一个很好的途径。

那究竟要怎么套呢？如果要买铜的话，为了最大程度地避免风险，可以适当地沽铝，比方说买一手铜的同时沽出三手铝，这样在震荡盘整的过程之中，就有了非常安全的保障，不但可以赚取某个品种单边的利润，同时还可以为我们的投资加上一份保险。我们统计过，铜铝的比价历史上有这样一个比例，当铜铝的比价高于 3∶1 的时候是偏高的，而在低于 2.5∶1 的时候则是偏低的，这时候我们可以进行买铜沽铝，而高于 3 的时候当然就要变成沽铜买铝。近期在很多投资者的询问过程之中，我们也是坚持铜铝套利的原则，取得了良好的效果。也就是说套利的方法也不是一成不变的，而且我们也反复提醒大家不要一次性把仓位下满，可以采取一二四的比例，而且差价越大，下单的力度也要越大，这样就能够形成非常有效的组合，使我们在震荡行情中也能合理规避风险，最终得到应有的收益。

七、延伸与压缩系统

前两周针对大盘出现的回调，我已经提醒过大家这种回调并不可怕，因为大的趋势是底部形态，所以我们应该逢调必买，小跌小买，大跌大买。但很多投资者始终没有能够在这波行情中坚持一种有利或者说有效的操作方法。今天补充说明一下关于操作系统中的延伸与压缩系统。

前几次我们讲到七分之一操作系统有预警、建仓、纠错等系统，今天要重点讲解一下延伸与压缩系统，它是一个很重要的变化的系统。其主要功能是什么呢？年后以来，我们如果能有效利用所有商品行情，操作效果会是非常理想的。比方说有些投资者因为看涨上海的铜，就在 40000 点的高位一次性买入，但事实上这样的操作是不恰当的。延伸系统讲的是在建仓或者出货的过程中有一个逐步的时间跨度和价位的距离。

延伸系统主要是基于周期性的考虑，如果考虑一个大的运行周期，则应该从月图或者年图上去看，而有时候我们只需要考虑一周或者几天的行情，那么建仓就要从短期的角度去延伸。这听起来有些枯燥和拗口，我们可以举一个简单明了的例子。近期铜从 20000 多点涨到了 40000 点，很多投资者在建仓的时候也是下了多单的，但是最后没有获得很多的收益，每次下了多单以后都被市场洗出来了。这是什么原因呢？其实就是没有掌握好建仓的技巧。从时间上来讲，如果我们每周建一次仓，就能有效回避中间的回调，我们说过 7 天是一个很重要的周期，这样就从时间上讲对建仓进行了延伸。另一方面就是空间上的延伸，比如我们从 40000 点开始建多仓，当价格下调至 38000 和 33000 的时候再分别建仓，那样就从价格上进行了延伸的建仓，而在最近一周的大幅反弹中我们仍能获得不错的收益。投资者千万不能小看这种延伸的技巧，细节的技巧有时候就能够决定成败。如果没有延伸的技巧，我们的操作往往会显得机械，有时还会显得粗鲁，结果可能就有天壤之别。

而何为压缩系统呢？它讲的就是出现了某一个突发事件的时候我们可以把延伸的时间以及价位的空间进行大幅度地压缩。我们可以看到，近期特别是最近四五个月以来行情逐浪滚动前进，用到压缩系统的机会还没真正到来。目前正处在经济危机的第一周期的末端，还没到萧条，也没到复苏，更没到高涨，所以现在一些突发性的利多消息还并不明显，还不需要在某一点位满仓瞬间压缩建仓，将来随着经济的逐步好转才会有这种机会出现。比如在 2008 年 10 月份出现暴跌的时候建仓则必须采取压缩建仓，在第一个或者第二、第三个停板打开的时候迅速进行空头建仓，不需要再等，盲目等待的话则只能眼看着机会流失。同样现在行情正从底部慢慢上行，如果遇到突发性的利多也应采取多头压缩建仓。

后 记

记得二十年前的一天，我随意翻报纸时看到了一则广东金创期货公司的招聘广告，说是年薪15万元，做期货的。我当时惊呆了，不相信这世上还有收入这么高的行当，因为我当时的月薪才一千元。我赶快将报纸收了起来，一分钟都没敢耽误，借故跟领导请了个假，坐着公车就直往金创期货赶。临走前我在车站旁边的书店买了本《金融期货》，在车上一路读着过去。我敢保证，那是我平生看书效率最高的一次。个把小时的车程我就把整本书都看完了，什么波浪理论、黄金分割，半生不熟的辞藻装了一肚子。当时面试我的是一位姓石的先生，他跟我说月薪只有1500元。我问，不是说年薪15万元吗？那每个月应该有1万多元才对啊。他说1500元是底薪，剩下的要你自己拉客户赚佣金，客户多了，可能还不止15万元。我当时就有一种被欺骗的感觉，扭头就走。可是走不远又觉得非常后悔，于是就在公司附近的招待所住了下来，反反复复地想这件事，因为15万元对我的吸引力实在是太大了。到了晚上十二点，我忍不住又打了个电话，当时有夜盘交易，一般的期货人都能熬夜。我跟石先生说我想试试，他说非常欢迎。

就这样，我的期货生涯开始了。上来是天天画K线图，常常画到深夜，后来便带客户。再后来便发生了一连串惊心动魄的事件，如国债327事件、海南咖啡事件、广联所籼米操纵事件，我们公司都是深度参与。起初国债327还赚了2500万，后来在籼米合约上吃了大亏，由于广联所违规操作，不断修改规则，最终导致公司巨亏并破产。

公司没了，但是搞金融投机的瘾上来了，所以接下来我又先后加盟了寰球期货、港澳证券、光大证券、新疆证券、中期期货、宝城期货、长城证券，说是身经百战那是真谦虚了，毫不夸张地说，我是身经万战了。操作的资金小到几万几十万，大到几千万几个亿，下过的单子比人还高，可以说是“著册等身”了。

多少年来，我一直尝试用各种方法进行交易，踏群山，尝百草，直到后来有了七分之一操作系统才觉得稍微靠了点谱，手上才有点数。可是，由于交易本身的复杂性和残酷性，再加之那个年代制度又不是很完善，各种突发事件难以预料，交易时间与空间的问题始终没有得到根本性的解决。

当我尝试把压缩系统用于期货交易，才真切地感到我离问题的核心已经不远了，平生第一次觉得那么地踏实和惬意。这实际上就是后来的蛙式交易。如果这几十年的无数次失败与成功谈得上有什么心得的话，那么蛙式交易就算是我的最高“研究成果”了。倘若本书对广大读者能有一点点的帮助和启发，我就很欣慰，如果能让投资者在自己的投资历程上划上一个时代或竖上一块里程碑，那我就更是“死而无憾”了。

十多年前，我到杭州游玩，途中顺便到灵隐寺烧了点香，想多得到一点神灵的庇护。晚上明月高悬，我在西湖上划了条小船，请了个琵琶女弹琴助兴，面对月湖美景感慨万端。临了给那琵琶女写了一首小诗，“钱江潮退愁难浇，小虹不语我吹箫，曲终已过灵隐路，回首平湖一断桥”。后来我一有机会就到杭州西湖去玩，我总觉得那里非常贴合投资人的心境，是个参禅悟道的好地方，比较容易参破一些投资的道理。几重暮，几棵松，几层远峦几声钟……

感谢长城证券董事长、著名经济学家黄耀华教授对本书的高度赞扬和极力推荐，并在百忙之中拨冗作序。

感谢复旦大学博士李向民教授，他作为国务院特殊津贴专家，日理万机，竟能在深夜抽上几个小时把我的小诗绘成一幅意境深远的国画。

感谢广东经济出版社的高文彪主任为本书付出的无私和辛勤的劳动。

感谢张星萍同志对本书资料的耙梳整理。

感谢高媛婷同学天真童趣的插图。

最后尤其要感谢广东经济出版社，没有他们大量的幕后工作，本书是不可能如此精美地面世的。

肖兆权

2013年8月1日